gong.conects.com

교육학 백신

2024 POCKET BOOK

김 신 편저

✓ 교육학 백신 입문, 기본, 심화 총정리

✓ 최근 20년 국가직 및 지방직 이론 분석

✓ 지방직 모의고사 해설 연계

구성과 특징

1. 본 교재는 교육학 백신 입문, 기본, 심화(상, 하)의 이론편을 단권화하여 회독의 효율성을 추구하였습니다.

2. 최근 20년 국가직 및 지방직 이론을 분석하여 2024년 지방직 시험대비에 최적화하였습니다.

3. 본 단권화 교재는 지방직 파이널 모의고사와 연계하여 복습 및 회독의 효과를 낼 수 있도록 구성하였으며 모의고사와 연계하여 복습하시길 바랍니다.

본 교재 활용법

① 매일 일정분량 체크 후 매일 학습

② 모의고사 풀이

③ 모의고사와 연계된 테마 복습

수험생 여러분의 합격을 기원합니다.

하루하루 단 1시간이라도 최선을 다하는 사람이 합격할 것입니다.

김 신 올림

목 차

Ⅰ. 교육과정 6
Ⅱ. 교육심리 24
Ⅲ. 진로상담 48
Ⅳ. 교수학습 56
Ⅴ. 교육평가 78
Ⅵ. 교육행정 96
Ⅶ. 교육법 116
Ⅷ. 교육재정 134
Ⅸ. 교육철학 142
Ⅹ. 서양 교육사 150
Ⅺ. 한국 교육사 170
Ⅻ. 교육사회 186
XIII. 평생교육 204

I. 교육과정

기본				23	22	21	20	19	18	17	16	15	14	13	12	11	10
교육과정	기초	교육과정 시작	스펜서														
		과학적 교육과정	보빗		행정												
	역사	교과			●			*			*					*	
		경험	듀이		●			*			●*	*				*	
		학문	브루너	*	●			*							●		
		인간			●			*									
	우리나라	교육과정															
	이해	공식															
		잠재	잭슨				*		●	●							●
		영	아이즈너	*		●			●		*		●				
	개발	개발	타일러				●	●		*		*			●		
			타바														
		실제	워커							●		*	*				
		이해	아이즈너														
			파이너						*				*				
		대안모형	학교중심														
			이해중심														
	조직	계속	반복														
		계열	심화		*							●					
		통합	연결														
		범위	깊이		*								●				
	평가 모형																●
	실행																
	총론	2015	총론			●**			*	●	●					●	
		고교학점제	자유학기						●								

● : 국가직 * : 지방직

1. 교육과정의 기초 : 스펜서 - 보빗 - 타일러

1) 스펜서(H. Spencer) : 현대 교육과정 논의의 시작

① 1860년에 『교육론: 지, 덕, 체(Education: Intellectual, Moral, and Physical)』라는 저서를 통해 대학준비의 **고전교육을 비판**

② **실생활을 향상시키는 데 기여하는 지식의 우선순위**를 정하였다.

③ **어떤 지식이 가장 가치 있는 것인가?** : 직접적인 자기 보존에 기여하는 활동,

④ **가장 중요한 교과 : 과학**

⑤ 학교에서 가르칠 가치가 있는 지식에 대해 우선순위를 정하면서, 개인적 기호와 취미를 만족시키는 여가 활동에 관한 지식을 최하위에 두었다.

2) Bobbitt의 과학적 교육과정 구성 : 활동분석법

① 테일러(W. Taylor)의 과학적 관리 방법 영향

② Bobbitt은 「교육과정」출간한 지 6년 후인 1924년에 출판한 『교육과정 구성법(Hous to Make a Curricuitem)』에서 **과학적 교육과정 구성법**을 소개하고 있다.

③ 과학적 관리에 기초한 활동 분석법을 활용하여 교육목표를 설정하였고, 전문가에 의한 교육과정 개발을 강조하였다.

④ **성인생활의 직무분석을 통한 교육과정 개발을 주장**

⑤ 원만한 성인생활을 영위하는 데 필요한 준비로서의 교육을 주장

⑥ 교육과정 구성은 교과의 형태

2. 교육과정의 역사 : 교과 경험 학문 인간

1) 교과중심 교육과정 : 전통, 교사(체계), 학습자(노력 강조)

① **인류가 축적한 문화유산을 체계화한 지식을 중심으로 교육과정을 설계한다.**

② 교육의 주된 목적을 지식의 전수에 두고 있으며, 교사 중심의 강의식 수업을 중시한다.

③ 교과 학습에서 흥미가 없는 교과라도 학습자의 노력이 중시

2) 경험중심 교육과정 : 경험, 아동, 흥미 강조

① **교사가 아니라 학생 중심의 수업을 강조한다.**

② 학생의 실생활 내용을 주로 다루며, 학생 흥미 위주의 수업을 지향한다.

③ 교육내용을 학생과 환경 간의 상호작용이라는 측면에서 이해한다.

④ 교육과정은 사전에 계획되는 것이 아니라 교육의 과정에서 생성되는 것으로 본다.

⑤ 교과내용을 미리 선정하거나 조직하지 않고 학습의 장에서 결정한다.

3) 학문중심 교육과정 : 교과(지식)의 구조, 발견학습, 나선형 교육과정(계속성, 계열성)

① **핵심 아이디어 또는 기본 원리 및 개념 중시**

② 어떤 교과든지 그 교과를 특징적으로 교과답게 해 주는 골간으로서 구조가 있다.

③ **지식의 구조 : 각 교과가 모태로 삼고 있는 학문 분야의 기본적 인 아이디어나 개념 및 원리** : 표현 방식(**활**동적, **영**상적, **상**징적)

④ 이론적 체계가 갖추어진 지식의 구조를 중심으로 교육과정을 설계한다. 학생의 탐구활동을 통한 발견학습과 지식의 전이를 강조한다.

⑤ **지식의 탐구, 실험 등**을 동해 학습자가 해당 **교과의 구조에 통찰력**을 갖도록 하기 위해서 **능동적인 발견학습**을 한다.

⑥ **교사**는 **학습자가 해당 교과의 구조를 발견하도록 조력**하고 **시범 보여 주는 역할**을 수행하지, **결코 지식의 전달자 역할을 하지 않는다.**

4) 인간중심(인본주의)교육과정(The Humanistic Curriculum) : 전인교육, 자아실현

① **인간중심 교육운동은 현대교육의 비인간성과 몰개성 교과가 주인이 되는 것을 비판**

② 교육의 궁극적인 목표는 인간적 성장, 인격적 통합, 자율성 등의 이상을 추구하는 데 있다.

③ **교육을 삶 그 자체로 간주하고 학생의 정서를 중시한다.**

3. 교육과정의 역사 심화 : 교과 경험 학문 인간

1) 교과 : 형식도야 이론(전이)

① 교과 설정의 근거에 대한 역사상 최초의, 또 가장 오랫동안 받아들여 온 이론
② 교과는 지각 · 기억 · 추리 · 감정 등과 같은 몇 가지 기본적인 정신기능을 개발하는 수단
③ 이러한 정신기능을 개발하는 데 적합한 교과가 따로 있다고 하는 이론.
④ **능력심리학(faculty psychology)에 이론적 기반을 둔다.**
⑤ 재미없고 어려운 교과를 힘들여 공부하는 이유를 정당화한다.

2) 경험 : 듀이(J. Dewey)의 경험(Experience) 이론

① **성장**과 **습관**의 의미가 교육적 과정으로 해석되어야 한다.
② **교과의 논리**와 **학습자의 심리**가 동시에 고려되어야 한다.
③ **계속성**(continuity)과 **상호작용**(interaction)의 원리를 강조한다.

3) 학문 : 지식의 구조(각 교과가 모태로 삼고 있는 학문 분야의 기본적인 아이디어나 개념 및 원리)

① **표현방식의 다양성** : 지식의 구조는 표현되는 방식이 다양하기 때문에 의미롭다. Bruner에 따르면, 어떤 영역의 지식도 **작동적 · 영상적 · 상징적** 형태로 표현 가능하다.
② **경제성** : 지식의 구조는 한 학문의 기본적인 아이디어, 개념, 원리 · 법칙을 뜻하기 때문에, 지식의 구조를 중심으로 하는 학습은 경제적이다.
③ **생성력** : 학습자가 새로운 명제를 인출해 내거나 문제해결을 위해 정보를 이용할 때 **주어진 사실을 넘어서 진행할 수 있는 정도**를 말한다.

*** 고득점 팁 ***

- 교과 : 교과에서 획득된 지식 또는 능력의 전이를 가정하고 있다. (형식도야)
- 학문 : 직관 통찰적 사고보다 논리 분석적 사고를 더욱 중시한다. (X)
- 인간 : 정의적 특성의 발달보다는 지적 능력의 성취를 강조한다. (X)
- 홀리스틱 교육 : 인간의 생명은 물론이거니와 지구 공동체의 생명권이 철저히 연관되어 있다는 깨달음을 추구

4. 우리나라 교육과정의 역사 : 교과 경험 학문 인간

1) 긴급조치기(1945~1946)

2) 교수요목기(1946~1954)

3) 제 1 차 교육과정(1954~1963) : **교과**중심교육과정

4) 제 2 차 교육과정(1963~1973) : **경험(생활)**중심교육과정

5) 제 3 차 교육과정(1973~1981) : **학문**중심교육과정

6) 제 4 차 교육과정(1981~1987) : **인간**중심교육과정, 통합교육과정 개념 도입

7) 제 5 차 교육과정(1987~1992) : 인간중심교육과정유지, 통합교육과정 확대

8) **제 6 차** 교육과정(1992~1997) : **교육과정 분권화, 지역과 학교의 재량권 확대**

*** 지방 분권적 교육과정의 장점 ***

① 단위 학교의 자율성과 책무성을 제고할 수 있다.
② 지역 실정에 적합한 교육과정을 편성·운영할 수 있다.
③ 지역 인재를 양성하여 국가 발전에 기여할 수 있다.

*** 중앙집권적 교육과정의 장 · 단점**

① **전국 수준의 표준화된 교육과정을 유지할 수 있다.**
② 새로운 교육현실의 아이디어나 국가 교육목표의 실현을 쉽사리 전국화할 수 있다.
③ 교육과정의 학교교육의 질 관리를 국가수준에서 용이하게 할 수 있다.
④ 교사는 수업에 있어서 수동적이기 쉽다.
⑤ 교육과정 시행이 획일화, 경직화되기 쉽다.
⑥ 지역의 특수성에 보합할 수 있는 다양한 교육과정의 시행이 어렵다.

9) **제 7 차** 교육과정(1997~2009) : **수요자 중심(학습자 중심)교육과정**

10) 2009개정 교육과정(2009~2015) : 창의적 체험활동

11) **2015개정 교육과정(2015~2022) : 역량중심 교육과정**

① 자기관리 역량
② 지식정보처리 역량
③ 창의적 사고 역량
④ 심미적 감성 역량
⑤ 의사소통 역량
⑥ 공동체 역량

5. 이해 : 공식, 잠재, 영 교육과정

1) 공식적 교육과정(formal curriculum)

① **공적 문서 속에 기술되어 있는 교육계획으로서의 교육과정이다.**

② 공식적 교육과정은 사전에 계획되고 실천 및 평가가 가능한 교육과정이다.

2) 잠재적 교육과정(latent curriculum) : 잭슨(P. Jackson)

① **공식적 교육과정에서 의도하지 않았으나 학생들이 은연중에 배우게 되는 경험된 교육과정**

② 잠재적 교육과정은 공개적으로 가르치거나 다루어지지 않았지만 수업분위기, 학급문화, 학교의 관행 등으로 학생이 은연중에 배우거나 경험한 것들이다. **(군집성, 상찬, 권력구조)**

③ 학교가 의도하지 않았는데 학생의 학습경험이 생기는 것

④ **주로 정의적인 영역이나 학교풍토와 관련된다.**

⑤ 사례 : 수업시간에 배운 한자를 30번씩 써 오라는 숙제 때문에 한문을 싫어하게 되었다.

3) 잠재적 교육과정(hidden curriculum) : 애플(M. Apple), 지루(H. Giroux)

① 잠재적 교육과정의 부정적인 현상은 학교교육의 우연적인 결과라기보다는 누군가에 의해 고의적으로 '의도'된 것이라는 시각

② 특정한 의미나 실천은 학교 공식적인 지식으로 선택되어 강조되고, 다른 의미나 실천은 무시되거나 배제된다.

③ 잠재적 교육과정을 통해 학생들에게 삶의 기본 규칙, 즉 정당성이나 합법성을 가르친다.

4) 영(null) 교육과정 : 아이즈너(E. Eisner)

① **교육적 가치가 있음에도 불구하고 공식적 교육과정에서 배제된 교육과정**

② 'null'은 '없다'는 의미이다. 따라서 영 교육과정은 '없는' 교육과정이다.

③ 당연히 발생해야 할 학습경험이 학교의 의도 때문에 일어나지 않은 것

④ 영 교육과정은 학교에서 공개적으로 가르치지 않거나 소홀히 다루어지는 교과지식, 사회양식, 가치, 태도, 행동양식 등을 일컫는다.

⑤ 사례 : 일본의 역사교과서에서 한국 침략 내용을 의도적으로 배제

영 교육과정의 내용선정 기준

① 그 내용이 목적 달성에 유용한 것

② 그 내용을 학습하는 학생들에게 그것이 의미가 있는 것

영 교육과정의 두가지 측면

① 학교가 무시하는 지적과정

② 학교 교육과정에서 가르치고 있지 않는 내용이나 교과 영역

6. 교육과정 개발과정 : 개발(타일러)

1) 목표중심 교육과정 개발 : 타일러(R. Tyler)

*** 목표 선정시 고려사항 5가지***
① 학습자 ② 현대사회 ③ 교과전문가
*** 잠정적 목표 설정***
④ 교육철학 ⑤ 교육심리

1. 교육목표 : 학생이 성취해야 할 **행동** 그리고 삶의 **내용** 또는 영역이 포함
2. 학습경험 : 교육목표에 기초하여 **교육경험 학습경험을 선정 조직**해야 한다.
  (1) 학습경험선정 : 기회, 만족, 가능성, 일목표 다경험, 일경험 다성과, 타당성
  (2) 학습경험조직 : 계속성, 계열성, 통합성
3. 평가

2) 목표 설정 : 학교가 달성해야 할 교육목표는 무엇인가?

타일러는 교육목표를 설정할 때, 먼저

① **학습자 연구 - '필요(need)와 흥미'** : 학습자 연구가 교육목표 설정의 기초 자료인 이유는 교육기관이 의도하는 학생들의 행동 변화가 중요한 교육목적이기 때문이다.
② **학교 밖의 현대사회 연구** - 개인이 사회에 적응하고 사회가 요구하는 인간상을 배출하기 위해서 학교와 사회는 밀접한 관계, 학습의 전이 : 학교에서 배운 것을 실제 사회에서 응용해 보고 연습할 수 있는 기회를 많이 얻었을 경우에 쉽게 사회생활에 연계
③ **교과 전문가들의 교과내용 제안을 검토 - 교과의 기능이나 공헌도 제안**
잠정적인 목표를 선정한 후,
④ **교육철학** - 이상적 삶과 사회, 물질과 정신, 민주주의 등에 관한 철학적 가치 판단
⑤ **학습심리학**을 통해 - (학습심리학의 관점에서 재검토, 학습가능성, 학습 조건, 방법) 일관성 있는 목표를 설정할 것을 주장하였다.

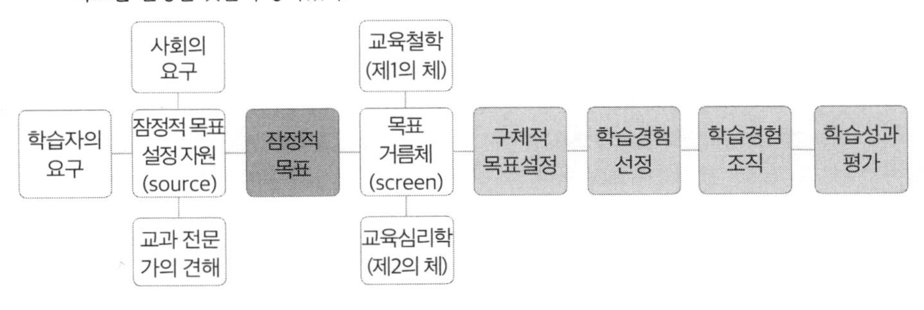

7. 교육과정 개발과정 : 개발(타일러)

1) 목표중심 교육과정 개발 : 타일러(R. Tyler)

1. **교육목표** : 학생이 성취해야 할 **행동** 그리고 삶의 **내용** 또는 영역이 포함
2. **학습경험** : **교육목표에 기초**하여 **교육경험 학습경험을 선정 조직**해야 한다.
   (1) 학습경험선정 : 기회, 만족, 가능성, 일목표 다경험, 일경험 다성과, 타당성
   (2) 학습경험조직 : 계속성, 계열성, 통합성
3. **평가**

2) 경험 선정 : 그러한 교육목표를 달성하기 위하여 제공되어야 할 교육경험은 무엇인가?

교육목표 설정 후 해당 목표를 달성하기 위한 적절한 교육경험이 제공되어야 한다. 그가 제시한 교육경험 선정의 일반적 원칙은 다음과 같다.

① **기회의 원칙: 교육목표를 달성할 기회가 보장되도록 경험 선정** (2019기출)
② **만족의 원칙: 학생의 흥미, 필요와 합치되도록 경험 선정** (2019기출)
③ 학습**가능성**의 원칙 : **학습자의 발달단계**에 맞는 경험 선정
④ **일목표 다경험**의 원칙: **다양한 학습경험**으로 교육목표를 달성할 수 있도록 함
⑤ **일경험 다성과**의 원칙: 하나의 경험을 통하여 **여러 성과**를 거둘 수 있도록 계획
⑥ 타당성의 원칙: 교육내용이 목표 달성에 도움이 되도록 선정

3) 경험 조직 : 이들 교육경험을 효과적으로 조직하는 방법은 무엇인가? 효과적인 수업을 위해 학습경험을 어떻게 조직할까? 타일러는 학습경험의 조직 원칙으로 **계속성, 계열성, 통합성**을 제시하였다.

① 계속성(continuity): 주된 교육과정 요소들을 수직적으로 반복하는 것, 동일 내용이나 영역을 수준을 높여가며 **반복함**으로써 학생이 해당 부분을 이해할 수 있도록 조직하는 것이다.

② 계열성(sequence. 위계성): 각각의 계속적인 경험을 선행하는 경험 위에 세우지만 포함된 내용이 좀 더 깊게 진행되도록 하는 데 따른 중요성 강조, 학습내용을 학년이 올라갈수록(시간) **폭과 깊이가 확대 · 심화**되게 조직하는 것이다. 이때 학습자의 발달수준과 교과의 내용수준을 고려한다.

③ 통합성(integration): 교육과정 경험의 **수평적 관계**, 교육경험의 조직은 교육경험이 학생들로 하여금 점차로 통합된 견해를 갖도록 도와주고, 다루었던 요소들과 관련해서 학생의 행동을 통합시키도록 도와주는 것이 되어야만 한다. (예 : 수학, 상점 계산을 통해 사회, 과학 등 생활능력)

8. 교육과정 개발과정 : 개발(타일러)

1) 타일러의 교육과정 개발 논리에 대한 평가

① **처방적, 연역적, 직선적 모형** : 타일러의 논리는 교육과정 개발자들이 따라야 할 절차를 제시한다는 점에서 처방적이며, 목표가 먼저 제시된다는 점에서 연역적이며, 목표에서 평가로 순차적으로 진행된다는 점에서 직선적 모형이다.

② **교과 학습자 사회에 대한 균형된 관점** : 타일러의 논리는 교과 학습자, 사회에 대한 균형된 관점을 지니고 있다. 하지만 타일러의 논리를 비판하는 사람들은 그의 논리가 정치적, 사회적, 경제적 조건보다 교육과정과 교수학습의 합리성만을 지나치게 강조하였다고 비판한다.

③ **합리적 논리적 모형** : 타일러의 논리는 합리 적인 것으로 평가된다. 그래서 어떤 교과나 수업수준에서도 활용될 수 있는 폭넓은 유용성을 지닌다.

④ **평가영역의 확대** : 타일러는 당시 지배적인 평가방법인 지필평가 이외에 포트폴리오 평가 같은 다양한 방법을 활용할 것을 주장하여 평가의 영역을 확대시킨 것으로 평가된다.

2) 타일러의 교육과정 개발 논리에 대한 비판

① **교육과정 개발에 개입되는 정치적 이해관계에 관심을 기울이지 않는다.(가치중립적)**

② **교육내용선정에 대하여 직접적인 답을 제공하지 못한다.** 타일러는 목표설정의 과정, 목표진술의 방법에 대해서만 언급을 하고 있다. 그러나 무엇이 혹은 어떤 내용과 활동이 교육목표로 필요하고 왜 그것이 다른 목표 보다 우선적으로 선정되어야 하는지 그 이유를 언급하지 않고 있다. 단지 교육과정 개발의 형식, 절차, 원리, 방법만 언급하였다. **결국, 무엇(what)에 대한 언급을 회피하고 어떻게(how)에 대해서만 제시하고 있는 것이다.**

③ **교육과정 개발을 지나치게 단순화해서 파악한다.(기계적이고 절차적인 모형)** 타일러의 논리는 요소 간의 상호의존성이 부족하다. 만약 교육과정 개발자가 교육과정의 구성요소 간의 상호의존성을 고려하지 못한다면 개발은 기계적 과정이 될 수밖에 없다.

④ 목표를 우위에 두어 내용을 목표 달성을 위한 수단으로 전락시킴

⑤ 수업 중에 발생하는 부수적, 확산적 목표를 간과함(**표현적 결과** - 사전에 설정되지 않았지만 실행 과정에서 드러나는 중요한 경험을 간과하기 쉽다.)

⑥ 학습목표를 행위동사로 진술하는 것이 제한적임

⑦ 교육과정이 교육평가에 종속되기도 함

⑧ 실제 교육과정 개발의 과정은 비선형적이기도 함, 현장에서 실제 교육과정 개발은 절차적이지 않으며 각 단계의 구분이 명확하지 않은 경우가 많다. 이것을 잘 설명하는 모형이 **워커의 숙의 모형이다.**

9. 교육과정 개발과정 : 목표(타일러)

1) 타일러 교육목표진술 유의사항

① 교사가 해야 할 활동으로 교육목표를 진술하는 방식이다. 예컨대, "진화론에 대하여 이야기한다." 또는 "귀납적 증명의 본질을 가르친다." 식으로 진술하는 것이다. 이와 같은 목표진술 방식의 문제점은 학습의 결과로서 학생에게 나타나야 할 행동의 변화나 학습성과가 분명하지 않다는 점이다.

② **학습내용과 행동(행위동사)으로 진술하고 교육목표 이원분류표로 체계화할 것을 제안**

③ 바람직하고 실현성있는 교육목표가 되기 위해서는 그 목표의 진술이 가르치는 교사를 위주로 할 것이 아니라 **학습자의 차원에서 진술**

④ '학생이 ~할 수 있다'는 형식의 행위동사로 진술하면 교육평가 단계에서 목표달성 여부를 분명하게 확인하는 데 도움이 된다.

2) Tyler 예시

① 주어(학생)	② 목적어(내용)	③ 동사(행동적 서술어)순으로 진술
① 학생은	② 삼각형의 합동조건을	③ 열거할 수 있다

3) Mager 예시

① 학습자의 도착점 행동	② 도착점 행동이 일어나는 상황 및 조건	③ 수락기준 포함
① 모두 풀 수 있다	② 3개의 이차 방정식을 제시 했을 때	③ 10분 동안에

4) 학습목표의 구성요소(abcd법칙)

A 학습자(Audience) : 교사중심이 아니라 학습자 중심으로 진술

B 행동(Behavior) : 학습경험 후 기대되는 행동의 결과

C 조건(Condition) : 학습자에게 주어지거나 억제된 자원들을 포함해서 행동이 나타날 수 있는 조건을 진술함

D 준거(Degree, Criterion) : 수행이 판단될 수 있는 양적 또는 질적 준거를 명세화

5) 아이즈너의 수업목표 분류

① 행동적 목표 - 행동적 활동

② 문제해결 목표 - 문제해결 활동

③ **표현적 활동 - 표현적 결과**

10. 교육과정 개발과정 : 목표(인지, 정의, 심동)

1. 교육목표의 설정

1) 인지적 영역 - '지식, 이해, 적용, 분석 , 종합, 평가' -B. Bloom-

지적영역은 **복잡성의 원리**(principle complex)에 의하여 **위계적**으로 구성되어 있다. **하위수준의 인지능력은 상위수준의 인지능력을 성취하기 위한 선행조건**이다.

2) 정의적 영역 - 감수, 반응, 가치화, 조직화, 인격화 (위계적으로 구성) -D. Krathwohl-

내면화 수준(level of internalization)에 따라 분류할 수 있다. 내면화란 사회심리학적인 용어로서 개인이 사회에 의해 주어지는 태도, 가치, 행동양식 등을 자기 것으로 받아들이는 것을 의미한다.

① **감수(receiving)**란 인간의 정의적 행동에 영향을 주는 모든 사건에 대하여 관심을 갖게 되는 정의적 행동 특성으로 어떤 사건이나 현상을 받아들이거나 선택적으로 **관심**을 갖는 단계를 말한다.

② **반응(responding)**이란 관심의 수준을 넘어 어떤 사건이나 현상에 대하여 어떤 형태로든 **반응**함을 말한다. 예를 들어, 넘어진 아이를 보고 관심을 표현한 것이 감수라면 가서 일으켜 주든지, 일어나라고 말하든지, 아니면 그냥 지나치는 것이 반응이다.

③ **가치화(valuing)**란 여러 가지 사건과 현상 중에 어떤 것이 **가치 있는가를 구분**하는 행동 특성을 말한다. 예를 들어, 넘어진 아이를 보고 관심을 갖는 행위와 약속 시간을 지켜야 하기에 그냥 지나치는 경우, 어떤 행위가 더 가치 있는가를 판단하는 행위다.

④ **조직(organization)**이란 여러 행위와 사건에 따른 각기 다른 가치가 존재하므로 이들 **가치를 위계적으로 조직**하는 행동 특성이다.

⑤ **인격화(characterization)**란 가치화와 가치체계의 조직이 정착되면 **가치체계가 내면화**되어 성숙한 인간, 즉 성스러운 사람이 된다. 인격화는 정의적 행동 특성의 최고단계로 가치체계를 내면화한 예로서 간디, 테레사 수녀 등을 들 수 있다.

3) 심동적 영역 Simpson(1966 ⑤,1972⑦)

① 수용(지각) - 감각기관을 가지고 지각하고 관심을 갖는 단계
② 태세(자세) - 준비하는 상태
③ 유도반응 - 복잡한 기능을 배우는 초기단계
④ 기계화 - 배운 행동을 훈련해서 습관적으로 고정되고 안정되어지는 단계
⑤ 복합적 외현반응 - 최소의 힘으로 부드럽게 하는 단계
⑥ 적응 - 문제상황, 특수상황에 적합한 행위로 수정하는 단계
⑦ 독창성 - 독창적인 자세로 개인의 특수한 행동을 개발하는 단계

11. 교육과정 개발과정 : 아이즈너 목표와 평가

1) **행동목표(behavioral objectives)의 한계** : 수업은 복잡하고 역동적이어서 예측하지 않는 결과가 많이 나타난다. 그러므로 수업 후 나타날 모든 것을 수업 전에 미리 행동목표로 진술하는 것은 불가능하다.

2) 문제해결목표

① 문제해결목표란 **문제와 문제해결에 필요한 조건만 가지고 해당 조건을 충족시키면서 문제를 해결하는 것**을 말한다.

② 예를 들어, '1만원으로 먹고 싶은 과자 5종 고르기'가 해당된다. 이것은 문제해결책이 다양하므로 정답이 없는 해결책을 학생으로 하여금 발견하도록 유도할 때 사용된다.

③ 문제해결목표는 지적 융통성과 고등정신능력을 기르는데 유익하다.

3) 표현적 결과(expressive outcomes)

① **목표를 미리 설정하지 않고 어떤 활동을 하는 과정에서 혹은 활동의 결과에서 얻게 되는 것이 표현적결과**인 것이다.

② 학생의 다양한 생각을 행동목표로 집약하여 표현하면, 다양한 생각을 구현하는 교육활동이 제한될 수 있다.

③ 행동목표로 진술되지 않는 것도 있으므로, 반드시 사전에 목표를 설정할 필요가 없다.

4) 표상 형식(mode of presentation)과 반응양식 개발

① **지식이나 현상을 이해하고 표현하는 형태는 다양하다.**

② 음악, 미술·몸짓 조각, 영화 등 글과 말의에 다양한 형태의 표현양식이 있다.

③ 글이나 말 외에 다양한 표현양식이 있는데, 학교는 오직 글과 말로써 현상을 이해하고 그것을 표현할 것을 학생들에게 강요한다. 이것은 인간의 다양성을 무시하고 다양한 표현 기회를 차단하는 것이다.

5) 교육적 감식안에 기반을 둔 교육비평

① 아이즈너는 타일러(R. Tyler)의 목표지향적 평가(objectives oriented evaluation)와 행동주의(behaviorism) 학습관이 개인의 질적인 측면을 고려하지 못하여 다양성을 저해한다고 비판하였다.

② 대안으로 그는 교육적 감식안에 기반을 둔 교육비평을 주장하였다.

12. 교육과정 개발과정 : 타바, 워커, 아이즈너

1) 교사가 만드는 교육과정 개발 : 타바(H. Taba)

① **외부의 권위자가 교육과정을 개발하기보다, 현장의 교사가 만들어야 한다고 생각하였다.**

② **요구 진단 단계**를 설정하였으며 **귀납적 접근 방법**을 사용하였다.

③ 교사가 일반적인 교육과정을 개발하는 것이 아니라 수업에 즉각 활용되는 **단원을 만든 것부터 시작**해야 한다고 주장하였다.

2) 자연주의적 교육과정 개발(숙의모형) : 워커(D. Walker)

① 강령을 표방하고, 해당 강령을 지지하는 **자료를 검토**하는 **강령(platform)**단계

② 다양한 대안을 검토하고 이를 토대로 적절한 **대안을 도출**하는 **숙의(deliberation)**단계

③ 선택한 대안을 **구체적 프로그램으로 만드는 설계(design)**단계

④ 현장의 다양한 특수성을 반영한 융통적인 모형이다.

⑤ 개발의 과정에서 참가자들 간의 대화를 통한 타협과 조정을 강조한다.

⑥ 정치적 혹은 관료적 압력 등에 의해 통제되기도 한다.

3) 예술적 교육과정 : 아이즈너의 교육과정(Eisner's curriculum)

① 예술 교육과 교육과정에 대한 **질적인 연구를 시도**하였다.

② **평가**는 교육과정 개발의 **모든 과정**에서 이루어져야 한다.

③ 교육내용을 선정할 때 학교에서 **가르치지 않는 것에 대하여 고려해야 한다.**

④ 행동적 목표에 대한 보완으로 **표현적 결과**(expressive outcomes)를 고려해야 한다.

4) 재개념주의에서 교육과정의 의미

전통적	1970년대 이후	재개념주의
고정된 교육과정	→ 재개념화	유동적 경로(교육과정)
수동적 학생을 가정		학생이 **능동**적으로 경험하는 교육과정
공통교육과정이 강조됨		**선택** 교육과정이 강조됨
객관적 내용이나 경험이 강조됨		**주관**적 경험 및 타 경험과의 **관계**를 강조
학교 교육과정에 한정		학교 교육과정은 물론 학교 밖 경험까지 포함
공식적 교육과정에 한정		**잠재적** 교육과정을 포함
교과목(Course of Study)으로		개인의 **삶**의 궤적(Course Of Life)으로

13. 교육과정의 이해 : 재개념화

1) 재개념주의에서 교육과정의 의미 : 파이너, 애플, 아이즈너

① **교육과정 '개발' 패러다임의 행동주의와 과학주의를 비판한다.**

② **다양한 담론**을 활용하여 **교육과정을 이해**하고자 한다.

③ 해석학이나 현상학 같은 다양한 방법론을 교육과정 연구에 적용하였다.

③ 교육과정 개선을 위한 처방적 원리보다 교육과정 문제의 복합성에 더 관심을 갖는다.

④ 애플(Apple)의 정치적 텍스트로서의 교육과정 탐구, 아이즈너(Eisner)의 심미적 관점에서의 교육과정 탐구 등을 그 사례로들 수 있다.

> *** 함정 피하기 ***
> - 교육과정의 정치적 독립성과 가치중립성을 강조한다.(X)
> - 교육과정 연구에서 질적 접근보다는 양적 접근을 중시한다.(X)

2) 파이너(W. Pinar)와 재개념주의

① **교육과정이란 교육 속에서 개인들이 갖는 경험의 의미와 성질을 탐구하는 것이다.**

② 교수(teaching)는 학생들이 자신의 경험을 이해하고 해석하는 학습활동에 적극적으로 임할 수 있도록 안내하고 조력해 가는 과정이다.

③ 인간의 내면세계에 보다 가까이 다가가기 위해 학생 자신의 전기적(biographical) 상황에 주목하는 **쿠레레(currere) 방법**을 제시하였다.

3) 파이너(W. Pinar)의 쿠레레(currere) 방법 4단계

① **회귀** - 자신의 실존적 경험을 회상하면서 기억을 확장하고, **과거**의 경험을 상세히 묘사
(그대로 기억, 평가 해석 금물, 과거의 순간순간의 관점유지 기록, 현재와 반응 체크)

② **전진** - 자유연상을 통해 아직 현실화되지 않은 **미래**의 모습을 상상한다.
(미래를 상상, 자유연상, 비판적 사고금물, 편안함)

③ **분석 - 과거 · 미래 · 현재**라는 세 장의 사진을 놓고, 이들 간의 복잡한 관계를 탐구한다.
(현재를 기록하고, 회귀와 진보의 세 사진을 탐구, 나열, 상호관계)

④ **종합 - 내면**의 목소리에 귀를 기울이고, 자기에게 주어진 현재의 의미를 자문한다.
(내면의 목소리, 나는 누구인가?, 나는 함께 놓여있다.)

14. 최근 교육과정 개발 모형 : 학교중심 교육과정 개발모형 (SBCD)와 백워드

1) 학교중심 교육과정의 개념 (Skilbeck)

① **학교의 현실이나 지역적 특수성을 고려하지 않고 대규모의 교육과정에 대한 반작용으로 나타났다.**

② 교육과정 개발은 학교 현실이나 상황에 기초하여 이루어진다.

③ **각 학교의 특성을 고려**한 교육과정 개발이 용이하다.

④ 개방된 접근의 **'상호작용적 교육과정 개발모형'**

⑤ 교육과정 개발의 과정은 지속적이고 **역동적인** 성격을 지닌다.

2) 스킬벡(Skilbeck)의 모형의 5단계

① 상황 분석(analyse the situation): **외적 요인**으로는 문화적·사회적 변화, 학부모 요구 및 기대, 지역사회의 가치, 부모와 자녀간 관계의 변화, 이데올로기, 교과 성격의 변화 등이다.
내적 요인으로는 학생의 적성, 능력, 교육적 요구와 교사의 가치, 태도, 기능, 지식, 경험, 강점 및 약점, 역할, 학교 풍토 및 정치적인 구조 등이다.

② **목표 설정**(define objectives)

③ **프로그램 구성**(design the teaching-learning programme)

④ **해석과 실행**(interpret and implement the programme)

⑤ **모니터링·피드백·평가·재구성**(assess and evaluate)

3) 이해중심교육과정(백워드 설계)의 3단계 : 위긴스(Wiggins)와 맥타이(McTighe)

① 바라는 결과 확인하기 : 목표

학습목표를 설정하는 단계로 교사는 학생이 수업(혹은 교육의 과정)이 끝났을 때, "무엇을 알고 이해해야 하는가?"를 질문하고 그것을 목표로 설정한다.

② 수용 가능한 증거 결정하기 : 평가계획

평가기준을 설정하는 단계로 교사는 학습목표(기대되는 학습 결과)가 성취되었음을 어떻게 알 수 있는가?를 질문한다. 이 단계에서 교사는 평가자의 입장에서 학생의 목표 성취 여부를 수용할 수 있는 기준을 설정한다.

③ 학습 경험 계획하기 : 수업

기대되는 학습결과를 효과적으로 수행하고 성취하기 위한 학습경험과 교수방법을 어떻게 설계할 것 인가? 이를 위하여 위긴스와 맥타이는 WHERETO 방법을 제안하였다.

15. 교육과정 조직과 교육과정 평가모형

1) 교육과정 설계[curriculum design]의 기본요소

교육과정 설계란 교육과정의 기본 요소를 배열하는 것을 말한다.
기본요소에는 **목적(목표,** 명세목표 포함), **내용**(교과), **학습활동(학습 경험) 및 평가**가 있다. 이와 같은 기본 요소들을 어떻게 서로 관련짓느냐가 교육과정 설계에서 해야 할 과제이다.

1) 범위성(scope) : 다루어야 할 내용의 영역과 범위를 결정하는 것이다. (폭과 깊이)
2) **계속성**(continuity) : 교육내용이나 경험을 수직적으로 조직, 요소를 지속적으로 **반복**
3) **계열성**(sequence) : **시간**의 경과에 따른 내용의 **수준**별 조직, **심화**, 단순에서 복잡
4) **통합성**(integration) : 교육과정의 내용을 **수평적으로 관련**시키는 것
5) 균형성(balance) : 교육과정의 각 부분이 적절하게 다루어져서 전체적 균형을 유지
6) 연계성(articulation) : 교육과정의 여러 측면 간의 상호관계
   ① 수직적 연계성 : 계속성과 계열성과 유사 예) 초 6과 중1의 연계
   ② 수평적 연계성 : 스코프와 통합과 유사

2) 교육과정평가 모형

① **Tyler의 목표달성모형** : 행동적 용어로 진술된 목표와 학생의 성취도와의 일치 정도를 알아보는 데 평가의 초점을 맞추고 있다.
② **Stufflebeam의 CIPP 모형** : 의사결정에 유용한 정보를 획득·기술·제공하는 과정으로 평가를 정의하였다.
③ **스크리븐(Scriven)의 탈목표 평가모형**(Goal-Free-Evaluation) : **교육목표 달성여부, 예상되는 결과** 이외에 **의도하지 않는 부수적인 효과**도 평가한다.
④ **아이즈너(Eisner) 교육적 감식과 교육비평** : 교육평가가 예술작품을 비평하는 것과 같은 방식으로 이루어져야 한다고 주장하였다.
⑤ 참여자중심모형 - **Stake의 반응적 평가**

16. 시간의 경과에 따른 교육과정과 실행 관점

1) 시간의 경과에 따른 교육과정

(1) 계획한 교육과정

① 교육과정을 '계획된 활동'으로 정의할 경우 교육과정은 계획된 모든 활동을 포함한다.

② 국가수준에서 계획된 교육과정 문서, 학교의 연간 교육과정 계획서, 수업지도안 등이 포함된다.

(2) 실천한 교육과정

① 학교의 교육활동을 통해 전개하고 실천한 교육과정을 의미한다.

② 주로 학교나 교사 수준의 교육과정을 말한다.

(3) 경험한 교육과정

① 학생은 학교나 교사에 의해 실천된 교육과정을 경험한다.

② 이것은 주로 학습결과 측면을 다룬다.

2) 교육과정 실행 관점 세 가지(Synder, Bolin, & Zumwalt)

(1) 충실도 관점(fidelity perspective) : 교사는 사용자

개발 또는 계획된 교육과정의 취지와 의도대로 학교 및 교실에서 충실하게 전개되고 구현되어야 한다는 관점으로, 원래 의도한 대로 프로그램이나 혁신적인 내용이 사용되는 정도를 나타낸다고 말하고 있다. 이 충실도 관점은 특히 중앙에서 개발한 교육과정의 취지와 의도가 학교 현장에서 충분히 구현되고 있는가를 보는 기준으로 작용한다.

(2) 상호적응 관점(mutual adaptation perspective) : 학교 밖에서 개발된 교육과정이 학교 현장에서 그대로 실행되는 것이 아니라 학교가 처한 상황 및 실행과정의 상황 등에 따라 실행하는 교사와의 상호 적응 및 조정의 과정을 거치게 된다고 보는 견해이다.

(3) 교육과정 생성 관점(curriculum enactment perspective) : 교사는 창조자

교육과정 생성 관점은 충실도 관점과 반대되는 극단에 있는 것으로 이해되기도 한다. 이 관점은 외부에서 개발 및 설계되고 만들어진 교육과정은 하나의 자료일 뿐이고 **교육과정은 학생과 교사에 의해 만들어져야 한다는 것이다.**

17. 2022 개정 교육과정 : 고교학점제, 성취평가제

1) 2022 핵심역량(의사소통 역량 → 협력적 소통 역량으로 변경)

2) 학교 교육과정 설계와 운영

① 학교는 이 교육과정을 바탕으로 **학교 교육과정을 자율적으로 설계·운영**하며, 학생의 특성과 학교 여건에 적합한 학습 경험을 제공한다.

② 교사와 학생 간, 학생과 학생 간 상호 신뢰와 협력이 가능한 유연하고 안전한 교수·학습 환경을 지원하고, **디지털 기반 학습이 가능**하도록 교육공간과 환경을 조성한다.

③ 각 교과의 특성에 맞는 다양한 학습이 이루어질 수 있도록 교과 교실 운영을 활성화하며, **고등학교는 학점 기반 교육과정 운영**을 위해 유연한 학습공간을 활용한다.

④ 학교는 교과목별 **성취기준과 평가기준에 따라 성취수준을 설정**하여 교수·학습 및 평가 계획에 반영한다.

⑤ **학생에게 배울 기회를 주지 않은 내용과 기능은 평가하지 않는다.**

⑥ 수행평가를 내실화하고 서술형과 논술형 평가의 **비중을 확대한다.**

⑦ 학교의 여건과 교육활동의 특성을 고려하여 **다양한 지능정보기술을 활용함으로써 학생 맞춤형 평가를 활성화**한다.

3) 학교급별 교육과정 편성 · 운영의 기준

① 초등학교 1학년부터 중학교 3학년까지의 **공통** 교육과정과 고등학교 1학년부터 3학년까지의 학점 기반 선택 중심 교육과정으로 편성·운영한다.

② 학교는 필요에 따라 원격수업을 실시할 수 있으며, 이 경우 원격수업 운영 기준은 관련 법령과 지침에 따른다. (나머지 : 강의참조)

③ 창의적 체험활동은 **자율·자치 활동, 동아리 활동, 진로 활동**으로 한다.

④ **정보교육** : 초등 34시간, 중등 68시간 이상 편성·운영한다

⑤ **자유학기** : 진로 탐색 활동과 주제선택 활동, 2013 연구학교 → 2016 모든 학교

⑥ 자유학기에는 학습의 과정을 중시하는 다양한 평가 방법을 활용하되, **일제식 지필 평가는 지양한다.**

4) 학교 교육과정 지원

① **국가 수준 : 교원 수급 계획 마련**, 교과목별 평가 활동에 활용할 수 있는 **다양한 평가 방법, 절차, 도구 등을 개발**하여 학교에 제공한다.

② **교육청 수준 : 교원 전보**, 학교가 새 학년도 시작에 앞서 교육과정 편성·운영에 관한 계획을 수립할 수 있도록 **교육과정 편성·운영 자료를 개발·보급**, 온오프라인 연계를 통한 효과적인 교수·학습과 평가가 이루어질 수 있도록 하며, **지능정보기술을 활용한 맞춤형 수업과 평가가 가능하도록 지원**한다.

Ⅱ. 교육심리

기본				23	22	21	20	19	18	17	16	15	14	13	12	11	10
교육심리	발달										●		✱				
	인지발달	피아제	개인적 구성				✱	✱		●				✱			
		비고츠키	사회적 구성	●			✱			●✱		●				●	
	성격발달	프로이드	심리성적발달		●			●	●			●	✱		●		●
	사회성	에릭슨	심리사회적						●					●		●	
		마샤	정체성 발달			●											
		브론펜	생물생태학적									●					
		셀만	사회적 조망														
	도덕성	피아제									✱						
		콜버그		●				✱			✱					●	
		길리건									✱						
	행동주의	고전적 조건형성			●												
		조작적 조건형성		✱		●✱	✱	✱		●		●	●				
	사회인지	관찰학습		✱	●	✱		●		●	●						
	인지주의	개념												●			
		통찰학습	형태주의	✱		✱		●	✱								
		정보처리			✱	✱	●	●		✱	●						
		전이		✱													
	동기	귀인	와이너			●										●	
		자기결정										●	✱				
		목표지향					●										
	학습양식	장독립	장의존									✱					
		숙고형	충동형														
	지능	고전	서스톤										●				
			카텔								●		●				
		대안	가드너		✱						●						
			스턴버그				●				●		●				
		창의성	길포드								●						
		영재	렌줄리			✱							●				
		특수 학습자							●								

● : 국가직 ✱ : 지방직

1. 발달

1) 발달의 개념

① 발달의 개념과 유사한 용어로는 성장(growth), 성숙(maturation), 학습(learning) 등의 개념이 사용되고 있다.

② **성장**이란 개체의 신장, 체중, 골격 등과 같은 신체적이고 생리적인 변화와 같은 양적증가와 관련된다.

③ **성숙**은 뇌 기능의 분화나 사춘기의 이차성징 출현과 같이 개체가 환경의 영향보다는 유전적 소질에 의해서 변화하는 과정을 의미한다.

④ 발달을 정의할 때 성장, 성숙의 개념과 함께 반드시 논의되어야 할 부분은 **경험**이다. 아동이 실생활에서 접하게 되는 모든 심리적 · 물리적 환경과의 상호작용이 바로 경험이다.

⑤ **발달**은 인간이 모체의 자궁에서 정자와 난자가 수정되는 그 순간부터 죽음에 이르기까지 전 생애에 걸쳐 유전과 환경의 상호작용에 의해 일어나는 모든 양적 변화와 질적 변화의 과정으로 정의할 수 있다.

2) 발달원리

① 발달은 **성숙(유전)과 학습의 상호작용의 결과**이다.

② 발달은 일생을 통한 계속적인 과정이며 점진적이다.

③ 발달에는 일정한 발생학적인 순서와 방향이 있다.

④ 발달의 각 측면은 서로 밀접하게 상호 관련되어 있다.

⑤ 발달의 개념은 단순한 **양적인 증대만이 아니라 질적인 변화** 역시 포함한다.

⑥ 발달은 **전체적이고 일반적인 기능에서부터 부분적이고 특수한 기능으로 분화**한다.

⑦ **수평적 개념에서 수직적 개념으로 발달**된다.

⑧ **발달에는 개인차가 있다**.

*** 더 알아보기***

① **발달과업**은 특정한 발달단계에서 각 개인이 배우지 않으면 안 되는 여러 가지의 과제, 즉 발달과제를 의미하는 것으로 이는 개인의 건전한 성장 발달을 위해 이루어야 할 과업이다.

② **Piaget**는 **인지**구조의 차이를 근거로, **Freud**는 **성**적에너지(libido)의 발달과정을 근거로, **Erikson**은 심리**사회**적 위기에 따라 발달단계를 구분하고 있다.

2. Piaget의 인지발달이론 : 개인적 구성주의

1) 개념

① 피아제(Piaget)는 우리의 인지가 **환경과의 끊임없는 상호작용을 통해 발달**한다고 하였다.
② **도식**(schema)이라고 하는 인지구조를 끊임없이 재구성함으로써 주어진 환경에 효과적으로 맞추어 나간다.
③ **도식**(schema) : **사고의 기본단위**, 조직화된 행동 및 사고형태를 의미한다.
④ **불평형**(disequilibrium) : 우리는 끊임없이 새로운 환경에 노출되며, 새로운 환경은 우리를 인지적 갈등(cognitive conflict)이 생기는 불평형상태로 만든다.
⑤ **적응**(adaptation) : 동화와 조절의 통합적 기능 (**적응 = 동화 + 조절**)
⑥ **동화** : 자신의 기존 도식에 맞추어 새로운 지식이나 정보를 **수용**하는 것
⑦ **조절** : 자신의 기존 도식을 새로운 지식이나 정보에 부합되도록 **변화**시키는 것
⑧ **평형화** : 현재의 인지구조와 새로운 정보 간의 **균형**을 회복하는 과정
⑨ **조작** : 논리적인 정신작용으로 Piaget는 과학자로서 논리적인 사고를 중요시하였기 때문에 조작(operation)의 발달에 주목하였다.

2) Piaget 인지발달 단계 : 사고의 질적변화

단계	연령	주요 특성
감각운동기	출생 ~ 2세 (영아기)	**감각운동적** 도식 발달 반사행동에서 목적을 가진 행동으로 발전 **대상 영속성** 습득 : 대상이 시야에서 사라지더라도 계속 존재한다는 것을 인식하는 능력
전조작기	2~7세 (유아기)	언어와 상징과 같은 **표상적 사고**능력의 발달 **직관적 사고와 중심화, 자아중심성** **물활론** : 생명이 없는 대상에게 생명과 감정을 부여하는 것
구체적 조작기	7~11세 (학령기)	**구체적이 상황에서의 논리적 사고발달** 가역성, 유목화, 서열화 개념 습득, 사회지향성 **가역성**의 개념을 획득하여 **보존**과제를 획득한다.
형식적 조작기	11세이후 (청소년기~)	논리적으로 **추상적인 문제 해결** 가설 **연역적 추리** 가능, 조합적 추리가능

① **보존성** : 컵에 담겨져 있던 우유를 크기와 길이가 다른 컵에 옮겨 부어도 그 양이 동일하다는 것을 이해한다.
② **추상적사고** : 비유, 풍자, 은유 등과 같은 복잡한 언어형식을 이해한다.

3. 비고츠키(Vygotsky) 인지발달이론 : 사회적 구성주의

1) 개념

① **비고츠키**(Vygotsky)는 발달 수준을 실제적 발달 수준과 잠재적 발달 수준으로 구분하였다.
② **실제적 발달 수준**은 아동이 주위의 **도움 없이** 스스로 문제를 해결할 수 있는 수준
③ **잠재적 발달 수준**은 **도움을 받아서** 문제를 해결할 수 있는 더 높은 수준을 말한다.
④ 이 두 수준 사이에 존재하는 영역이 근접발달영역이다.
⑤ **근접발달영역(Zone of Proximal Development: ZPD)**은 혼자서는 문제를 해결할 수 없지만, 성인의 안내를 받거나 친구와 협동하면 성공적으로 문제를 해결할 수 있는 영역
⑥ **비계설정**(scaffolding)은 근접발달영역에서 제공되는 더 뛰어난 친구나 성인의 도움을 뜻한다.
⑦ Vygotsky는 Piaget와 달리 **언어**가 인지발달에 중요한 역할을 한다고 하였다.
⑧ 비고츠키는 아동의 **자기중심적 언어**가 **문제해결을 위한 사고의 도구**라고 주장하였다.
⑨ Vygotsky는 **비계설정**을 포함하여 대부분의 **사회적 상호작용이 언어**를 통해 이루어지며 언어는 학습자로 하여금 다른 사람이 이미 가지고 있는 지식에 접근하도록 해 준다고 하였다.

피아제 이론과 비고츠키 이론의 차이점

	피아제(인지적 구성주의)	비고츠키(사회적 구성주의)
공통점	**인지발달에서 환경과의 상호작용을 강조**	
아동관	꼬마 과학자 스스로 세계를 구조화	사회적 존재 타인과 관계에 영향
지식형성과정	개인 내적 지식이 사회적 지식으로 확대 또는 외면화 된다.	사회적 지식이 개인 내적 지식으로 내면화된다.
환경	물리적 환경 중시	사회, 문화, 역사적 환경중시
학습과 발달의 관계	**발달에 기초하여 학습이 이루어진다.**	**학습은 발달을 주도한다.**
인지발달과 언어	인지 발달 후 언어발달	언어발달이 인지를 발달
혼잣말	미성숙하고 자기중심적인 성향을 대변하는 표상이다.	자신의 사고와 행동을 지도하기 위한 수단, 문제해결을 위한 사고의 도구이다.
경험제공	평형화를 깨뜨리는 경험	발판을 제공하고 상호작용

4. Freud의 심리성적 발달이론(psycho-sexual development theory)

1) 개요

① 정신분석학에서 성격발달단계를 최초로 설정하였고 성격이 생물적 성숙 요인에 의해 형성

② **어릴 적 한번 형성된 성격은 회복 불가능하다고 주장한다.**

③ 건전한 성격의 아동을 키우기 위해 생리적 본능의 충족을 적절한 시기에 잘 얻도록 도와야 함을 시사했다는 점에서 의미를 갖는다.

④ 성격발달에 가장 영향력이 큰 것은 **성 본능 (아들러 : 열등감)**

⑤ 각 단계에서 아동이 성적 쾌감을 충분히 느끼지 못하여 욕구불만이 생기거나 지나치게 몰두하면 고착(fixation) 현상을 일으켜 다음 단계로 순조롭게 발달이 이루어지지 못한다.

⑥ **여러 가지 욕구가 적절하게 충족되어야 한다.**

2) Freud의 성격구조

① **원초아(id) : 태어날 때부터 가지고 있는 정신에너지의 원천적 저장고, 성욕이나 공격욕과 같은 본능적 충동을 주관하며 쾌락원리를 따름**(현실세계와의 접촉이 없다.)

② **자아(ego)** : **원초아의 욕구가 현실적으로 합당한 방법으로 만족을 얻을 수 있는 방도를 모색하고 계획함**(현실원리를 따른다.)

③ **초자아(super-ego)** : **사회적 가치와 도덕이 내면화된 것으로, 무엇이 옳고 그른가를 판단하는 원천이 되며 행동을 규제함**

④ 불안은 원초아와 초자아 사이의 긴장을 자아가 적절하게 중재하지 못하기 때문에 느끼는 갈등이다.

⑤ 자아의 중재 역할이 제대로 발휘되지 못할 때 사용하는 무의식적 심리적 전략을 방어기제라 한다.

3) 발달단계

	프로이드	에릭슨	피아제
0~18개월	구강기	신뢰 대 불신	감각운동기
18~3세	항문기	자율성 대 수치심	전조작기
3~6세	남근기	주도성 대 죄의식	
6~11세	잠복기	근면성 대 열등감	구체적 조작기
11세~	성인기	자아 정체감 대 역할혼미	형식적 조작기

5. Freud의 심리성적 발달이론(psycho-sexual development theory)

1) 주요개념

방어기제	정의	예시
부정(인)	• 고통스럽거나 위협적인 상황이 없는 것처럼 부인하는 것	• 가족이 중병에 걸렸다는 소식을 들은 사람이 사실이 아니라고 부인하며, 오히려 평온하게 일상생활을 한다.
억압	• 고통스러운 감정이나 경험을 무의식에 억누르는 것 • 망각의 한 형태	• 부모에게 원망과 증오를 심하게 느끼지만 표현할 수는 없음을 알고 있는 자녀가 마치 그런 감정을 느끼지 않는 것처럼 행동한다.
동일시	• 상대와 비교해서 자신이 무능하다고 느끼는 사람이 상대의 바람직한 점을 자신에게 받아들여 자신과 유능한 사람이 같다고 여기는 것	• 부모가 자식의 성공을 자신의 성공으로 여긴다.
치환	• 어떤 대상에 대한 욕구를 충족시키지 못하여 불편감을 느낄 때, 대상을 바꾸어 원래의 욕구를 만족시키는 것	• 상사에게 꾸중을 들었지만 상사에게 표현하고 싶은 불만을 부하 직원에게 대신 표현한다.
반동형성	• 자기가 실제로 가지고 있는 감정과 정반대되는 감정을 나타내는 것	• 부모의 사랑을 빼앗아 간 어린 동생에 대한 증오심을 숨기기 위하여 동생을 더 예뻐한다.
합리화	• 자신의 욕구를 만족시키지 못하는 대상에 대해 그럴듯한 이유를 둘러대는 것	• 키가 닿지 않아서 먹고 싶은 포도를 따 먹지 못하게 된 여우가 "저건 맛없는 신 포도니까 먹을 가치가 없어." 라고 말한다.
퇴행	• 심한 스트레스 상황에 처해 어린시절의 유치한 행동이나 원시적인 방어 행동으로 돌아가는 것	• 동생이 태어나자 형이 야뇨증세를 보이기 시작한다.
승화	• 원래의 욕구나 충동을 사회적으로 용납될 수 있는 방식으로 만족시키는 것	• 현실적으로 충족시킬 수 없는 성적욕구를 창작활동으로, 공격적 충동을 스포츠 활동으로 표현한다.

6. 에릭슨(E. Erikson)의 심리사회적 발달이론 (psycho-social development theory)

① **프로이트**는 인간의 정신구조에서 **무의식**의 흐름을 중시한 정신분석이론, **에릭슨**은 **의식**의 흐름을 중시한 심리사회이론을 주장하였다.

② 발달 이론에 있어 프로이트는 성적 발달 측면에, 에릭슨은 자아의 기능에 중점을 두었다.

③ 프로이트는 성격발달의 단계를 병리학적 입장에 두었는데, 에릭슨은 발달적 위기의 성공적 해결에 초점을 두었다.

④ **에릭슨은 Freud의 이론을 사회·환경적 상황과 연계하여 확대**하였다.

⑤ 인생 주기 단계에서 심리사회적 위기가 우세하게 출현 하는 최적의 시기는 **개인**에 따라 **차이**가 있지만, 그것이 **출현하는 순서는 불변**한다고 가정한다.

⑥ **청소년기**에는 이전 단계에서의 **발달적 위기가 반복**하여 나타난다고 본다.

⑦ **심리적 유예기**는 정체감 형성을 위해 대안적인 탐색을 계속 진행하는 시기이다.

심리사회적 위기	연령	주요 사회관계	기본덕목
신뢰 대 불신	출생~ 18개월	어머니(구강기)	신뢰, 희망
자율성 대 수치 및 의심	18개월 ~ 3세	부모(항문기)	의지
주도성 대 죄의식	**3~6세**	**가족(남근기)**	목적, 의도
근면성 대 열등감	**6~12세**	**이웃, 학교(잠복기)**	유능감
정체감 대 역할혼미	**청년기**	**또래집단, 교사**	성실, 충성
친밀성 대 고립	**성인 전기**	**친구, 연인, 회사동료**	사랑
생산성 대 침체	**성인 중기**	**노동 분화와 가사분담**	배려
통합성 대 절망	**노년기**	**인류**	지혜

7. 마샤(J. Marcia)의 정체성 지위이론(identity status)

① James Marcia(1980)는 Erikson의 이론을 발전시켜 정체성지위에 관한 연구를 하였다.
② 정체성 지위는 개인의 정체감 형성과정뿐 아니라 정체감 형성 수준의 개인차를 함께 진단하고자 하는 개념이다.
③ 정체성 지위는 과업에 대한 **전념(무엇인가에 전념하고 있는가)**과 정체성 **위기 경험 여부**(정체감을 갖기 위해 노력하는가)라는 두 가지 기준에 따라 네 가지로 분류되었다.
④ 일반적으로 정체감 성취와 유예 상태가 청소년에게 바람직한 것으로 볼 수 있다.

정체성 지위	위기(정체성 노력)	전념(몰입)	설명
정체감 혼미	×	×	삶의 방향성이 결여되어 있는 상태
정체감 상실	×	○	스스로 심각하게 생각하거나 의문을 갖지 않고 타인의 가치를 받아들이는 상태
정체감 유예	○	×	현재 정체감 위기나 변화를 경험하고 있는 상태로 정체감 확립을 위해 노력한다.
정체감 성취	○	○	삶의 위기를 경험하고 확실하고 변함없는 자아 정체감 확립

8. 생물생태학적 접근, Selman의 사회적 조망수용이론

1) 생물생태학적 접근 : 유리 브론펜브레너(U. Bronfenbrenner)

① **미시체계(microsystem)** : 개인에게 가장 근접해 있으며 개인과 직접적인 상호작용을 하는 환경체계다. 예) **가족**, 학교, 또래 **친구**, 놀이터

② **중간체계 (mesosystem)** : 둘 또는 그 이상의 미시체계가 상호 관련되어 서로 영향을 주고받는 양방향 관계다. 예) **부모-교사** 관계, 가정-학교 관계, 부모-또래 친구 관계

③ **외체계(exosystem)** : 개인에게 직접 영향을 미치지는 않지만 미시체계나 중간체계에 영향을 미침으로써 개인에게 간접적인 영향을 주는 생태체계를 말한다. 예) **부모의 직장, 교육청**

④ **거시체계(macrosystem)** : 미시체계, 중간체계, 외체계를 모두 포함하는 환경체계다. 개인의 삶과 발달에 지속적이며 전반적인 영향을 미치는 **문화, 신념, 가치관**, 전통, 관습, 정치적 이념, 법률 제도 등이 거시체계에 해당된다.

⑤ **시간체계(chronsystem, 연대체계)** : 개인이 생활하는 시대적 배경, 역사적조건, 개인의 전 생애에 걸쳐 일어나는 변화를 포함한다. 예) 청소년기에 **부모의 이혼**

2) Selman의 사회적 조망수용이론 : **타인에 대한 이해란 곧 사회인지의 발달을 의미**한다. **사회인지란 사회관계를 인지하는 것**으로 타인의 사고와 의도, 정서를 생각할 수 있는 사회적 조망수용능력을 의미한다. 사회적 조망수용능력은 가정환경, 사회적 상황 등의 영향을 받으면서 발달하므로 **나이에 상관없이 발달이 이루어질 수 있으며 청소년이나 성인도 (0단계나 1단계에 머무를 수 있다.**

(1) 0단계 : 자기중심적 관점수용단계(3~6세)-타인을 자기중심적으로 보기 때문에 타인이 자신과 다른 관점 (생각, 느낌)을 가지고 있다는 것을 전혀 이해하지 못한다.

(2) 1단계 : 주관적 조망수용단계(6~8세)-동일한 상황에 대한 타인의 조망이 자신의 조망과 다를 수 있다는 것까지는 이해하지만 아직도 자기의 입장에서 이해하려고 한다.

(3) 2단계 : 자기반성적 조망수용단계(8~10세)-타인의 조망을 고려할 수도 있고 타인도 자기의 조망을 고려할 수 있다는 것을 인식한다.

(4) 3단계 : 상호적 조망수용단계(10~12세)-동시 상호적으로 자기의 타인의 조망을 각각 이해할 수 있다.

(5) 4단계 : 사회적 조망수용단계(12~15세)-동일한 상황에 대해 다른 생각을 한다고 해서 그 조망이 틀렸다고 인식하지 않으며, 자신이 다른 사람의 조망을 완전하게 이해하지 못한다는 것을 인식한다.

9. 도덕성 발달이론 : 피아제, 콜버그, 길리건

1) Piaget의 도덕성 발달이론 : 아동 중심

① **전도덕성** 단계(pre-moral stage, ~4세: 감각운동기) : 아동은 규칙을 전혀 이해하지 못하며 규칙을 따라야 한다는 생각도 거의 없다.

② **타율적** 도덕성 단계(heteronomous stage, 5~6세 : 전조작기) : 5~6세의 아동은 규칙과 질서를 절대적인 것으로 인식하는 도덕적 사실주의(moral realism)를 따른다.

③ **자율적**도덕성 단계(autonomous stage : 8세~ 구체적조작기) : 규칙이나 질서가 다른 사람과의 협의에 의해 결정된다는 것을 이해하고 다른 사람과의 상호작용을 고려하며 행동의 결과보다는 의도를 기준으로 선악을 판단할 수 있다.

2) Kohlberg의 도덕성 발달이론 : 아동~성인

① 피아제(J. Piaget)가 구분한 아동의 도덕성 발달단계를 더 세분화하여 **성인기까지 확장**하였다.

② 길리건(C. Gilligern)은 콜버그의 도덕성 발달이론에 대해 남성 중심의 이론이며 여성의 도덕성 판단기준은 남성과 다르다고 비판하였다

콜버그의 도덕성 발달단계

수준	단계
인습 이전 수준	1단계 : 복종과 처벌 지향
	2단계 : 개인적 쾌락주의
인습 수준	3단계 : 착한 소년/소녀 지향
	4단계 : 사회질서와 권위 지향
인습 이후 수준	5단계 : 사회계약 지향
	6단계 : 보편적 원리 지향

3) Giligan의 도덕성 발달단계

① 길리건은 「다른 목소리로(In a Different Voice)」라는 저서에서 서양의 기존 윤리관을 남성중심의 성차별적 윤리관으로 규정하고 이에 대한 대안으로서 **배려의 윤리**를 주장하였다.

② **남성**은 추상적 판단에 기초한 **정의**관점으로 도덕적 판단을 하고, **여성**은 인간관계와 타인을 돌보는 것을 기초로 하는 **배려와 책임감**을 중심으로 판단한다.

③ 여성의 도덕성은 인간관계에서의 보살핌과 애착을 강조하는 대인지향적이다.

④ 여성들의 도덕성 발달이론을 **3단계와 2개의 과도기**로 제시하였다.

10. 행동주의 : 고전적 조건형성(classical conditioning)

1) 특징

① 환경은 학습자의 행동에 영향을 끼치는 변인이다.
② 학습은 외현적 행동으로 나타나기 때문에 과학적 연구가 가능하다.
③ 바람직한 행동뿐만 아니라 부적응 행동도 학습의 결과이다.

2) 주요 개념

① 고전적 조건형성은 러시아의 생리학자 Ivan Pavlov에 의해 체계화된 이론이다. 그는 개의 타액 분비반응에 관한 실험에서 자극-반응이 연합되는 학습과정을 설명하였다.
② **무조건 자극** : 자동적으로 정서적, 생리적 반응을 일으키게 하는 자극, 무조건 반응(침)을 일으키는 자극
③ **무조건 반응** : 무조건 자극(고기)으로 인해 나타나는 자연적, 자동적 반응(침)
④ **중성자극** : 의도한 반응을 일으키지 못하는 자극(종소리)
⑤ **조건자극** : 무조건 자극(고기)과 중성자극(종소리)의 결합으로 조건형성된 이후 정서적, 생리적 반응을 일으키는 자극(실험 후 종소리)
⑥ **조건반응** : 조건자극에 의해 유도되는 학습된 반응(종소리에 침)

	구분	파블로프의 실험	시험 불안 사례
조건화 **이전**	무조건 자극(US)	고기	시험 실패
	무조건 반응(UR)	고기를 보고 침 흘리기	시험 실패에 대한 좌절감
조건화 **이후**	조건 자극(CS)	종소리	시험
	조건 반응(CR)	종소리를 듣고 침 흘리기	시험 불안

3) 노출법(exposure) : 노출법은 내담자가 두려워하는 자극이나 상황에 반복적으로 노출시켜 직면하게 함으로써 특정 자극 상황에 대한 불안을 감소시키는 방법이다. 급진적 노출법 중 하나인 **홍수법(flooding)**은 내담자에게 강한 불안을 유발하는 자극이나 심상을 노출시키고 불안이 감소될 때까지 노출을 계속하는 방법이다. 이러한 급진적 노출법은 내담자의 불안을 높여 불쾌감을 줄 수 있으므로 신중하게 사용되어야 한다.

4) 체계적 둔감법 : 불안과 공포 등 부정적정서를 치료하는 기법으로, 긴장을 이완한 상태에서 부정적 정서를 가지게 하는 원인의 가장 낮은 단계부터 점차 경험하게 하여 부정적 정서를 극복하도록 하는 것으로 이완된 상태에서 불안을 유발하는 상황들을 생각하도록 함으로써 불안과 병존할 수 없는 이완을 연합시켜 불안을 감소 또는 소거시키는 기법이다.

11. 행동주의 : 조작적 조건형성(operant conditioning)

1) 주요 개념

① **조작적 조건화**는 **행동의 결과에 따라 이후 행동의 변화가 일어난다고 설명한다.**
② **고전적 조건형성**이 반응을 유발하는 **자극에 관심**을 갖고 있다면,
③ **조작적 조건형성**은 자극보다는 **행동의 결과에 관심**을 둔다.
④ 즉, 어떤 행동을 하고 난 후 결과가 좋은지 나쁜지에 따라 행동의 지속 여부가 달라진다.
⑤ 고전적 조건형성에서의 강화는 학습을 일으키기 위한 결합을 돕는 역할을 하지만 강화 없이도 학습은 일어날 수 있다.
⑥ 그러나 조작적 조건형성에서 강화는 학습을 일으키는 중요한 조건이 된다.
⑦ **시행착오학습** : 문제해결을 위해 여러 가지 반응을 시도해 보는 것
⑧ **효과의 법칙** : 반응 후에 수반되는 결과가 바람직한 것이면 그 반응이 나타날 확률이 증가되고, 그 결과가 바람직하지 않으면 그 확률이 감소하는 것
⑨ **연습의 법칙** : 연습의 빈도가 높을수록 자극과 반응의 결합이 더 견고해지는 것
⑩ **준비성의 법칙** : 유기체가 반응할 준비가 되었을 때 반응의 결과가 만족스러운 것

2) 강화 : 행동을 습득하고 행동의 발생 빈도를 증가시키는 것

부적 강화 : 어떤 행동 후 싫어하는 자극을 제거함으로써 특정 행동을 증가시키는 것

구분	자극 제시	자극 제거
행동 촉진	정적 강화 (칭찬, 성적, 스티커)	부적 강화 (학습규칙 잘 지킬 시 청소면제)
행동 감소	수여성 처벌 (꾸중, 체벌)	제거성 처벌 (수업시간에 자리 이탈하는 학생은 자유시간 박탈)

① **일차적 강화물**이란 **그 자체로 강화능력**을 가지고 있어 생리적 욕구를 충족해 주는 것으로서 음식물이나 물 같은 것이 해당된다.
② **이차적 강화물**이란 **그 자체로 강화능력을 가지지 않는** 중립자극이 강화능력을 가지고 있는 자극과 결합되어 강화의 속성을 갖고 있는 것으로 돈, 토큰(별 도장, 스티커 차트 등)

12. 행동주의학습이론

1) 강화계획

① **고정간격** 강화계획(fixed interval schedules)은 **일정한 시간 간격**을 기준으로 강화가 제시되는 것을 의미한다.

② **변동간격** 강화계획(variable interval schedules)은 강화가 제시되는 **시기를 학생들이 예측할 수 없도록** 설정하여 행동의 빈도를 증가시키고 유지하는 방법이다.

③ **고정비율** 강화계획(fixed ratio schedules)은 정해진 반응 **횟수에 따라** 강화물이 제시되는 것을 의미한다.

④ **변동비율** 강화계획(variable ratio schedules)은 학생 들이 강화물을 얻기 위해서 수행해야 하는 수행 **횟수를 전혀 예측하지 못하도록** 강화물을 제시하는 것을 의미한다.

2) 프리맥(Premack)의 원리 : 학습자에게 빈번하게 발생하는 행동이 상대적으로 덜 빈번하게 일어나는 행동의 빈도를 증가시키기 위한 강화물로 사용될 수 있다는 것을 의미한다.

예) 독서를 싫어하는 아이에게 독서를 하면 좋아하는 축구를 하게 해 주겠다고 한다.

3) 행동조성(조형) : 강화를 이용해서 목표행동을 점진적으로 형성하는 기법이다. 행동조성은 정적 강화를 포함하고 있지만 목표행동에 점진적으로 접근하는 행동만 강화한다는 점에서 단순한 정적 강화와 다르다.

4) 소거(消去, extinction) : 강화를 주지 않을 때 반응의 확률이나 강도가 감소하는 현상이다. 따라서 바람직하지 못한 행동을 소거시키자면 그 반응을 할 때 강화를 주지 않으면 된다.

예) 수업시간에 발표를 하기 위해 열심히 손을 들어도 교사가 계속 지명하지 않으면 손을 들지 않게 되는 것은 소거되었기 때문이다. 보채는 아이를 무시하는 부모나 교실에서 떠드는 학생을 무시하는 교사는 소거절차를 활용하고 있다.

5) 행동수정 : **특정 행동을 변화시키기 위해 강화와 벌을 이용하여 체계적으로 조작적 조건형성 원리를 적용하는 방법으로, 나쁜 습관이나 문제행동을 교정하고 바람직한 행동을 습득시키는 데 효과적이다.**

13. 사회인지 학습이론 : 반두라(Bandura)

1) 개요

① **학습**은 단순히 모델을 **관찰**하는 것만으로도 이루어질 수 있다.
② 강화는 수행을 위해 필요한 조건이지 학습을 위해 반드시 필요한 조건은 아니다.
③ 학습에서는 **개인의 신념, 자기 지각** 등과 같은 인지적 요인들의 역할이 **중요**하다.
④ 모델이 높은 지위와 능력을 가지고 있다고 판단될 경우 모델의 행동을 모방할 가능성이 높아진다.

2) 주요 개념

① **모델링** : 특정행동을 관찰하고 흉내 내는 과정
② **대리적 조건 형성** : 다른 사람의 행동에 제공되는 강화와 벌을 관찰하고, 그 행동의 빈도 정도가 형성되는 과정
③ **관찰학습** : 타인이나 주변에 일어나는 일에 선택 주의집중하여 정보와 기술을 획득하는 과정
④ **관찰학습단계 : 주의집중 - 파지 - 재생(운동) - 동기화**
⑤ **자기효능감** : 과제를 성공적으로 수행하는 데 요구되는 개인의 능력에 대한 자신의 판단 또는 신념이다.
⑥ **자기효능감 요인 : 성공경험, 모델링**, 사회적 설득, 심리적 상태
⑦ 자기조절 : 학습자가 스스로 설정한 목표를 달성하기 위해 체계적으로 인지, 행동정서를 조절하고 유지하는 과정이다.
⑧ 자기조절 단계 : 자기관찰, 자기판단, 자기반응

행동주의 학습이론과 사회인지 학습이론의 비교

구분	행동주의 학습이론	사회인지 학습이론
공통점	• 강화와 처벌의 개념을 받아들인다. • 학습의 요인으로 경험의 중요성을 인정한다. • 행동을 촉진하기 위해서는 피드백이 중요하다고 본다.	
차이점	• 관찰 가능한 행동의 변화 • 개인이 환경으로부터 일방적인 영향을 받는 관계	• 정신구조(기대, 신념)의 변화 • 개인과 환경이 서로 영향을 주고받는 관계
강화	• 외적강화	• 내적강화

14. 인지주의 학습이론(형태주의 심리학 + 정보처리이론)

1) 인지주의 학습이론의 주요 원리

	행동주의 학습이론	인지주의 학습이론
인간관	백지설, 수동적 존재	백지설 거부, 능동적 존재
학습과정	자극과 반응의 연합을 통한 점진적 행동의 형성, 행동의 변화	종종 갑작스러운 통찰을 포함한 인간의 인지구조의 변화
강화물의 역할	학습의 필요조건	인지구조의 변화를 행동으로 나타나게 만드는 유인책
학습의 범위	직접 경험에 근거한 행동의 변화	직접 경험을 뛰어넘는 행동잠재력의 변화

2) Tolman의 잠재학습 : 목적적 행동주의

① **잠재학습** : 학습이 실제로 일어났지만 그것이 직접 관찰할 수 있는 행동으로 나타나지 않은 학습

② **목적적 행동주의** : 학습이 목적과 수단의 관계에 따라 인지도를 형성함으로써 이루어진다

③ **인지도**(Cognitive map) : 유기체가 환경 내에서 활동하는 데 이용할 수 있는 일종의 그림 형태의 지식체계이다.

④ 신호 형태 학습 : Tolman에 따르면 학습자는 학습장면에서 구체적인 자극-반응 연합을 학습하는 것이 아니라, 행동을 하면 어떤 목표를 달성할 것이라는 신호 형태 - 기대 (sign gestalt-expectation)를 학습한다.

3) 형태주의 심리학(Gestalt psychology) : 통찰학습 ('아하' 현상)

① 학습자는 세상을 지각할 때 외부자극을 단순히 합하는 것 이상의 작업을 수행한다.

② 문제 장면에 존재하는 다양한 요소의 관계를 파악하는 통찰에 주목한다.

③ **쾰러**(W. Köhler)**의 유인원 실험**은 중요한 근거를 제공한다.

④ 통찰학습은 문제 상황에서 관련 없는 여러 요인이 갑자기 완전한 형태로 재구성되어 문제를 해결하는 것을 뜻한다.

⑤ 문제해결의 과정에서 관련 없어 보이던 요소들이 유의미한 전체로 파악되고 결합된다.

⑥ 전날 저녁 내내 문제가 풀리지 않았으나 새벽에 일어나서 보니 해결방법이 갑자기 떠올랐다.

15. 정보처리이론(information processing theory) : Atkinson과 Shiffrin

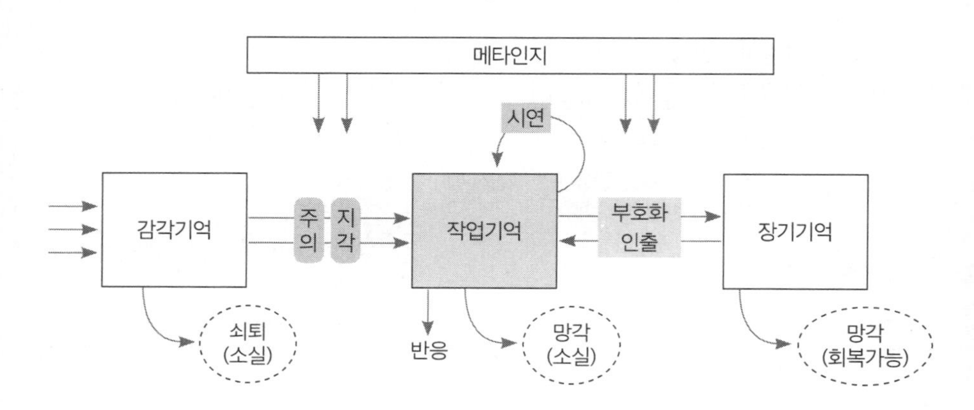

1) 주요개념

① **감각기억**(sensory memory) : 환경으로부터 들어온 자극 또는 정보를 원래의 형태 그대로 잠시 보존하는 저장고이다. (사례 : 학생들의 주의를 환기하고 유지하기 위해 다양성, 호기심, 놀라움을 강조한다.)

② **작업기억**(working memory) : 새로운 정보를 조작하여 저장하거나 행동적인 반응을 하는 곳으로, 지금 이 순간 의식적으로 활성화된 기억 저장고다. 따라서 작업기억은 작업대로 비유될 수 있다.

③ **장기기억**(long-term memory) : 작업기억의 정보는 부호화 과정을 통해 장기기억에 저장된다.

④ **부호화(encoding)** : 제시된 정보를 처리 가능한 형태로 변형하는 과정으로 만약 정보가 부호화되지 않으면 그 정보는 작업기억에서 사라진다. 부호화는 정교화, 조직화, 심상을 통해 촉진된다.

⑤ **정교화 전략(elaboration)** : **기존에 가지고 있던 정보를 새 정보에 연결하여** 정보를 유의미한 형태로 저장하는 과정(**자신의 경험** + 새로운 정보 + 장기기억연결)

⑥ **조직화 전략**(organization) : **공통 범주나 유형을 기준으로** 새로운 정보를 장기기억에 저장되어 있는 정보와 연결하는 부호화 전략이다. (**개요작성 또는 개념도**)

⑦ **심상전략**(imagery) : 새로운 정보를 우리의 마음속에 그림으로 만드는 과정으로, 심상전략을 통해 우리는 정보를 오래 기억할 수 있다. (**언어정보 + 시각적 자료**)

⑧ 인출 - 장기기억 속에 있는 정보를 작업기억으로 가져오는 과정

⑨ **초인지(metacognition)** : 사고과정에 대한 지식으로 자신의 인지과정 전체를 지각하고 통제하는 정신활동으로 **인지과정 전체를 계획**하고 **점검**하며 **평가**하는 역할을 한다.(계획-점검-조절-평가)

16. 학습의 전이

1) 전이 : **선행학습이 새로운 학습에 영향을 미치는 것**을 **전이(transfer)**라고 한다.

① 긍정적 전이 : 선행학습이 새로운 학습의 이해를 촉진하는 현상 (덧셈과 곱셈)

② 부정적 전이 : 선행학습이 새로운 학습의 이해를 방해해서 혼란 또는 오류를 낳는 현상 (영어 : was, 독일어 : was)

③ 수평적 전이 : 한 분야에서 학습한 것을 다른 분야 또는 실생활에 적용하는 것을 말한다. (수학 : 사칙연산, 물리 : 공식을 이해, 물건 계산)

④ 수직적 전이 : 기본 학습이 이후의 고차원적이고 복잡한 학습에 적용되는 것을 말한다. (수학 : 사칙연산을 배우는 일은 이후에 방정식을 푸는 데 기초)

⑤ 일반전이 : 선행학습에서 획득한 지식,기능,법칙을 완전히 새로운 장면에 적용

⑥ 특수전이 : 선행장면에서 학습한 지식, 기능, 법칙 등을 매우 유사한 장면에 적용하는 것

2) 전이의 질

① 초기 학습의 질과 맥락의 영향을 많이 받는다.

② 기계적 학습은 전이를 촉진하지 않는다. 그러나 이해를 동반한 학습은 전이를 촉진한다. ③ 따라서 유지시연보다는 정교화, 조직화, 심상과 같은 부호화 전략을 통해 정보를 저장하도록 유도해야 한다.

④ 전이는 학습되었던 상황과 전이가 일어날 상황이 비슷할 때 더 쉽게 발생된다.

⑤ 배운 지식과 관련된 뉴스 기사, 실례 찾기 등의 활동을 제시하거나 또한 주제별 구성과 통합 교과과정을 통해서도 성공적인 전이를 이끌어 낼 수 있다.

3) 형식도야설 : 형식도야설은 연습과 훈련을 통해 주의력, 기억력, 판단력, 상상력을 향상시킬 수 있고, 결국 지적인 인간을 형성시킬 수 있다고 주장한다.

4) 동일요소설 : 학습과제 사이에 동일한 요소(목적, 내용, 방법, 기능 등)가 있을 경우에만 전이가 일어난다고 보는 입장이다.

5) 일반화설(theory of generalizaution) : 빛의 굴절 원리, 지식의 구조, 선행학습에서 획득된 원리나 법칙을 후속학습에 활용할 수 있을 때 전이가 일어난다고 주장하는 이론이다. 전이의 가장 중요한 조건은 선행학습과 후속학습 사이의 동일 요소에 대한 지식이 아니라 일반원리에 대한 지식이다.

6) 형태이조설 : 일반화를 이해한다고 하더라도 자동적으로 전이가 일어나는 것은 아니다. 그에 따르면 전이가 일어나려면 관계를 통찰하고, 그 통찰을 활용하려는 욕구가 있어야 한다.

17. 동기 : 기대가치와 자기가치이론

1) 동기화의 개념

① 동기화(motivation)란 목표를 향해 나아가도록 하는 행동을 유발하고 시간이 경과되어도 그 행동을 유지하는 내적과정(internal process)등으로 정의된다.

② **내재동기** 외부의 보상과 상관없이 주어진 과제를 하거나 활동하는 그 자체가 보상

③ **외재동기** 외부로부터의 보상을 얻으려는 것과 관련된 동기

④ 외재동기와 내재동기는 극단에서 서로 대립적인 관계로 있는 것이 아니라 서로 얽혀 있는 심리상태이다.

⑤ 외재 · 내재동기와 학업성취의 관계에 대한 연구를 보면, 내재적으로 동기화된 학생이 외재적으로만 동기화된 학생보다 더 높은 성취를 보였다는 보고가 있다(Gottfried, 1985)

2) 기대가치이론(Expectancy-value theory) : (Atkinson, Dweck & Elliott)

① **성공할 수 있다는 믿음**, 즉 과제 수행에 대한 높은 **기대(expectancies)**고,

② 과제를 수행하는 것에서 발생하는 **직 · 간접적인 이익에 대한 믿음**, 즉 과제 자체 또는 결과물에서 찾을 수 있는 **가치(values)**다.

3) 자기가치이론

① **자기존중감**과 같은 개념이며, 자기가 가치있는 존재라는 믿음이다.

② 학생은 자기존중감을 지키기 위해 시험의 성공은 능력에 귀인하고, 시험의 실패는 노력을 귀인한다.

③ **자기장애** : 수행을 방해하는 행동이나 생각, 미래 실패에 대한 자기 방어적 변명을 제공한다. 대표적인 예는 지연, 달성할 수 없는 목표 설정, 저성취 등이다.

동기 유형과 과제의 성공, 실패 함수로서 동기의 변화

	성공추구 〉 실패회피	성공추구 〈 실패회피
성공	동기 감소	**동기 증가**
실패	**동기 증가**	동기 감소

18. 동기 : 귀인이론, 자기결정성이론

1) 귀인 이론(attribution theory) : **와이너(Weiner)**

	원인의 소재	안정성	통제 가능성
능력	내적	안정적	통제 불가
노력	**내적**	**불안정적**	**통제 가능**
운	외적	불안정적	통제 불가
과제의 난이도	외적	안정적	통제 불가

2) 귀인훈련프로그램

① **첫 번째 단계** : **노력귀인**으로 갈 수 있도록 한다.

② **두 번째 단계** : **전략귀인**으로 **학습방법이나 습관을 스스로 점검해 보고 더욱 바람직한 방법으로 바꾸어 주는 전략이 필요하다.**

③ **세 번째 단계 : 포기귀인**으로, 만약 노력귀인과 전략귀인을 다 거쳤음에도, 즉 충분한 노력과 적절한 전략을 사용했음에도 결과가 좋지 않을 때는 **포기귀인**으로 간다.

3) 자기결정성 이론(self-determination theory: SDT) : Deci & Ryan

① **학생은 자기 자신의 행동과 운명을 자율적으로 선택할 수 있다.**

② 학생이 스스로 과제를 선택할 때, 보다 오랫동안 과제에 참여하고 즐거운 학습경험을 하게 된다.

③ 기본 가정으로 내재동기의 기초에 기본 심리욕구가 있으며 이 욕구들이 학습, 성장, 발달을 위한 동기를 제공한다고 설명한다. 인간은 **자율성(autonomy), 유능감(competence), 관계성(relatedness)**의 세 가지 기본 욕구를 가지고 있고 이를 충족하기 위해 노력한다.

㉠ **자율성 욕구** : 자기결정성 이론의 핵심으로 인간이 외적인 보상이나 압력보다는 자신의 원하는 것에 따라 행동하려는 욕구이다.

㉡ **유능감 욕구** : 인간이 누구나 능력 있는 사람이기를 원하고 자신의 능력이나 재능을 향상하기 원한다는 것이다.

㉢ **관계성 욕구** : 다른 사람과 정서적 유대와 애착을 형성하고자 하는 욕구이다.

④ **학생의 자기결정적인 학습은 학업성취뿐 아니라 깊이 있는 학습활동에도 긍정적인 효과가 있는 것으로 보고되고 있다.**

19. 동기 : 목표지향성(성취목표) 이론

1) 목표지향성(성취목표) 이론 : 숙달목표, 수행목표

① **숙달목표(mastery goal)** : 과제의 숙달 및 향상, 이해 증진 등 **학습과정 자체에 가치를 부여**하며 자신의 유능감을 발전시키는 것을 중요하게 생각하는 목표유형이다.

② 숙달목표 유형학생 : 학습에 도전적, 노력 귀인, 절대적 · 내적 자기참조 평가, 내재동기

③ **수행목표**(perfomance goal) : 자신의 유능함과 능력이 **다른 사람의 능력과 어떻게 비교되느냐에 초점**을 둔 목표이다. 자신의 능력이 타인에 의해서 어떻게 평가받는가에 관심을 둔다.

④ 수행목표 유형학생 : 쉬운 과제 선호, 능력입증, 도움요청 잘 안함

2) 수행접근목표, 수행회피목표, 학습무기력

① **수행접근목표**는 타인과의 비교에서 상대적으로 유능하다고 평가받으려는 목표

② 수행접근목표는 자신이 유능하게 보이는 것에 반복적으로 실패를 경험할 때 **수행회피목표로 전환**된다.

③ **수행회피목표**는 상대적으로 무능력하게 평가되는 것을 피하려는 목표

④ 수행회피목표를 가진 학생은 방어적이고 실패회피전략을 쓴다.

⑤ **실패회피전략**이란 실패에 대한 변명으로 자기 자신을 방어만 하는 전략을 의미한다. "내가 공부를 하지 않아서 그런 것이지 제대로 했으면 너보다 훨씬 잘할 수 있어." 등의 말을 매번 반복하며, 마치 결과와 아무 상관이 없는 듯이 이야기하거나 시험에서 부정행위를 저지르기도 한다.

⑥ **수행회피목표를 가진 학생이 실패를 반복하면 학습된 무기력상태의 학습자가 된다.**

⑦ **학습된 무기력**이란 '나는 실패하는 게 당연해' 와 같은 생각을 하며, 학습에 대한 어떠한 시도조차 하지 않는 상태를 말한다.

20. 학습양식 및 학습의 이해

1) 장독립형과 장의존형

① **장독립형**(field-independent)은 장(배경)의 영향을 별로 받지 않는 인지양식이고,

② **장의존형**은 장(배경)의 영향을 많이 받는 인지양식이다.

③ **잠입도형검사**(Embedded Figure Test: EFT)에서 장독립형의 사람들은 특정 도형을 쉽게 찾을 수 있다. 그러나 장의존형의 사람들은 시간이 오래 걸리거나 아니면 전혀 찾지 못하기도 한다.

학습유형	
장독립형	**장의존형**
분석적으로 지각 자신이 구조화할 수 있음 비판의 영향을 적게 받음	전체적으로 지각 구조화된 것이 필요함 비판의 영향을 많이 받음
교수유형	
개별학습 선호 주제소개로 질문사용 정확한 피드백 : 부정적 평가 사용	협동학습 선호 수업상황 확인위해 질문사용 적은 피드백 : 부정적 평가 피함
학생 동기화 방법	
개인 목표를 통해 과제가 그에게 얼마나 유용한가 구조를 디자인할 자유를 주는 것을 통해	언어적 칭찬을 통해 다른 사람에게 과제의 가치를 보여주는 것 윤곽과 구조를 제시하는 것을 통해

2) 숙고형과 충동형

① Kagan과 동료들(1964)은 **같은 그림 찾기 검사**(Matching Familiar Figure Test:MFFT)를 통해 과제에 대한 반응속도와 반응에서 틀린 수로 개념적 속도라는 학습유형 차원을 제시하였다.

② **숙고형**(reflective style)은 대답은 늦게 하지만 거의 틀리는 경우가 적다.

③ **충동형**(impulsive style)은 대답은 빨리하지만 틀린 답이 많다.

④ 충동형 학생은 문제를 해결할 때 빠른 행동을 좋아하지만 숙고형 학생은 행동하기 전에 정보를 수집하고 분석하는 것을 좋아한다.

⑤ 단순한 문제의 경우에는 충동형이 나은 과제 수행을 보이지만 다차원적인 복잡한 과제의 경우에는 모든 대안을 고려해야 하기 때문에 숙고형의 수행 수준이 높게 나타난다.

⑥ 그러나 극단적인 충동형과 숙고형은 모두 문제가 될 수 있다.

21. 지능(고전지능, 대안지능 : 가드너, 스턴버그)

1) 고전지능

① 스피어만(spearman) - 2요인설(일반요인, 특수요인), 능력의 차이는 일반요인의 개인차

② 서스톤(Thurstone) - 지능의 구성요인으로 7개의 기본정신능력

③ 길포드(Guilford) - 지능은 내용, 산출, 조작(operation)의 세 차원으로 구성

④ 카텔(R. B. Cattell)은 지능을 유동적 지능과 결정적 지능으로 구분

⑤ **유동적 지능**(Fluid) : 유전적이고 생리적인 영향을 많이 받는 지능요인으로 암기, 지각, 추리와 같은 정보의 관계성이나 기억력과 관련된 능력

⑥ **결정적 지능**(Crystallize) : 교육이나 훈련으로 형성, 정보의 내용과 관련된 것으로, 언어능력, 문제해결능력, 논리적 추리력과 같이 경험의 영향을 많이 받는 능력

2) 대안지능 : 가드너의 다중지능, 스턴버그의 삼원지능

① **인간의 지능을 사회 문화적 맥락을 고려하여 이해한다.**

② 학교 수업과 평가는 학생의 강점지능을 활용하고 약점 지능을 교정보완

③ **가드너(Gardner)의 다중지능이론**은 8개의 독립적인 지능이 존재하며, 각각의 지능의 가치는 문화나 시대에 따라 달라진다. **(언어지능, 논리-수학지능, 공간지능, 신체운동지능, 음악지능, 대인간지능, 개인내지능, 자연지능)**

④ **Sternberg의 삼원지능이론**은 인간이 어떠한 문제를 해결하고 지적으로 행동하기 위한 정보를 어떻게 모으고 사용하는지의 관점에서 지능을 바라보았다.

⑤ **분석적** 지능(analytical intelligence)은 지적인 행동과 관련되어 있는 인간의 정신과정과 연관된 것으로서 흔히 학문적인 영역의 지능을 의미한다. **(메타, 수행, 지식획득요소)**

⑥ **창의적** 지능(creative intelligence)은 인간의 경험과 긴밀하게 연관되어 있는 것으로서 창조적인 지능을 의미한다. **(경험이론)**

⑦ **실제적** 지능(practical intelligence)은 전통적인 지능검사의 점수나 학업성취도와는 무관한 지능으로서 실용적인 능력을 의미한다. **(맥락이론)**

3) 플린 효과(Flynn effect) : 인간의 지능검사 점수가 해를 거듭할수록 점차 높아지는 세계적인 경향을 말한다.

22. 창의성과 영재성

1) 창의성과 기법

① 창의적 욕구를 장기간 억압할 경우 인성의 파멸과 삶의 만족을 감소시킬 수 있기 때문에 창의적 사고는 인성발달과 정신건강에 중요하다.

② **브레인스토밍 : 자유분방하게 질보다는 양으로 모든 아이디어를 수용하며 평가는 마지막까지 유보하고 비판하지 않는다. 아이디어들간의 결합과 개선을 추구한다.**

③ **PMI 기법** (Plus + Minus + Interest) : **좋은 점[Plus], 나쁜 점[Minus], 흥미로운 점[Interest]**을 찾아 가장 알맞은 아이디어를 선택한다.

④ **여섯 색깔 모자 사고기법** : 사고의 틀인 다양한 모자를 의도적으로 바꾸어 써 봄으로써 다양한 사고를 나누어서 해 보고, **모자의 도움으로 다양한 각도에서 사고를 할 수 있을 뿐만 아니라 자신의 감정을 솔직하게 표현할 수 있는 장점이 있다.**

2) 길포드(Guilford)의 창의성 : 유창성, 유연성, 독창성, 정교성, 민감성, 재정의 능력

① **유창성**(fluency) : 확산적 사고의 요인으로 **많은 답**을 내는 것, 반응의 수

② **유연성**(flexibility) : 다양한 답을 내는 것, **각기 다른 반응범주**의 수로 측정

③ **독창성**(originality) : **남들이 생각하지 못한 답**을 내는 것, 100명 10명 또는 5명 이하 반응

④ **정교성**(elaboration) : 아이디어를 세심하게 발전시킬 수 있는 것

3) 렌줄리(J. S. Renzulli)가 제안한 영재성 개념의 구성요인

① **평균 이상의 일반능력**

② **높은 수준의 과제집착력**

③ **높은 수준의 창의성**

23. 특수한 학습자

특수한 학습자	특별 학생 : 하위 2~3%
	영재 학생 : 상위 2~3%

1) 학습장애(learning disabilities)

① **지능 수준이 낮지 않으면서도 말하기, 쓰기, 읽기, 셈하기 등 특정 학습에서 장애를 보인다.**

② 다양한 장애증상 중에서 학습장애로 진단받는 학생의 비율은 가장 높으며 계속 증가 추세

③ 학습장애 학생들 사이에서도 최근에는 주의결핍 및 과잉행동장애를 보이는 학생이 점차 늘어나고 있다.

2) 정신지체(mental retardation)

① 미국정신지체아협회(AAMD) 정의 : **일반적 지적 기능이 심각할 정도로 평균 이하이거나 적응적 행동의 결함을 동반하며, 발달 과정 중에 이러한 특징이 나타나는 아동**

3) 행동장애(behavior disorders)

① 행동장애는 **정서적 혼란**(emotional disturb)과 같은 의미로 사용되고 있으며, 행동장애 학생이란 **사회 갈등, 개인기 불만, 학교 성적 부진 등을 지속적으로 나타내는 학생**을 의미

② 상대가 바라지 않는 부적절하고 충동적이며 공격적인 행위나 언어, 우울증이나 좌절을 나타내는 만성적 이상행동으로 행동장애를 정의

③ 행동장애 학생은 과잉행동, 비협조, 반항, 적개심, 잔인성, 악의성 등의 특성을 나타내며, 학습에 지장이 많고 학교 규칙을 어기며 행동 결과에 대해 아무런 반응을 보이지 않는 경향

4) 학습부진(under achiever)

① 학습부진 학생은 학습장애 학생과 유사한 개념으로 자신의 능력에 비해 학업 성취 수준이 낮은 학생을 일컫는다.

② Kirk(1972)는 학습부진 학생이란 지적 결함을 가진 학생이라기보다는 교육과정 적응에 곤란을 겪는 학생이라고 설명한다.

③ Ingram(1953)은 학년 진급에서 만족할 만한 성과를 내지 못하여 연령집단 수준의 학업 성적을 얻는 데 장애를 보이는 학습자를 학습부진 학생이라고 정의한다.

④ 박성익(1986)은 정상적인 학교학습 능력이 있으면서도 **선수학습 요소의 결손 때문**에 설정된 교육 목표의 최저 학업 성취 수준에 도달하지 못한 학습자를 학습부진 학생으로 정의

Ⅲ. 진로상담

기본				23	22	21	20	19	18	17	16	15	14	13	12	11	10
진로 상담	생활지도	기본원리		●					*		*		●				
	정신분석	프로이드	방어기제	●	●			●	●			●	*		●		●
	인간중심	로저스			*		*	*		●		*					●
	인지주의	엘리스		●	*		*				*			●	●		
	교류분석	번													●		
	현실요법	글레이서		*		*											
	진로	홀랜드					●								●		

● : 국가직 * : 지방직

1. 생활지도 원리과 과정

1) 생활지도 원리

① **개인 존중과 수용** : 개인의 권리와 존엄성 및 가치의 인정

② **전인성(통합)** : 학생의 지, 덕, 체의 조화로운 성장 도모, 교육과정과 통합

③ **적극성** : 교정이나 처벌보다 사전예방과 지도 및 선도에 중점

④ **균등성** : 모든 학생을 대상

⑤ **계속성** : 1회성이 아닌 연속적인 과정

2) 생활지도 과정

① **학생조사활동** : 학생의 특성을 객관적, 과학적으로 파악 예) 표준화 검사, 학업성취도 검사

② **정보활동** : 학생들의 환경 적응과 문제해결을 돕기 위해 각종 정보를 수집, 제공 예) 교육정보, 직업정보

③ **상담활동** : 정보활동의 자료를 바탕으로 학생의 합리적이며 현실적인 의사결정을 지원

④ **정치활동** : 학생들의 희망과 적성을 고려하여 적재적소에 배치

⑤ **추수활동** : 사후 활동, 생활지도를 받은 학생이 어느 정도 적응, 개선되었는지를 알아보고 계속 지도·점검·격려하는 활동

*** 하나더 : 학급내에 집단 따돌림 현상에 대한 방법**

1. 사회성 측정법 : 모레노(J. Moreno)

① 집단 내에서 개인의 선택, 선호도를 분석하는 방법

② 학급에서 집단따돌림이 발생하고 있는가를 알아보는 데 유용한 방법

③ 한 집단 내에서 개인의 사회적 위치 또는 비형식적 집단의 구조를 파악하고 개인이 동료들에 의해서 어떻게 지각되고 받아들여지는지 평가하는데 매우 효과적으로 사용할 수 있다.

2. 프로이드(S. Freud) 정신분석학

1) 개요

① 프로이드 정신분석이론의 핵심개념은 무의식으로, **상담의 목표는 무의식을 의식화하는 것**

② **인간의 행동을 인과적 관계로 해석하는 결정론적 관점**

2) 주요개념

① **원초아(id)**는 인간의 본능들로 구성된 성격구조다.

② **자아(ego)**는 현실적인 외부세계와 관계를 가지며, 성격의 행정부로서 제어하고 통제하며, 조절한다. 자아는 현실원리에 입각하여 현실적이고 논리적인 사고를 하며, 욕구충족을 위한 활동계획을 수립한다.

③ **초자아(superego)**는 성격의 도덕적인 부분, 혹은 양심에 해당된다. 초자아는 사람의 도덕적 규범으로서 행동의 선악과 옳고 그름에 관한 것이 초점이 된다.

3) 상담기법

① **자유연상** : 내담자로 하여금 자신의 마음에 떠오르는 모든 것을 검열이나 비판 없이 표현하게 하는 방법이다.

② **꿈의 해석** : 내담자가 보고한 꿈의 내용을 상담자가 듣고, 꿈의 의미를 내담자가 깨닫도록 설명하는 것을 해석이라고 한다. 따라서 프로이트에게 꿈의 해석은 무의식에 이르는 왕도다.

③ **전이의 분석** : 전이 (transference)란 한 사람이 과거에 가졌던 의미 있는 인간관계에서 체험한 소망, 기대 혹은 좌절 등이 지금 여기에서 만나는 상대(예컨대, 상담자)와의 관계에서 무의식적으로 활성화되면서 반복되는 현상을 말한다.

④ **저항** : 상담 진행을 방해하고 현재 상태를 유지하려는 의식 무의식적 생각 태도

3. 인간(내담자)중심 상담이론 : 로저스(C. Rogers), 매슬로우(Maslow)

1) 특징

① 초기의 명칭은 **비지시적 상담**이었으며, 대표적인 학자는 **칼 로저스(C. Rogers)**이다.
② 인간에 대한 **결정론적 관점에 반대**하고 **인간의 자유의지를 중요**시한다.
③ 인간의 잠재력과 성장 가능성을 신뢰하며, 상담자와 내담자 사이의 인간관계를 중시
④ 자아실현을 강조하고, 인간행동을 설명할 때 원인보다는 **목적, 과거보다는 미래에 관심**
⑤ 인간에게는 선천적으로 **자아실현**의 경향이 있다고 본다.
⑥ 상담자가 갖추어야 할 중요한 태도로 **진솔성, 무조건적 긍정적 존중, 공감적 이해**를 제안
⑦ 상담의 목표는 내담자가 자신의 모습대로 살아가게 하고 잠재력을 실현
⑧ **충분히 기능하는 인간**(fully functioning person)이 되는 것을 상담의 목표

2) 원인

① 외적으로 부여된 가치의 조건화가 주관적인 경험을 왜곡하고 부정할 때 문제가 발생한다고 본다.
② 내담자의 이상적 자아와 현실적 자아의 일치를 목표

3) 상담기법

① **무조건적인 긍정적 존중** : 내담자를 하나의 인격체로서 있는 그대로 수용하는 것
② **진솔성(일치성)** : 상담자가 치료관계에서 경험하는 감정을 솔직히 표현하는 태도
③ **공감적 이해** : 상담자가 내담자의 감정에 빠져들지 않으면서 내담자의 감정을 자신의 감정인 것처럼 느끼는 것

*** 하나더 : 상담시 주의점!**
상담사는 모든 문제를 해결해주는 존재가 아니다!

4. 인지적 상담이론 : 벡, 앨리스

1) 특징

① 인간의 부정적 정서와 행동을 변화시키기 위해서 인간의 인지과정 개입

② 상담의 강조점은 감정 표현보다는 **사고와 행동**에 있다.

③ 인간의 비합리적인 사고로 인해 나타나는 문제를 해결하기 위해서는 **비합리적 사고를 합리적인 사고로 바꾸어야 한다**고 주장한다.

④ 비합리적 신념 예 : 세상은 정의로워야 하며 나쁜 사람은 벌을 받아야 한다.

⑤ 정답은 오로지 한 개만 존재한다.

2) 앨리스(A. Ellis)의 합리적 정서행동치료(REBT) : 앨리스(Albert Ellis)

① 인간의 비합리적인 사고로 인해 나타나는 문제를 해결하기 위해서는 비합리적 사고를 논박을 통해 합리적인 사고로 바꾸어야 한다고 주장한다.

② REBT 상담 과정을 통해 내담자는 비합리적 신념을 효과적이고 합리적인 인지로 대체하는 방법을 배우게 됨

③ 상담기법 : ABCDE

④ 인지적 기법 : 비합리적 신념 논박하기, 인지적 과제 주기, 내담자 언어를 변화시키기, 유추, 자기방어의 최소화, 대안제시, 유머사용

⑤ 정서적 기법 : 합리적 정서 상상, 부끄러움 제거 연습

⑥ 행동적 기법 : 보상기법, 역할연기, 활동과제 부과,

3) 벡(A. Beck)의 인지치료 : 소크라테스의 문답법

① 인간의 감정과 행동은 객관적인 현실보다는 주관적 해석의 의해 결정되며 인간의 심리적 고통과 정신 병리는 인지 내용이 현실을 부정적으로 왜곡하는데 기인

자동적 사고 자동적으로 떠오르는 부정적인 내용의 생각

역기능적 인지 도식

인지적 오류

5. 교류분석(Transactional Analysis: TA) 상담 : 에릭 번(Eric Berne)

1) 자아상태(ego-state)

① **어버이 자아**(P) : 정신분석에서의 초자아 기능처럼 가치체계, **도덕 및 신념**을 표현하는 것으로 주로 부모나 형제 혹은 정서적으로 중요한 인물들의 행동이나 태도의 영향을 받아 형성

② **어른 자아**(A) : 객관적 사실에 의해 사물을 판단하고 감정에 지배되지 않으며 이성과 관련되어 있어서 사고를 기반으로 조직적, 생산적, 적응적 기능을 하는 성격의 일부분으로 정신분석의 자아개념과 같이 설명될 수 있다.

③ **어린이 자아**(C) : 어린 시절 실제로 경험한 **감정이나 행동** 또는 그와 비슷한 느낌이나 행동에 관한 성격의 일부분이다. 정신분석의 원초아(id)의 기능처럼, 내면에서 본능적으로 일어나는 모든 충동과 감정 및 5세 이전에 경험한 외적인 일들에 대한 감정적 반응체계를 말한다.

6. 현실요법상담 : 윌리엄 글래서(William Glasser)

① 글래서의 현실요법상담은 정신분석의 결정론적 입장을 반대하며, 인간은 자유롭고 자신의 목표를 스스로 선택하고자 하는 욕구를 가진 존재로 궁극적으로 **자기결정을 하며 자기 행동 및 삶에 책임을 질 수 있는 존재**라고 본다.

② 즉, 우리 모두가 성장할 수 있는 힘(growth forth)을 가지고 있으며, 이 힘이 우리의 환경을 통제하면서 **다섯 가지 생리적인 욕구(생존, 사랑(소속), 성취(힘), 즐거움, 자유)를 충족**시키고 성공적인 정체감을 발전시킬 수 있다고 본다.

7. 진로발달 및 상담 : Holland의 성격유형론

1) 개요

① 개인은 일반적으로 6가지 성격(흥미) 영역 중 일부는 더 발달시키고 일부는 덜 발달시킨다.

② 개인은 자신의 능력과 기술을 발휘하고 태도 및 가치를 표현하고 자신에게 알맞은 역할을 수행할 수 있는 환경을 찾는다고 가정하였고, **개인의 행동은 성격과 환경적 특성의 상호작용에 따라 결정**된다고 보았다.

2) 여섯가지 성격유형

① 실재적(realistic) : 기계, 도구, 동물에 관한 체계적인 조작 활동을 좋아함. 사회적 기술 부족. 기술자.

② 탐구적(investigative) : 분석적이고 호기심이 많고 조직적이며 정확함. 리더십 기술이 부족. 과학자.

③ 예술적(artistic) : 표현이 풍부하고 독창적이며 비순응적. 규범적인 기술 부족. 음악가와 미술가.

④ 사회적(social) : 다른 사람과 일하고 돕는 것을 좋아함. 조직활동을 싫어하고 기계적이고 과학적인 능력이 부족함. 사회복지가, 교육자, 상담가.

⑤ 설득적(기업가적) (enterprising) : 조직목표나 경제적 목표를 달성하기 위해 타인을 조작하는 활동. 상징적이고 체계적인 활동을 싫어하고 과학적 능력이 부족함. 기업경영인, 정치가

⑥ 관습적(conventional) : 체계적으로 자료를 잘 처리하고 기록을 정리하거나 자료를 재생산하는 것을 좋아함. 심리적 활동을 피함. 경리사원, 사서.

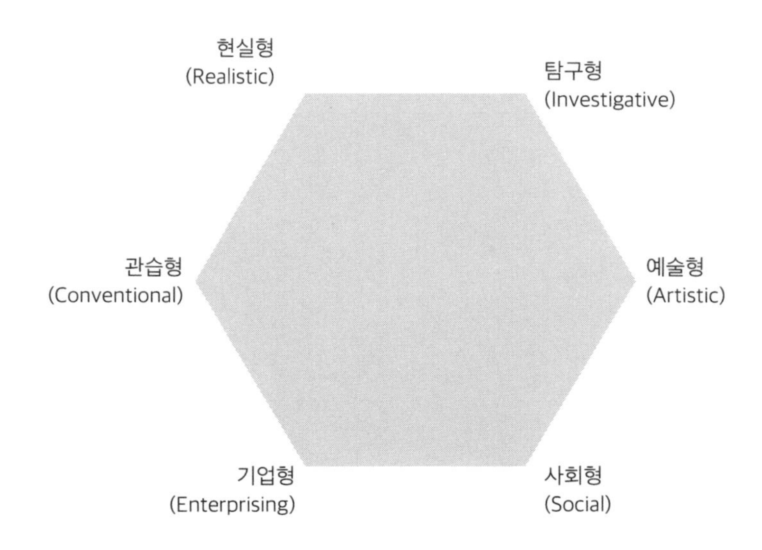

8. 비행이론

① 중화이론 : 자기합리화 또는 사회통제 무력화 이론이라 불리우며 자신의 행위가 도덕적으로 잘못 되었지만 합리화 또는 죄가 없다고 생각한다.

② 비행하위문화이론 : 지배적인 가치가 중산층 기준에 의해 형성되어 있기 때문에 하층계급 자녀들은 상대적으로 불리한 입장에 처하게되어 비행을 저지르게 된다.

③ 차별 접촉이론 : 특정 개인은 유전 또는 취향이 일탈 행위자와 관계를 맺도록 형성되어 있으며, 법을 위반하는 비슷한 심리상태를 가진 사람들과 접촉하면서 범죄기술을 학습하게 된다는 것이다.

④ 낙인이론 : 일탈 혹은 범죄행동이 특정 행동에 대한 사회문화적 평가와 소외의 결과로 규정된다고 보는 이론

⑤ 사회통제이론: 개인이 법을 지키는 것은 사회가 범죄를 억제하는 사회적 연대가 있다고 보며 관련된 이론

⑥ 아노미이론 : Emile Durkheim에 의해 최초로 주장된 이론으로 긴장이론(strain theory)의 뿌리를 이룬다. Durkheim에 따르면 아노미는 한 사회를 지배하는 강력한 가치관이 세력이 약화되고, 한 가지 이상의 서로 다른 가치관이 동등한 세력을 가지면서 한 사회 내에서 공존하는 현상을 의미한다.이와 같은 아노미 상태에서 살고 있는 개인들은 어떤 가치관을 따라야 할지와 같은 가치관의 혼란을 경험하게 된다.따라서 그 사회에서 지배적인 가치·규범에서 벗어난 행동인 일탈행위를 할 가능성이 높아진다고 본다.

Ⅳ. 교수학습

기본			23	22	21	20	19	18	17	16	15	14	13	12	11	10
교수방법	객관주의	브루너 / 발견학습		*		*	*			●	*					
		오수벨 / 유의미 학습		●												
		캐롤 / 학교학습모형	●													
		블룸 / 완전학습														
		가네 / 처방적 교수				●		●	*					●		
		교수설계 / ADDIDE	●*		●	*					*					
		교수설계 / 딕앤캐리								*						
		켈러 / ARCS			●			●								
		라이겔루스 / 정교화										*				
		메릴 / 내용요소제시														
		토의토론		*												
		개별화 수업								●						
		협동학습		●*				*		*			●			
	구성주의	개념				*			●				*	●		
		인지유연성 / 스피로														
		상황학습 / 브라운					●									
		인지적도제 / 콜린스			*	●						*				
		정착수업 / 밴더빌트대학														
		상호교수 / 팔린사와브라운														
		PBL / 배로우스		*							●					
		구성주의학습환경 / 조나센														
	공학	ASSURE모형														
		영역									●					
		원격교육				*										
		교수매체 / 가상현실	●						●			●				
		블랜디드 거꾸로		*			●		*							
		emu러닝		●											●	

● : 국가직 * : 지방직

1. 브루너(J. Bruner)의 교수이론 : 발견학습(discovery learning)

1) 특징

① 외재적 보상보다 **내재적 보상을 강조**한다.
② 각각의 교과목이 가지고 있는 나름의 **지식의 구조를 학생에게 탐색**하도록 한다.
③ **기본적 원리나 개념의 이해를 통해 전이**의 가능성을 최대로 한다.
④ 아동의 사고방식과 지적 수준을 고려하여 교과의 내용을 가르친다.
⑤ 어떤 교과든지 지적으로 올바른 형식으로 표현하면 어떤 발달 단계에 있는 아동에게도 효과적으로 가르칠 수 있다.
⑥ 학습자의 발달 단계에 맞게 학습내용을 구조화하고 조직함으로써 학습자가 교과내용을 잘 이해할 수 있다.

2) '지식의 구조'

① 특정 학문에서의 학문 현상을 이해하기 위한 개념적 수단이다.
② **학문에 내재해 있는 기본적인 아이디어나 개념들을 구조화한 것이다.**
③ 배운 내용을 사태에 적용하기 쉽고 위계적인 지식 사이의 간격을 좁힐 수 있게 해준다.
④ 지식의 구조를 이해하게 되면 학습자 스스로가 사고를 진행할 수 있으며, 최소한의 지식으로 많은 것을 알 수 있다.

3) 발견학습의 특징

① 수업의 과정은 '문제인식, 가설설정, 가설검증, 적용'의 순으로 진행된다.
② 교사는 지시를 최소한으로 줄이고, 학생 스스로 자발적인 학습을 통해서 학습목표를 달성하도록 지도한다.

*** 함정피하기 ***
③ 지식의 표상 양식은 영상적 표상으로부터 작동(행동)적 표상을 거쳐 상징적 표상의 순서로 발달해 나간다. (X)

2. 오수벨(D. Ausubel)의 유의미 수용학습 이론, 개념

1) 유의미 언어학습의 조건 (유의미 학습과제, 관련정착지식, 유의미 학습태세)*

① **학습과제**가 갖추어야 할 조건 : **유의미 학습과제**(실사성, 구속성)

② **인지구조**가 갖추어야 할 조건으로 **관련 정착 지식** : 새로운 학습과제가 의미롭게 학습되려면 학습자의 기존 인지구조 속에 새 학습과제와 어떠한 관련을 맺을 수 있는 지식

③ **학습자**가 **'유의미 학습태세'**를 갖추어야 한다. 유의미 학습태세란 학습하려는 동기

2) 선행조직자

① **선행조직자**는 **수업의 도입 단계에서 교사가 해 주는 언어적 설명**으로, 학습과제와 인지구조 사이에 다리를 놓아주는 기능을 한다.

② 선행 조직자는 학습과제의 성질, 학습자의 기존 인지구조의 수준등에 따라 설명조직자와 비교조직자를 적절하게 활용하여야 한다.

㉠ **설명조직자** : 학습과제와 학습자의 **인지구조 사이에 전혀 관련이 없을 때** 사용한다. 교사가 학습과제보다 상위에 있는 지식을 설명해 주는 것이다.

㉡ **비교조직자** : 학습과제와 학습자의 **인지구조 사이에 어떠한 유사성이 있는 경우에** 사용한다. 즉, 학습과제와 인지구조 간의 유사점과 차이점을 지적해 주면서 상호관계를 부각시켜 명료하게 함.

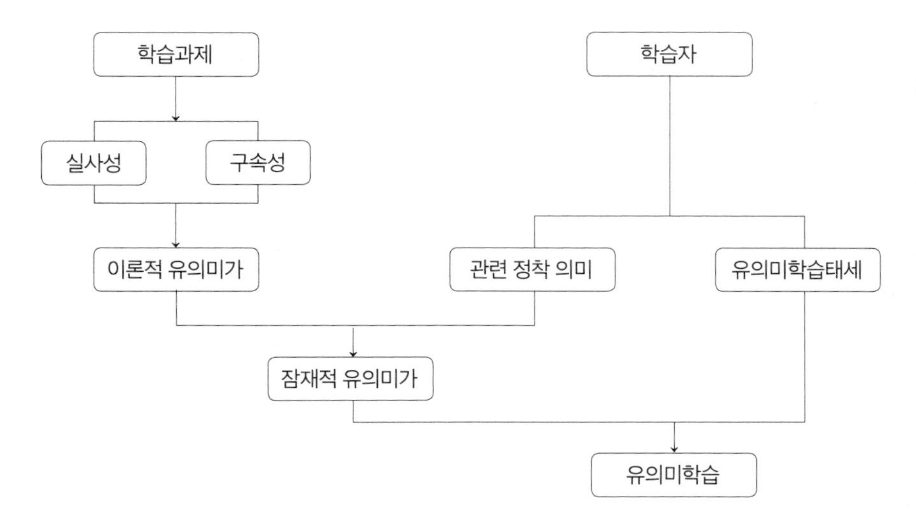

3. 캐롤(J. Carroll)의 학교학습모형, Bloom의 완전학습 모형

1) 학교학습 모형의 특성

$$학습의\ 정도 = F\ \frac{학습에사용한시간}{학습에필요한시간} = F\ \frac{학습기회,\ 학습지속력}{적성,\ 수업이해력,\ 수업의질}$$

2) 수업변인과 학습자 변인

◆ 수업변인

① 수업의 질(과제 제시의 적절성)

② 학습기회(과제의 학습을 위해 주어진 시간)

◆ 학습자변인

③ 수업이해력(일반지능과 언어능력이 복합된 것)

④ 적성(주어진 과제를 성취하는 데 필요한 시간)

⑤ 학습 지속력(학습자가 학습에 사용한 시간)

3) Bloom의 완전학습 모형

① Bloom의 완전학습 모형은 Carroll의 학교 학습 모형을 개선 발전시킨 것이다.

② Bloom은 학습에 필요한 시간과 학습에 사용한 시간을 결정하는 변인을 조정함으로써 완전학습에 이를 수 있다고 보았다.

③ **완전학습이란 5% 정도의 학생을 제외한 약95%의 학생이 교수 내용의 90% 이상을 학습할 수 있다는 것**을 말한다.

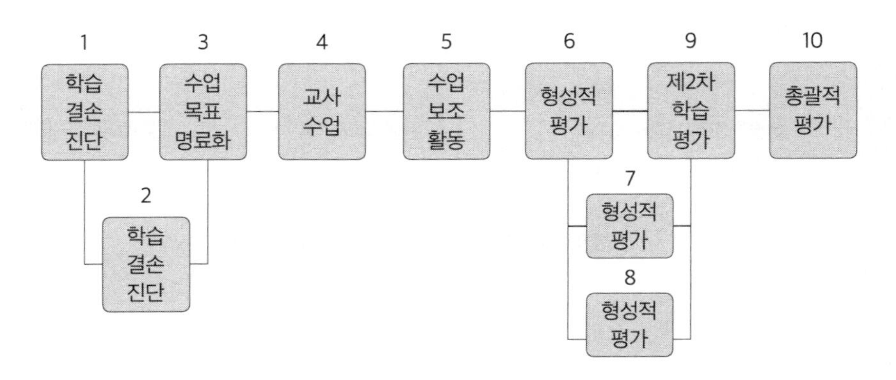

4. Gagne의 처방적 교수 이론 : 목표별 수업 이론

1) 개요

① 가네(R. Gagné)는 교수목표(학습결과)에 따라 학습조건(conditions)은 달라져야 한다

② **5가지 학습 결과(outcomes) : 언어 정보, 지적 기능, 운동 기능, 태도, 인지 전략**

③ **지적 기능**(intellectual skills) - **변별 - 개념 - 원리 - 문제해결** 순서로 가르친다.

④ 학습자의 내적 학습 과정을 지원하기 위한 9가지 외적 교수사태(events) :9단계 수업사태

⑤ 학습안내 : 학생들에게 학습내용에 대한 힌트나 질문을 던진다. 지난 시간에 학습한 내용과의 유사점과 차이점을 설명해준다.

2) 학습결과(learning outcomes) : 다섯 가지 학습영역

① **언어정보(verbal information)** : **정보를 진술하거나 말하는 능력**으로 선언적 지식 또는 명제적 지식이라고도 한다. 사물의 이름이나 단순한 사실, 원리, 조직화된 정보 등을 말한다.

② **지적 기능(intellectual skills)** - **변별 - 개념 - 원리 - 문제해결 순서**로 가르친다.
지적 기능은 대상이나 사건 등을 구별하고, 결합하고, 도표화하고, 분류하고, 분석하고 적용하는 등 기호나 상징을 사용하거나 방법을 아는 것으로 절차적 지식이라고도 한다. 학교교육에서 가장 많은 비중을 차지하는 영역이다.

③ **인지 전략(cognitive strategies)** : 학습자 스스로 학습하고, 기억하고, 사고하는 과정을 관리하는 능력을 의미하는 것으로, 학습자 스스로 자신의 내적 인지과정을 유의미하게 통제하고 조절하는 **메타인지적 사고**(metacognitive)도 이에 포함된다.

④ **태도(attitudes)** : 태도는 사람·사물 방안 등에 대해 나타나는 **개인의 경향성**을 의미하는 것으로 구체적인 수행을 결정하는 내적인 경향성인 것이다

⑤ **운동 기능(motor skills)** : 운동 기능은 **신체적 움직임을 행할 수 있는 능력**으로, 바느질을 하거나 공을 던지거나 기계를 조작하는 등의 행동 계열을 수행하는 능력을 의미한다.

3) 9가지 수업사태(events of instruction)

① **주**의 집중 ② **목**표 제시 ③ **사**전학습 요소의 회상 자극

④ **자**극자료의 제시 : 예) 학습내용의 적용 예를 설명, 핵심 요소를 설명. 관련된 영상자료를 보여준다.

⑤ **학습의 안내** : 학생들에게 학습내용에 대한 힌트나 질문을 던진다. 지난 시간에 학습한 내용과의 유사점과 차이점을 설명해준다.

⑥ **수**행의 유도 ⑦ **피**드백의 제공 ⑧ **수**행의 평가 ⑨ **파**지와 전이의 촉진

5. 교수설계이론 : ADDIE모형, 딕과 캐리 (W. Dick, L. Carey & J. Carey)

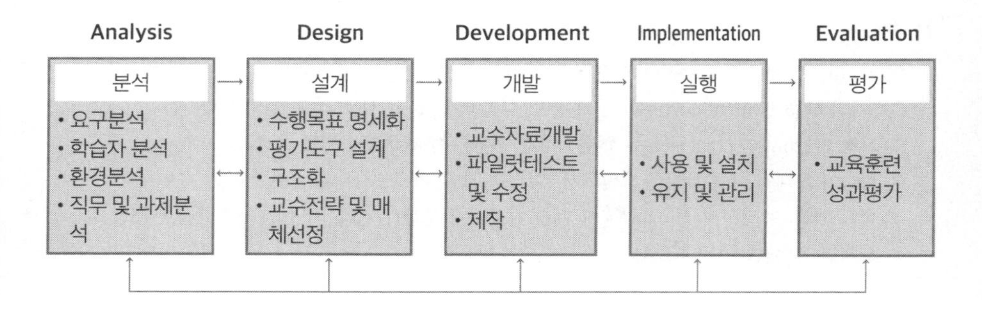

1) 분석 단계(Analysis)

① 교수목표 설정을 위한 **요구분석(현재 수준과의 차이)**

② **학습자 분석** : 일반적인 특성, 출발점 행동, 사회경제적 수준, 동기, 학습양식

③ **환경**(Contexts / Settings) **분석** : 학습한 기술을 사용할 환경과 상황

④ **직무/과제 분석** : 교수내용을 분석

2) 설계 단계(Design) : 선행단계인 분석단계의 결과를 토대로 수행목표 서술, 평가도구 개발 및 교수전략 선정 · 개발이 이루어진다. (**설정된 목표를 달성하기 위해 어떤 내용을 어떻게 조직하고 제시해야 효과적인 결과를 얻을 것인가를 핵심질문으로 하는 수업의 청사진**)

① **수행목표 서술** : 성취목표를 구체적으로 명세화

② **평가도구 개발** : 학습성취를 측정할 평가도구를 설계하고 개발

③ **교수전략 선정 개발**

3) 개발 단계(Development) : **교수자료의 개발**과 형성평가 실시에 따른 자료의 수정보완

4) 실행 단계(Implementation) : 완성된 교수 **프로그램을 현장에서 사용**하고 이를 유지, 관리

5) 평가 단계(Evaluation) : 설계가 완료된 교수자료의 효과를 **총체적으로 평가하는 활동**

6. 교수설계이론 : 딕과 캐리(Dick & Carey) 수업설계 모형-1

1) **교수목표설정** : 역량분석, 요구 분석 이후 교수 목표를 정의한다.

① 요구분석 = 미래상태(바람직한) - 현재상태

② 교수 목표의 명확한 진술

2) **교수분석** : (가네)학습영역분류, 학습과제분석, 하위기능분석, 출발점행동진단

① Gagne(1985) 학습결과 - 언어정보, 지적기능, 인지전략, 운동기능과 태도로 분류

② 학습과제분석 - 학습단계 + 하위 기능 분석

㉠ 수업목표의 학습단계가 분석된다. 즉, 수업목표가 학습되는 단계와 순서로 나누기 위해서 학습이 진행되는 마디 또는 시간별 절차로 분할해 낸다.

㉡ 각 단계를 학습하기 위해서 필요한 선수 지식이나 기능이 무엇인지를 밝히기 위해서 단계별 하위 기능이 분석된다.

㉢ 분석결과에 따라 하위기능을 먼저 가르치고, 그 다음 관련된 상위목표를 달성하도록 수업순서를 정한다.

㉣ 분석된 모든 목표와 하위기능을 수행목표 (또는 성취목표)로 진술한다.

목표 혹은 단계유형	하위 기능 분석의 유형
언어적 정보	군집 분석
지적 기능**(변별, 개념, 원리, 문제해결)**	위계적 분석
태도	통합 분석
운동	절차 분석, 위계적 분석

③ 출발점행동진단 : 설정된 출발점 행동은 본시수업 초기단계에서 가르치지 않는다.

3) 학습자 및 상황 분석 (학습자의 출발점 행동 + 학습 맥락 및 상황을 분석)

4) 수행목표 진술 (교수 목표-(하위 목표)-수행목표를 구별한다.)

① 분석된 모든 목표와 하위 기능을 수행목표(또는 성취목표)로 진술한다.

② 분석된 학습목표들을 고려하여 연습문제, 형성평가 및 총합평가 도구를 개발한다.

③ 수행목표진술 단계에서는 학습이 끝났을 때 학습자가 할 수 있는 것으로 기대되는 목표를 구체적으로 진술한다

7. 교수설계이론 : 딕과 캐리(Dick & Carey) 수업설계 모형-2

5) 평가도구 개발 : 준거 지향검사, 루브릭 개발

6) 교수전략 개발 : 수업사태 9가지, Keller의 ARCS(주의집중, 관련성, 자신감, 만족감)

① 사전교수활동 : 학습자 동기부여, 무엇을 배워야 하는가, 수업 전 관련 지식

② 내용요소제시 : 해당 단원이 무엇에 관한 내용인지를 알려주는 것(연역, 귀납)

③ 학습자 참여 : 피드백과 연습

④ 평가 : 출발점 기능 검사, 사전 검사, 사후 검사, 준거 참조 평가, 형성평가

⑤ 후속활동 : 학습자 파지와 전이

7) 교수자료 개발

8) 형성평가 : 일대일평가, 소집단평가(15명내외), 현장평가(실제상황) 등을 실시한다.

9) 수정

10) 총괄평가

	형성 평가	종합 평가
목적	**교수 프로그램의 단점을 찾아 수정**	**교수 프로그램을 통해 습득한 기능이 어느 정도 실무에 전이 되었는지 검토**
단계	**일대일 평가, 소집단평가, 현장평가**	전문가 판단, 영향 분석
평가자의 지위	설계와 개발 팀의 구성원	일반적으로 외부 평가자
결과물	교수 프로그램을 수정	교수 프로그램의 건실성과 사용여부

8. 교수설계이론 : ADDIE모형과 Dick & Carey모형의 비교

ADDIE모형과 Dick & Carey모형의 비교

ADDIE모형	Dick & Carey모형
분석(Analysis)	요구사정 (1) 교수분석 (2) 학습자 및 환경분석 (3)
설계 (Design)	수행목표진술 (4) 평가도구설계 (5) 교수전략수립 (6)
개발(Development)	교수자료 선택 및 개발 (7) 형성평가 (8)
실행(Implementation)	(생략)
평가(Evaluation)	총괄평가(Summative Evaluation) (9)

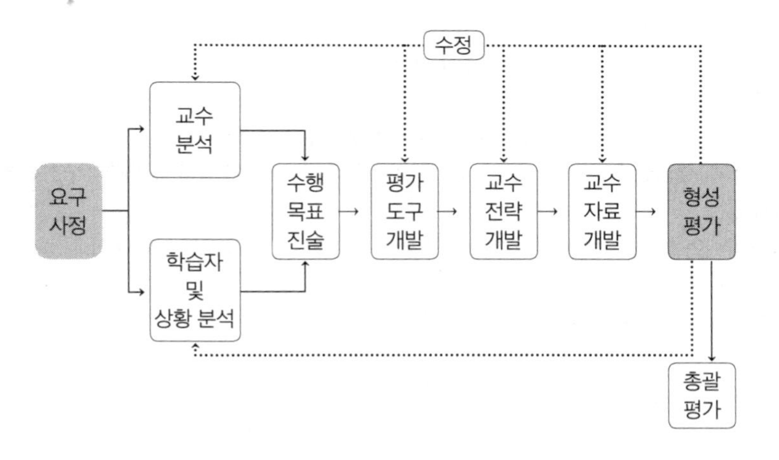

9. 라이겔루스(C. Reigeluth)

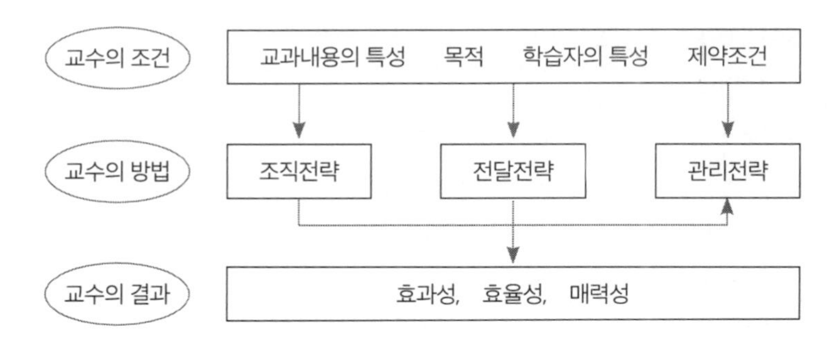

1) 개요 (conditions, outcomes, methods)

① Reigeluth는 교수목표로서 **학습과제의 유형에 따라서 교수전략과 방법이 다르게 처방**되어야 한다고 보았다.

② **교수의 조건(conditions)**이란 **교수설계자나 교사가 통제할 수 없는 것**

③ **교수의 방법(methods)**은 서로 다른 조건하에서 학습 결과를 성취하기 위해 사용되는 다양한 전략을 말한다.

㉠ **조직 전략**에는 하나의 아이디어를 가르칠 때의 교수 전략인 미시적 조직 전략과 복합적인 여러 아이디어를 가르칠 때의 교수전략인 거시적 조직 전략이 있다.

④ **교수의 결과(outcomes) : 효과성, 효율성, 매력성, 안정성**

2) 라이겔루스(C. Reigeluth) 정교화 이론(Elaboration Theory)

① 이 이론은 수업 내용을 단순 또는 간단한 것에서부터 시작하여 보다 세부적인 것으로 조직하는 계열화 원리에 의해 구축되었다. 정교화의 계열화 원리는 **'카메라의 줌 렌즈'에 비유**된다.

② **정수(epitome)를 시작으로 과제**를 단순 또는 간단한 것에서부터 시작하여 보다 세부적인 것으로 조직하는 계열화 원리에 의해 구축되었다. 정교화의 계열화 원리는 카메라의"줌 렌즈에 비유된다.

③ **요약자** : 학습자가 학습한 것을 망각하지 않도록 하기 위해 체계적으로 복습하는 데 사용되는 전략요소이다.

④ **종합자** : 아이디어들을 서로 연결시키고 통합시키기 위하여 사용되는 전략요소이다.

⑤ 비유 : 배워야 할 새로운 아이디어를 친숙한 아이디어들과 관련시켜 새로운 아이디어를 좀 더 쉽게이해 할 수 있도록 하는 전략이다.

10. 메릴(M. D. Merrill), 켈러(J. Keller)

1) 메릴(M. D. Merrill)의 내용요소제시이론(Component Display Theory)

① 수업과 관련하여 주요한 요인을 다음과 같이 세 가지의 차원으로 나누었는데, 가르칠 대상이 되는 교과로서 **내용(contents)**과 교수자의 활동인 **제시(display)**, 학습자의 활동인 **수행(performance)**의 차원이다.

② 이중에서 **학습자의 활동인 수행과 교과내용 간의 관계를 수행 내용 메트릭스**로 **교수자의 활동인 제시와 교과내용간의 관계를 자료제시형태라는 교수처방이론으로 개발**하였다.

③ 블룸, 가네, 라이겔루스 등이 학습유형을 지식의 내용적 차원으로 구분한 반면 메릴은 학습자 관점의 수행차원을 따로 분리하여 적용한 이론을 개발하였다.

④ 목표를 분류하고 이에 따른 교수 전략을 구체적으로 처방하는 데 활용할 수 있다

⑤ 인지적 영역의 수업을 설계하는 데 효과적이다

⑥ 학습결과의 범주를 이차원적인 수행-내용 행렬표로 제시하고 있다.

⑦ 일차적 자료제시 형태는 일반성과 사례, 설명식과 탐구식으로 이루어져 있다.

⑧ 이차적 자료제시 형태는 맥락, 선수학습, 암기법, 도움말, 표현법, 피드백을 포함한다.

11. 켈러(J. Keller)의 ARCS 모형 : 주의, 관련성, 자신감, 만족감

1) 켈러(J. Keller)의 ARCS 모형 : 주의, 관련성, 자신감, 만족감

① **학습 동기는 수업에 적용되는 동기 전략에 따라 조절될 수 있다.** 즉, 학습자의 동기는 교수전략에 따라 적절하게 증진될 수 있는 변인인 것이다.

② 동기의 조절은 체계적인 접근을 통해 촉진될 수 있다. 동기와 관련되는 노력, 수행, 결과를 체계적으로 고려하였을 때 동기는 촉진될 수 있다.

2) 주요 개념

① **주의 집중(Attention)** : 주의 집중을 위해 교사가 고려해야 하는 핵심 적인 질문은 '학습자의 주의 집중을 어떻게 유발시키고 어떻게 유지시킬 수 있는가?'이다.
사례) 비일상적인 내용이나 사건의 제시를 통해 흥미유발

② **관련성(Relevance)** : 관련성을 위한 핵심 질문은 '이 수업이 어떠한 측면에서 학습자에게 가치있을 수 있는가?'이다. 사례) 친밀한 인물이나 사건의 활용

③ **자신감(Confidence)** : 자신감을 위한 핵심 질문은 학습자들이 자신의 통제 하에서 성공하도록 하기 위해 어떻게 도와줄 수 있는가?"이다. 사례) 도전감을 느낄 수 있는 문제를 제시하고, 이를 해결했을 때 기분 좋게 느끼도록 한다. 쉬운 것에서 어려운 것의 순서로 과제 제시

④ **만족감(Satisfaction)** : 만족감을 위한 핵심 질문은 학습자들이 그들의 학습경험에 대해 만족하고, 계속적으로 학습하려는 욕구를 가지도록 하기 위해 어떻게 도와줄 수 있는가?"이다.
사례) 성공적 학습 결과에 대한 긍정적 피드백 제공

12. 토의 토론

토의	의미 : 주제에 대한 의견의 교환 과정 : 정보의 교환
토론	의미 : 주장의 정당성에 대한 논증 과정 : 객관적 근거에 의한 논증 → 상대방의 설득

1) 배심 토의(Panel)

토의에 참가할 인원이 많을 때 적절한 것으로 각 부의 대표자 4-6명과 다수의 일반인으로 구성된다. **의장**은 각부의 대표자 1인당 1회 가량의 발언할 기회를 제공하고, 배심원(패널)은 그 내용에 대해 토의를한다. 토의가 마무리될 무렵에는 일반참가자의 발언이나 질문도 받아들이도록 한다. 이러한 과정을 거쳐 **최종적으로 배심원들이 결론**을 내린다. 배심원은 그 문제에 대하여 정통해 있어야 하며 필요시는 전문가를 초대할 수도 있다.

2) 포럼(forum)

특별한 주장을 가진 **전문가** 1~3명이 **자신의 의견을 청중 앞에 발표**하고 발표한 내용을 중심으로 여러 명의 **청중과 질의 응답**하는 방법이다. 이 방법은 청중이 토의에 직접 참여하는 것

3) 원탁식 토의(round table)

토의의 전형적 형태로서 사전 지식이 있는 **사회자와 서기를 포함**하여 7~8명이 원탁에 둘러앉아 **모든 학생이 상호 대등한 관계** 속에서 자유롭게 의견을 교환하는 것이다. 사회자는 회의 규칙을 잘 이해하고 자유로운 분위기에서 구성원 **모두가 발언할 수 있는 기회**를 가질 수 있도록 안내

4) 단상 토의(symposium)

단상 토의는 **전문적인 지식을 가진 2-5명의 인사가 사회자의 안내에 따라 특정주제에 대해 서로 다른 입장으로 청중 앞에서 발표하고, 발표자 간의 질의 응답을 통한 토의**를 한다. 단상 토의는 토론자, 사회자, 청중이 전문가로 구성되는 것이 특징이다.

5) 버즈토의

버즈(Buzz)토의이란 벌들이 윙윙거리는(buzz) 것과 같이 여러 명의 학생들이 집단을 편성하여, 서로 의견을 교환하면서 학습해 가는 방법이다. **이 학습법의 목적은 학급 내의 인간관계를 개선하고, 학생의 기초학력을 향상시키기 위해 고안된 토의학습의 한 유형이다**

13. 협동학습과 개별학습

1) 협동학습

협동학습이란 **공동의 목표를 달성하기 위해 학습자들이 함께 학습해 가는 것을** 말한다.

① 모든 구성원이 함께 참여하여 성취할 수 있는 명확한 공동의 목표가 있어야 효과적이다.

② 협동학습이 잘 이루어지기 위해서는 신뢰에 바탕을 둔 구성원 간의 상호의존관계가 필요

③ 자신의 역할을 완수하지 않으면 구성원이 불이익을 받게 된다.

목표	• 지식의 이해 • 사회적 기능과 가치의 형성	• 사고력의 신장
필요 조건	• **이질적 집단의 구성** • 적극적 상호 의존성의 강화 • 평가(소집단 보상)	• 개별적 책무성 부여 • 공동의 목표
효과	• 개별적 책무성의 증가 • 대면적 상호작용의 증가	• 적극적 상호 의존성과 협력의 증대 • 사회적 기능과 가치의 형성

2) 협동학습 종류

직소모형 : 모집단 + 전문가 집단

과제분담학습 Ⅰ(Jigsaw Ⅰ) - 과제의 상호의존성은 높고 보상의존성은 낮은

과제분담학습 Ⅱ(Jigsaw Ⅱ) - Jigsaw Ⅰ + 집단보상

성취 과제분담학습(Student Teams-Achievement Division) -개선점수 + 집단보상

자율적 협동학습(Co-op Co-op) - 자기결정성

3) 개별학습 : 학습목표, 교육내용, 교육방법, 평가의 개별화 + 자기주도학습

① 교육목표는 학습자 개인의 동기 · 능력 · 희망 · 흥미에 따라 선택되고 결정된다.

② 평가 결과에 따라 교정이 이루어지거나 보충 · 심화 과제가 주어진다.

③ 학생의 수준과 속도에 따라 학습내용의 분량과 진도 등이 결정된다.

*** 하나더 : 토론학습의 장점**

① 의사소통 능력의 향상 ② 다양한 사고활동의 촉진 ③ 비판적 사고능력의 함양

14. 협동학습 2

1) 학생팀 조직 모형(STAD)

① 모집단을 편성한다(단, 전문가 집단 활동은 하지 않는다).

② 팀 구성원 모두가 학습내용을 이해할 때까지 팀 학습이 계속되고,

③ 팀 학습이 끝나면 **개별적으로 시험**을 본다.

④ 향상 점수를 산출하여 **집단 보상**을 제공한다.

⑤ 기초점수 재 산정 후 팀 재배정

2) 자율적 협동학습(Co-op Co-op) : 케간(Kagan, 1985a, 1992)

① 학생들은 전체 학급에서 교사가 부여한 주제에 대해 대략적인 학습 내용을 토론한 뒤 여러 소주제를 나눈다.

② **자신이 원하는 소주제를 다루는 모둠에 참여**해서 토의를 통해 그 소주제를 다시 더 작은 주제로 나누어 각자가 맡은 부분을 심도 있게 조사한다.

③ 자신이 조사한 내용을 가지고 모둠에서 정보를 나누게 되고 이 모둠별로 그 모둠이 맡은 과제를 전체 학급에 발표한다.

STAD	TGT	Jigsaw II	TAI
1. **교사가 강의나 토론식 수업**을 통해 내용을 전달	1. **교사가 강의나 토론식 수업**을 통해 내용을 전달	1. **학생들은 교과서의 정해진 부분을 읽고** 각자 해당 과제를 맡음	1. **진단검사**를 실시하여 공부할 내용을 결정
2. 학생들은 각 팀별로 연습지의 문제나 질문을 공부	2. 각 팀별로 활동지 문제나 질문을 공부	2. 각 팀별로 동일한 주제를 맡은 학생들 끼리 **전문가 집단 형성**	2. **학생들은 자신의 학습 속도에 따라 배정된 단원을 공부**
3. 교사가 학생들이 공부한 자료에 대한 **시험 실시**	3. 각 팀별로 점수를 얻기 위해 학술 **게임 실시**	3. 학생들은 자신의 팀으로 돌아가 팀 동료들과 주제를 공유	3. 팀 동료들끼리 정답을 확인하고 점검 학생이 퀴즈를 실시
4. 교사가 개별 향상점수와 팀의 평균점수를 산출	4. 교사는 4주 동안 팀별 점수를 기록하여 최우수 팀과 최우수 학생을 선정	4. 학생들은 공부한 주제에 대한 퀴즈실시 5. 개별 퀴즈를 통해 팀 점수와 개별 향상 점수를 산출	4. 팀별 퀴즈 점수를 평균하고, 점검 학생이 끝마친 단원의 수를 세어 팀 점수를 산출

15. 구성주의 학습

1) 구성주의에 관한 기본가정

① 지식은 인식의 주체에 의해서 구성되며, (**학생**)

② 지식은 맥락적이어서 발생하는 상황에 영향을 받으며, (**실제, 맥락, 비구조화**)

③ 지식은 사회적 협상을 통해서 형성된다는 것이다. (**토론, 협동**)

2) 구성주의 교수방법

① 실제 환경에서 직면하게 되는 문제를 학습과제로 제시하여 학습한 내용과 실제 세계를 연결하도록 한다.

② 학생 스스로 사고과정을 통해 문제를 해결하도록 촉진한다.

③ 협동학습을 통해 학생이 생각을 능동적으로 발전시키도록 돕는다.

구분	객관주의(교사중심)	구성주의(학습자중심)
지식	**개인의 정신과 독립적으로 존재**하는 고정적이고 확인할 수 있는 객체로서 내부로 전달되는 것	**사회적 경험을 바탕으로 개인**의 인지적 작용에 의하여 지속적으로 구성, **재구성**되어지는 것
실재	인식 주체의 외부에 존재	인식 주체에 의해 결정
문제	**학습할 가치가 있다고 객관적으로 검증된 학습내용**	**실제적 · 맥락적, 비구조화된 문제**
학습자	수동적 수용자	**능동적인 지식 구성자** **구체화, 성찰, 탐구**
교사	지식의 전달자	**학습 안내자, 촉진자 역할** **모델링, 코칭, 비계설정(scaffolding)**
교수목적	체계적, 효율적인 지식 전달	**비판적 사고, 문제해결력 함양**
목표	초월 · 범우주적인 진리와 지식의 추구	개인에게 의미 있고 적합한 지식의 구성

*** 하나더 : 목표에 대한 관점**

객관주의 : 구조화된 목표, 학습목표달성을 위한 최적의 방법 제시

구성주의 : 비구조화된 목표, 반성적 사고 강조

16. 구성주의 학습이론 : 비구조적 문제, 실제적이고 맥락적

1) 인지 유연성 이론(Cognitive Flexibility Theory) : Spiro

① 현실의 다양한 맥락에 존재하는 복잡성이 높은 비구조 문제를 해결하기 위해 필요한 고차원적 지식을 기르는 방법으로 제안되었다.

② 급격한 상황 변화에 능동적으로 본인의 지식을 재구조화하여 적응하는 능력을 의미한다.

③ **다양한 적용(범주) 사례**들을 제시해 줌으로써 다양한 형태의 **지식을 다각도로 체험**

2) 상황학습(situated learning) : Brown

① 학습의 파지와 전이는 지식이 **실제로 통용되는 맥락에서 앎과 행함이 동시**에 이루어질 때 촉진된다고 보았다.

② **'실행공동체'와 '정당한 주변적 참여'**는 상황학습의 주요 개념

③ 초보자인 학습자가 실제 환경에서 문제해결과정을 관찰하는 기회를 학습의 시작

④ 지식이나 기능은 유의미한 맥락 안에서 제공되어야 한다.

⑤ 교실에서 학습한 것과 교실 밖에서 필요로 하는 것의 관계형성을 돕는다.

3) 인지적 도제학습(cognitive apprenticeship) : Collins

① 전문가의 사고과정을 내면화하는 것이다.

② 학습환경을 구성하는 내용, 방법, 순서, 사회학의 네 차원을 중시한다.

③ **모델링, 코칭, 스캐폴딩, 구체화, 성찰, 탐색**의 수업방법 **(조나센 동일)**

4) 정착수업(anchored instruction) : 1990년 밴더빌트대학교

① 상호작용적 비디오디스크와 같은 공학에 기초하여 구성한다. : 재스퍼 시리즈

② 강의식 수업이 아닌 **비디오매체를 활용**, 현실적 문제를 중심으로 **이야기식 표현을 사용**

5) 상호교수(reciprocal teaching) : 팔린사와 브라운(Palincsar & Brown

① **스케폴딩을 활용**하는 수업 모형인 상보적 교수법은 비고츠키 이론을 바탕으로 팔린사와 브라운에 의해 **독서 지도 이론으로 개발**되었다.

② 협력적인 **대화**를 사용하여 자기조절적 학습을 유도하며 **요약하기, 질문하기, 명료화하기, 예측하기** 등 교사가 사용하는 전략에 대해 초기에 시범을 보여주면 학습자는 연습을 통해 점차 교사를 모방하며 전략을 내면화하게 된다.

17. 구성주의 학습이론 : 문제기반학습 (Problem-Based Learning: PBL) 모형

1) 문제기반학습(Problem-Based Learning: PBL) 모형 : 배로우스(Barrows)

① 의과대학에서 전통적으로 고수되어 온 의사양성방법의 문제점을 개선하기 위하여 문제중심학습 개발

② **협동학습을 장려**한다. 문제중심학습을 사용하는 학생들은 문제해결을 위해 각자 배우고 함께 활동하면서 팀워크 기술을 형성한다.

③ **교사** : 학습지원자(촉진자)의 역할을 하고, 학생은 자기주도적인 성찰

④ **문제 특징 : 비구조적 문제, 실제적이고 맥락적**

⑤ **실제문제 + 자기주도학습 + 협동학습**

2) PBL의 특징

① 상대주의적 인식론인 구성주의에 이론적 근거를 둔다.

② 문제는 복잡하고 비구조적이며 실제적인 특성을 지닌다.

③ 학습방식은 자기주도적 학습과 협동학습으로 이루어진다.

④ 교사는 지식 전달자에서 벗어나 **학습지원자(촉진자)의 역할**을 하고, **학생은 자기주도적인 성찰**

3) PBL의 구성 요소 4가지 : 학습자, 교사, 문제, 학습자원

① **학습자** : 문제중심학습에서 학습자들은 소그룹 활동을 통해 문제를 해결함으로써 학습목표에 도달한다. 학습자들은 자신의 학습행동에 책임을 져야 하므로 자기주도적으로 행동한다.

② **교사** : 학습과정에 정보를 제시해 주거나 받아쓰게 하는 지시자가 아니라 그룹의 학습과정을 촉진하는 촉진자로서의 역할을 한다.

③ **문제** : 비구조적인 문제를 창안해 낼 때 주의할 사항으로는 **실제 생활과 밀접한 관련**이 있어야 하고, 학습자의 사고를 촉진시킬 수 있는 문제이어야 한다.

④ **학습자원** : 기존 수업에서는 교육자원인 주요 정보와 이론적 근거가 교사의 강의에서 제시되며 책과 정기간행 학술지 논문 등은 보충적인 역할을 한다. 그러나 문제중심학습에서는 학습자가 교재, 저널, 인터넷, 비디오, 교사, 친구 등의 가능한 많고 다양한 자원을 지식의 습득에 활용한다.

18. 구성주의 학습환경 (constructivist learning environments; CLE)과 교수설계

1) 개요

① 구성주의 학습환경은 일상에 존재하는 비구조화된 문제를 학습자가 주도적으로 해결하는 과정을 통하여 학습자 스스로 의미 있는 지식을 만들 수 있도록 지원하는 학습환경을 말한다.

② 1990년대에 대다수 연구자 및 교수학습 설계자들이 행동주의 및 인지주의 관점의 학습모형을 활용하고 있을 때, Jonassen은 구성주의 학습설계라는 대안을 제시하였다.

③ **교수자 역할 : 모델링(modeling), 코칭(coaching), 스캐폴딩(scaffolding)**

④ **학습자 역할 : 구체화(articulation), 성찰(reflection), 탐색(exploration)**

2) 조나센 구성주의 학습환경 설계 모형 단계

① 실제적이고 현실적인 문제 혹은 프로젝트(problem/project)

② 문제 이해를 지원하는 관련 사례,

③ 문제 탐구를 지원하는 정보 자원,

④ 문제 해석 및 수행을 지원하는 인지도구,

⑤ 팀 활동 및 팀학습을 지원하는 대화 및 협력 도구,

⑥ 학습분위기를 조성하는 사회 맥락적 지원

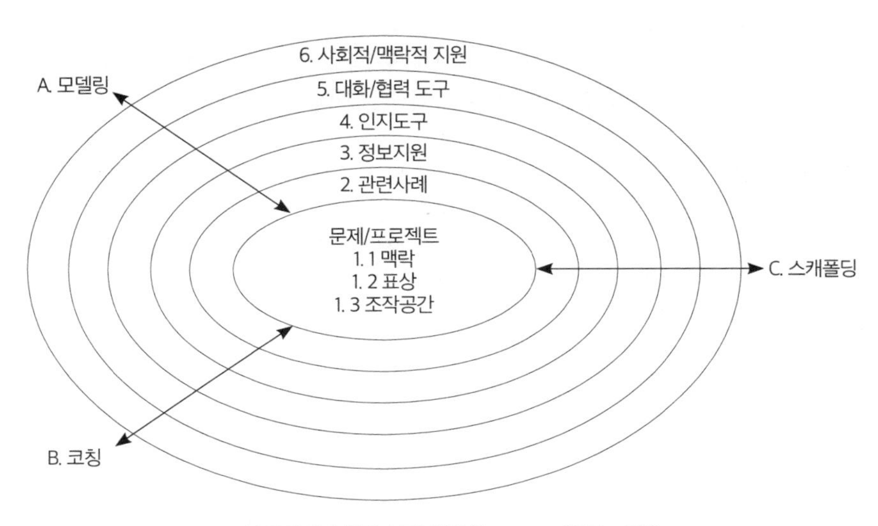

구성주의 학습환경 설계 모형 (Jonassen, 1999,p.218)

19. ASSURE 모형

1) 개요

A	S	S	U	R	E
• (Analyze Learners) 학습자 분석	• (State Objectives) 목표 진술	• (Select Methods, Media and Materials) 방법, 매체 및 자료 선정	• (Utilize Media and Materials) 매체와 자료 활용	• (Require Learner Participation) 학습자 참여 유도	• (Evaluate and Revise) 평가와 수정

2) 단계

① **A는 학습자분석** : 학습자분석단계에서는 학습자의 나이와 사전지식, 태도, 학습양식 등 교육프로그램을 이수하는 참가자로서의 **학습자의 특성을 분석**하게 된다.

② **S는 목표진술** : 목표진술 단계에서는 **학습자가** 교육프로그램 이수 후에 **무엇을 성취**할 수 있는 지를 결정하는 단계

③ **S는 교육방법, 미디어, 교수자료 선택** : 미디어, 교수자료 선택 단계에서는 주어진 과제를 적절히 수행하는데 효과적인 방법, 미디어, 자료를 선택하거나 수정보완하거나 새로 개발하게 된다.

④ **U는 미디어와 교수자료 활용** : 앞 단계에서 선정된 매체와 자료를 어떻게 활용할 것인지를 계획하고 실행하는 단계이다.

⑤ **R은 학습자 참여요구** : 학습자 참여 요구 단계에서는 학습자들이 **적극적으로 수업에 참여**하도록 다양한 교수기법을 활용하고, **피드백을 제공**하게 된다.

⑥ **E는 평가와 수정** : 평가와 수정 단계에서는 **학습자의 학습목표달성 정도를 평가**하고 교육방법과 **교육프로그램을 수정**함으로써 개선을 도모하기 위한 단계이다.

20. 교육공학과 교수매체

1) 교육공학의 기본영역별 하위영역

① **설계영역**에는 교수체제 설계, 메시지 디자인, 교수전략, 학습자특성이 있다.

② **개발영역**에는 인쇄 테크놀로지, 시청각 테크놀로지, 컴퓨터기반 테크놀로지, 통합 테크놀로지가 있다.

③ **활용영역**에는 매체활용, 혁신의 확산, 수행 및 제도화, 정책 및 규제가 있다.

④ **관리영역**에는 프로젝트 관리, 자원관리, 전달체제 관리, 정보관리가 있다.

⑤ **평가영역**에는 문제분석, 준거지향 측정, 형성평가, 총괄평가가 있다.

2) 교수매체의 개념

① 학습자에게 교수학습 내용을 전달하는 모든 수단이나 방법을 총칭한다.

② 교수학습을 위해 사용하는 시청각 기자재와 수업자료를 총칭한다.

③ 코메니우스의 세계도회, TV, 컴퓨터

서책형 교과서	디지털 교과서
장비와 프로그램 없이 접근성 용이 시간과 비용 절약	미디어 활용으로 학습동기 유발 공간의 제약이 낮고, 맞춤학습 가능

21. 원격교육과 블렌디드 교육

1) 원격교육 : 우편물로 시작, 현재는 온라인 수업 위주

① 원격교육이란 교수자와 학습자가 **공간적 · 시간적 분리를 다양한 매체에 의존하여 극복**하면서 교수학습목표를 성취하는 교육활동.

② 원격교육의 질은 교수자와 학습자 간의 상호작용을 지원하는 지원체제의 질에 의해 좌우

③ 원격교육은 전통적인 일반 교육에 비해 훨씬 더 많이 학습자 중심의 교육이 이루어진다.

④ 학습통제권이 학습자에게 주어지기 때문에 성공적인 원격교육을 위해서는 **학습자의 자기주도적 학습능력이 일반 교육에 비해 더 많이 요구**된다.

2) 이러닝(e-learning) : 인터넷기반의 전자매체학습

① 이러닝은 컴퓨터와 각종 정보통신매체가 지원하는 상호작용성에 기반한 온라인 학습을 주로 교수학습과정에 적용하면서 시간과 장소에 대한 제약을 받지 않는 새로운 형태 교육방법

② 교육활동의 개별화를 촉진시키며 학습효과를 극대화시킨다.

③ 교육의 경제성 및 대중화를 촉진시킨다.

3) 플립러닝(flipped learning) : 거꾸로 학습은 교사가 수업시간에 강의를 하지 않고, **사전**에 수업내용 관련 **동영상을 제공**하여 학생들이 미리 학습하게 하고, **수업시간**에는 학생 주도로 **과제수행, 질문, 토론** 등 학생들이 적극적으로 참여하는 수업방식

4) 블렌디드 러닝 : 블렌디드 러닝은 학습의 효과성을 향상시기고 학습경험을 극대화하기 위하여 **온라인과 오프라인 학습**환경뿐만 아니라 **다양한 학습방법과 매체를 결합하여 활용**하는 교수-학습 방법이다.

5) 모바일 러닝(Mobile learning) : 스마트폰 등 모바일 기기를 통해 언제 어디서나 자유롭게 인터넷에 접속해 교육받을 수 있게 하는 시스템이다. 기기의 **4C**(Content, Capture, Computte, Communicate) 기능을 활용하여 교수 · 학습을 촉진

6) 마이크로 러닝(micro leaming) : 1가지 주제에 1가지 아이디어를 전달하는 5분 이내로 소비될 수 있는 짧은 학습(콘텐츠) 방식

*** 함정피하기 ***
원격교육은 교사와 학생 간 인격적 접촉을 증가시킨다. (X)

V. 교육평가

기본				23	22	21	20	19	18	17	16	15	14	13	12	11	10
교육평가	참조	규준		●				●				*		●			
		준거		●		*		●				*		●			●
		자기		*	●			●									
	수업	진단		●				*							●		
		형성		●				*				●		●			
		총괄						*		*				●			
	목표 교육관	블룸	인지적영역	●													
	수행평가	개념												●			●
		평정오류															●
	측정 및 검사	표준화검사	척도	●						●							
	정의적 특성						●		*								
	문항분석	고전검사이론		*							●						
	점수해석	지포하나							●		●*						
	문항분석	문항반응이론		*													
	양호도	타당도	개념							*							
			내용														●
			구인				●										
			예측		*									●			
			결과											●			
		신뢰도	개념		●			*		*				*	*		
			문항내적				*							*	*		
			객관도			●	*										●
		실용도					*										
		신뢰타당			●		*	*						●			
	연구방법 및 통계						*								●	●	

● : 국가직 * : 지방직

1. 참조준거 평가 : 규준, 준거, 자기

1) 규준참조평가(norm-referenced evaluation) - 상대평가

① 개인이 얻은 점수나 측정치를 비교 집단의 **규준(norm)에 비추어 상대적인 서열에 의하여 판단**하는 평가

② 정규분포곡선과 표준점수를 기초로 한다.

③ 무엇을 얼마만큼 알고 있는가에 관심이 있는 것이 아니라 학생의 상대적 서열에 관심을 두게 된다. : 선발적 교육관 강조(경쟁심 조장)

2) 준거참조평가(criterion-referenced evaluation) : 절대 평가

① **학습자 또는 개인이 무엇을 얼마만큼 알고 있는지를 준거에 비추어 재는 평가**

② 학습목표를 설정해 놓고 이 목표에 비추어 학습자 개개인의 학업성취 정도를 따지려는 것

③ 무엇을 평가할 것인가에 대한 영역을 구체적으로 명시하여야 하고, 이를 근거로 준거를 설정하는 것이 매우 중요하다 : 성취기준

규준(상대평가)	준거(절대평가)
선발관, 신뢰도 강조, 정상 분포 곡선	발달관, 타당도 강조, 부적 편포 곡선

3) 자기 참조 평가 : 성장, 능력

(1) 성장(Growth)참조 평가 - 얼마나 성장하였는가 (과정> 결과)

① 학습자의 수준이 교육과정을 통하여 얼마나 성장하였는지를 과거의 수준과 비교하여 판단하는 평가방법이다.

② 최종 성취수준에 대한 관심보다는 초기 능력수준에 비추어 얼마만큼 능력의 향상을 보였느냐를 강조한다.

(2) 능력(Ability)참조평가 - 얼마나 최선을 다했나

① 학습자가 지니고 있는 능력에 비추어서 얼마나 최선을 다하였는지에 초점을 두는 평가

2. 수업진행에 따른 평가 : 진단, 형성, 총괄

1) 진단평가(diagnostic evaluation) : 수업 전, 선수 학습 점검

① 학습자에게 교수학습을 시작하기 전에 **학습자의 특성을 파악**

② 학습이 시작되기 전에 학생이 소유하고 있는 특성을 체계적으로 관찰, 측정하여 진단하는 평가로서 **사전 학습 정도, 적성, 흥미, 동기, 지능 등을 분석**한다.

2) 형성평가(formative evaluation) : 수업 중, 학습의 진전의 효율화

① 형성평가는 수업이 진행 되고 있는 도중에 실시하는 평가로서, 현재 진행 중인 학습내용에 대한 학습자의 이해 정도나 기능 수준을 확인하고 이를 극대화하기 위해 실시하는 평가다.

② **학습의 개별화**를 추구한다. 형성평가를 실시하면 학생 개개인의 결과가 다르게 나타나므로 개인별 학습능력에 맞추어 개인학습을 진행하도록 도와줄 수 있다.

③ **피드백**을 하여야 한다. 형성평가 결과를 학생에게 알려 주어 자신의 장점과 약점파악

3) 총합평가(summative evaluation) : 수업 끝, 학습의 종합적 판정

① 총괄평가는 교수·학습이 완료된 시점에서 교육 목표의 달성여부나 정도를 종합적으로 판정할 때 활용한다.

	진단평가	형성평가	총합평가
시기	**수업전 학기, 학년 초**	**수업 중**	**수업 완료 후 학기, 학년 종료시**
목적	**학습자 특성 파악 적절한 교수 투입**	**교수학습진행 적절성 교수-학습 개선**	**교육목표 달성 프로그램 책무성**
평가 방법	비형식, 형식적 평가	수시평가 비형식, 형식적 평가	형식적 평가
평가기준	**준거참조**	**준거참조**	**규준 혹은 준거참고**
주요 기능	선수학습정도 확인 출발점 행동진단 교수설계의 사전 전략 정치(placement)	학습지도방법 개선 학습곤란 교정 학습행동 강화 학습의 개별화를 추구	학업성적 평정 기능 및 자격 인정 후속과정의 성공예측 집단간 성적 비교

3. 교육관

1) 선발적 교육관 : 측정관

① 선발적 교육관은 학교에서 달성하고자 하는 교육목표에 모든 학습자들이 도달하는 것이 아니라 다수 중 일부만이 도달할 수 있다는 신념을 가진 교육관이다.

2) 발달적 교육관 : 평가관

① 학교교육의 주목적이 개별 학습자의 잠재가능성을 최대한으로 개발시키는데 있다고 보는 관점
② 학교의 중심과제는 각 학생이 사회에 진출하여 잘 적응해 나갈 수 있도록 각자 가지고 있는 잠재능력을 개발하고 다양한 특성을 길러주는 것으로 본다.

3) 인본주의적 교육관 : 총평관

① 교육이 인간의 자아실현에 기여하는 것이므로 학습자의 자율적이고 적극적인 학습에의 참여를 촉구하는 방향으로 교육이 이루어질 때 교육목표에 도달할 수 있을 것이라는 신념을 가지고 있는 것

	선발적 교육관	발달적 교육관	인본주의적 교육관
기본 가정	특정 능력이 있는 학습자만이 교육받을 수 있다	누구나 교육을 받을 능력을 가지고 있다	누구나 교육을 받을 능력을 가지고 있다.
교육에 대한 책임	학습자	교사	학습자 및 교사
강조되는 평가 대상	학습자의 개별 특성	교육방법	전인적 특성
관련된 평가 유형	**규준참조평가 (상대평가)**	**준거참조평가 (절대평가)**	**준거참조평가,자기참조평가**(절대평가/평가무용론)

*** 메타평가[meta evaluation] ***

① 평가에 대한 평가, 또는 평가의 평가(evaluation of evaluation)라는 개념으로 인식
② 하나의 대상을 다양한 상황에서 다양한 방법으로 평가한 결과들을 종합하는 평가라고 할 수 있으며, 평가의 질적 관리를 위해 필요하다.
③ 메타평가는 전문가 집단의 평가이다.

4. 수행 평가 : 특징, 평정오류

1) 수행평가

① 수행평가의 유형으로는 **지필식, 구술식, 실습식, 포트폴리오평가방법** 등이 있다.

② 기존의 심동적 영역의 행동 특성을 평가하기 위하여 사용되던 평가방법을 인지적 영역의 행동 특성의 평가에 도입

③ 수행평가의 개발 절차에는 일반적으로 평가목적의 진술, 수행의 상세화, 자료 수집·채점·기록 방법 결정, 수행평가 과제의 결정 등이 포함된다.

④ 채점자가 범할 수 있는 평정의 오류로는 집중경향의 오류, 후광효과, 논리적 오류, 표준의 오류, 근접의 오류 등이 있다.

⑤ 단편적 지식보다는 고차적 사고능력을 요구한다.

⑥ 단일의 정답은 존재하지 않으며 수행은 직접 관찰할 수 있는 성질의 것이어야 한다.

⑦ 수행평가는 아는 것과 수행능력이 일치하지 않을 수 있다는 자각에서 대두되었다.

⑧ 결과에만 초점을 두는 것이 아니라 **수행의 과정과 결과를 다양한 방법에 의해 종합적으로 평가하는 것이다.**

⑨ 학생 개인의 활동뿐만 아니라 여러 사람이 수행한 공동 활동에 대해서도 평가

2) 평정자의 오류

① 관대성 오류 - 교사가 높은 점수를 주는 경향

② 엄격성 오류 - 교사들이 낮은 점수를 주며 학생들의 수행을 과소평가

③ **집중(중앙)경향** 오류 - 학생들을 중간으로 평가하는 것

④ **후광 효과** - 어떤 하나의 특징에 입각하여 아동의 전체적인 능력을 평가하는 심리적 경향

⑤ **논리적 오류** - 전혀 다른 두 가지 행동 특성을 비슷한 것으로 생각해서 평정하는 경향
(예: 교사의 말을 잘 듣는 학생을 도덕적인 학생이라 생각한다.)

⑥ 대비의 오류 - 평가자 자신의 특성과 비교하여 평가하는 오류

3) 포트폴리오(portfolio) 평가

① 학생의 결과물에 대한 평가보다 향상 정도를 파악하기 위한 방법

② 개인간의 비교에 초점이 있는 것이 아니라, 각 개인의 변화 및 진전도에 그 초점이 있다.

③ 포트폴리오 평가는 다양한 교과 과정상의 수행을 통합할 수 있다는 장점이 있다.

5. 수행 평가 : 특징, 평정오류

선택형 문항에 의한 평가	**수행평가**
구조화	**비구조화**

진위형 선다형 배합형 괄호형 단답형 논술형 구술시험 수행평가 포트폴리오 참평가

선택형 문항에 의한 평가	수행평가
인지	**인지/정의/심동**
앎	**앎 + 행동**
학습결과	**학습진행**/결과
고정형 평가	**개방형 평가**
이분적 평가(하나의 정답)	(다양한 답) 다분적 평가
타당도 - 내용타당도 구인타당도 준거타당도	**타당도-내용타당도** 준거타당도
신뢰도 - 재검사신뢰도 동형검사신뢰도 내적일관성신뢰도	신뢰도-채점자간신뢰도 -채점자내신뢰도 (일반화가능도)
분석적 접근	총체적 접근
인위적 상황	실제적 상황
	지속적

	전통적 방법	대안적 방법
학습관	학습결과에 관심	학습과정과 결과에 관심
학습자관	수동적 관점 분리된 지식과 기술을 평가	능동적 관점 통합된 지식과 기술을 평가 메타인지적 관점
평가형태	지필검사	수행평가 참평가 포트폴리오
평가실시	일회적 평가	지속적 평가
평가내용	단일 속성	다원적 속성(여러측면)
평가대상	개인평가 강보	집단평가 강조(협동)

6. 측정 및 검사(척도와 표준화 검사)

1) 척도

① **명명**척도(nominal scale) : 이름 대신에 쓰이게 되며, 예) 운동선수들의 **등번호**, 주민등록번호나 전화번호

② **서열**척도(ordinal scale) : 측정단위의 간격 간에 동간성이 유지되지 않으며 측정대상의 속성에 따라 순서를 정하거나 **순위**를 매긴 척도이다. 예) 성적순위, 선호하는 정도, 키순서 등

③ **동간**척도(interval scale) : 점수의 단위들이 척도상의 모든 위치에서 동일한 값을 갖는 척도이다. 분류, 서열, **동간성의 특성**을 갖는다. 비율특성, 즉 절대 영점이 없다. 예) 수학 점수가 영점이라고 해서 수학 실력이 전혀 없다고 말할 수는 없다.

④ **비율**척도(ratio scale) : **절대 영점**과 가상적 단위를 지니고 있으며 측정단위의 간격 간에 동간성이 유지되는 척도이다. 예) 키, 몸무게, 나이 등

2) 표준화 검사(standardized test)

① 어떤 사람이 사용해도, 검사의 실시 · 채점 · 해석이 동일하도록 **모든 형식과 절차가 기술적으로 엄격하게 통제**된 검사.

② 검사의 타당도, 신뢰도, 객관도, 실용도를 고려하여 검사를 선택한다.

④ 검사를 사용하는 사람이 검사에 대한 객관적인 식견이 있어야 한다.

7. 정의적 행동 특성의 측정방법

1) 질문법

① 질문법은 **사용이 간편하고, 의견, 태도, 감정, 가치관 등을 측정하기가 용이**하다.
② 단시간에 다양한 자료를 수집하고 결과 또한 신속하게 처리할 수 있다.
③ 응답의 진위 여부를 확인하는 것이 불가능하기 때문에 결과 해석에 주의가 요망된다.

2) 평정법(rating scale method)

① 질문지에 의하여 실시되는 방법으로 정의적인 행동 특성을 측정할 때 가장 많이 쓰인다.
② 평정법에 의한 질문의 예는 다음과 같다.
건물 안에서의 금연에 대하여 어떻게 생각하십니까?
매우반대 - 반대 - 그저 그렇다 - 찬성 - 매우 찬성
③ Likert 척도에서는 응답자에 대한 몇 개의 문항을 합하거나 평균을 계산하여 분석할 수 있다. 이러한 이유 때문에 **Likert 척도**를 **종합평정척도**라 하기도 한다.

3) 관찰법(observation)

① 관찰법은 정의적 행동 특성을 측정하는 **가장 오래된 측정방법**이다.
② 질문지에 의한 응답결과는 자기기록에 의한 것이므로 응답결과가 응답자들의 허위반응이나 가치중립화 경향에 의하여 잘못된 평가를 내릴 수 있다.
③ 이러한 문제를 줄이기 위하여 인간의 정의적 행동 특성을 평가할 때 관찰법을 사용한다.

4) 체크리스트법

① 체크리스트에 의한 측정방법도 크게는 질문에 의한 평가방법으로 질문법에 포함됨
② 그러나 체크리스트법은 광범위하고 다양한 형태의 질문으로 측정하고자 하는 특성을 보다 종합적으로 평가하고자 하는 측정방법이라 할 수 있다.
③ **정교하며 구조화되어 있는 특징**이 있으며, 관찰자가 측정대상에게 해당되는 항목에 표시한다.
④ 체크리스트에 의한 친구 간의 관계를 분석하는 체크리스트의 예는 **사회성 측정법**이 있다.

5) 사회성 측정법 : 문항 작성 절차와 검사 시간이 간단

① 선택 집단의 범위가 명확해야 한다.
② 측정 결과를 개인 및 집단에 적용할 수 있다.
③ 집단 내 개인의 사회적 위치를 알아 낼 수 있다.

8. 문항분석 및 점수해석

1) 문항분석

① **변별도** : 상위집단, 하위집단 변별하는 정도
= 상위능력집단의 정답비율과 하위능력집단의 정답비율의 차이
지수가 높을수록 변별도가 높다

② **난이도** : 문항의 쉽고 어려운 정도를 나타내는 지수,
난이도 지수 = 총 학생 수 중에 답을 맞힌 학생 수의 비율

2) 규준점수의 검사점수 해석

① **분산(변수의 흩어진 정도)** - 편차 제곱의 평균 (편차 = 변량 - 평균)

② **표준편차** - 분산의 제곱 근

③ **정상분포** - 종을 엎어 놓은 것과 같은 모양을 하고 있으며, 하나의 꼭지를 갖는 좌우 대칭적인 연속적 변인의 분포

④ **원점수** - 검사나 시험을 치를 때 채점되어 나오는 점수

⑤ **백분위** - 규준집단에서 어떤 학생의 점수보다 낮은 점수를 받은 학생이 전체 학생 중 몇 %가 있느냐를 나타내주는 표시방법(학생의 백분위가 75라면, 그 학생보다 낮은 점수를 받은 학생이 전체 집단 내에 75%라는 것을 뜻한다.)

⑥ **Z점수** : 표준 정상 분포에서 z = (x - mean)/standard deviation 으로 구해진다. 한 표집 자료에서 모든 z점수의 평균은 0이고, 표준편차는 1이다.

⑦ **T점수 = 10Z + 50**

⑧ **스테나인** : 평균을 5 표준편차를 2로 한 점수이다. 점수를 9등급으로 나타내어서 일정한 구간을 하나의 점수로 정하는 특징이 있다. 스테나인 범주별 비율은 1(4%) 2(7%) 3(12%) 4(17%) 5(20%) 6(17%) 7(12%) 8(7%) 9(4%)이다.

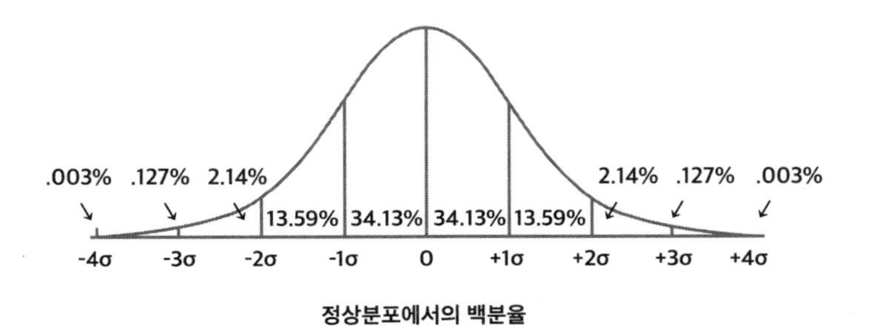

정상분포에서의 백분율

9. 문항분석 : 문항반응이론

1) 개요

① 고전검사이론이 관찰점수는 진점수와 오차점수에 의하여 합성되었음을 가정하고 **총점에 의하여 문항을 분석**하고 피험자 능력을 추정하는 검사이론이라면,

② **문항반응이론**은 **문항 하나하나에 근거하여 분석**하는 이론이다.

③ 각 문항마다 고유한 **문항특성곡선**에 의하여 문항을 분석한다.

2) 장점

① 피험자 집단의 특성에 관계없이 문항마다 고유한 하나의 문항특성곡선을 그리게 된다. 이를 문항반응이론에서는 **문항특성의 불변성 개념**을 유지한다고 한다.

② 피험자의 능력을 추정할 때 쉬운 검사나 어려운 검사를 실시하여도 검사의 난이도에 관계없이 일관성 있게 피험자의 능력을 추정한다는 것이다. 이를 **피험자의 능력의 불변성 개념**이라 한다.

3) 문항분석

*** 문항특성곡선에서의 문항난이도와 문항변별도 확인 방법**

① **문항난이도** : 문항의 답을 맞힐 확률이 .5에 대응되는 능력 수준의 값

② **문항변별도** : 문항특성곡선상에 문항난이도를 표시한 점에서의 기울기

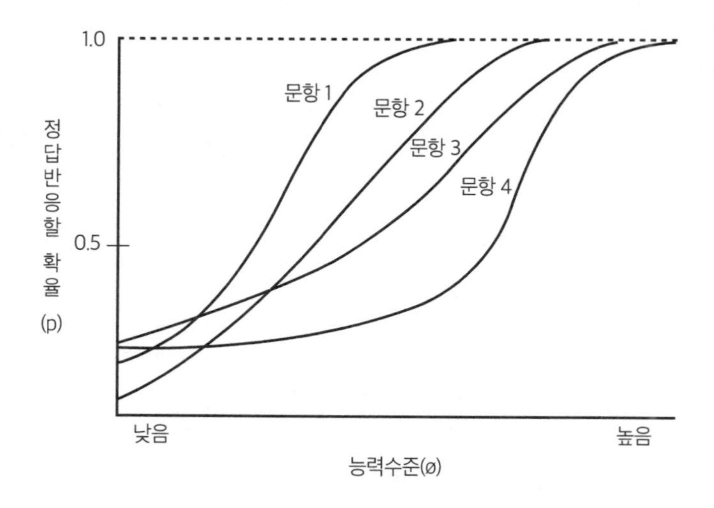

10. 평가의 양호도 : 타당도(충실히, 적절히)

1) 개념

① 검사점수가 사용 목적에 얼마나 부합하는가를 의미한다.

② 측정하고자 하는 특성을 검사점수가 얼마나 잘 나타내 주는지를 의미한다.

2) 내용타당도(Content Validity) - 검사내용에 기초한 근거

① 교수·학습과정에서 설정하였던 교육목표의 성취 여부를 묻는 학업성취도 검사의 타당성 검증을 위하여 내용타당도가 주로 사용된다.

② 학업성취도 검사에서 내용타당도를 증진시키기 위하여 내용요소와 행동요소로 나누어 **이원분류표**를 작성하는 것은 매우 중요하다. -검증방법-

③ **내용 전문가에 의해 검사가 측정하고자 하는 속성을 제대로 측정하고 있는지** 그리고 내용 영역을 얼마나 잘 대표하는지를 주관적으로 판단하게 한다.

3) 구인(성) 타당도(Construct Validity) : 내적 구조에 기초한 근거

① **한 검사가 어떤 심리적 개념이나 논리적 구인을 제대로 측정하는가를 검증**한다.

② 검사가 의도한 바의 특성을 측정하고 있는지에 대한 증거를 수집하는 과정

③ 예) **창의성**을 구성하는 구인은 **유창성, 융통성**, 상상력, 독창성, 정교성으로 규정하게 된다.

④ 타당도 증거를 수집하기 위해 요인분석 등 여러 통계적 방법이 사용된다.

4) 예언(측) 타당도(Predictive Validity) : 대학수학능력시험-학점

① 예언 타당도는 준거관련 타당도 중에 하나이며, 검사 도구가 수험자의 미래의 행동특성을 어느 정도 정확하게 예언하는지를 나타내는 지수를 말한다.

5) 공인 타당도(Concurrent Validity) : 토익, 텝스

① 기존에 타당성을 입증받고 있는 검사로부터 얻은 점수와의 관계를 통해서 검증되는 타당도

6) 결과 타당도(Consequential Validity) 인성검사 - 인성교육

① 타당도에 있어 중요한 점은 실시한 검사나 평가가 무엇을 위한 평가이고 어떠한 결과를 가져왔는지를 점검해 보는 것이다.

② 결과타당도란 검사나 평가를 실시하고 난 **결과에 대한 가치 판단**이다.

11. 평가의 양호도 : 신뢰도(정확, 일관성)

*** 2회 반복검사를 통한 신뢰도 추정**

1) 재검사 신뢰도(Test-Retest Reliability) : 한 검사를 동일한 집단에게 일정한 시간적 간격(2~4주)을 두고 두 번 실시하고 검사결과간의 상관계수로 신뢰도를 제시하는 방법이다.

2) 동형검사 신뢰도(Parallel-Form Reliability) : 동형검사 신뢰도는 두 개의 동형검사 도구를 제작하고, 이 두 검사 간의 상관계수를 산출하여 신뢰도를 나타내는 방법이다.

*** 1회 검사를 통한 신뢰도 추정**

3) 반분 신뢰도(Split-Half Reliability)

① 검사문항을 반으로 나누어 신뢰도를 추정한다. 두 부분의 점수 간의 상관계수를 산출하여 신뢰도를 나타내는 방법이다.

② 반분 신뢰도는 두 부분에 대한 신뢰도이지 전체 신뢰도가 아니기 때문에, **Spearmman-Brown 공식으로 교정**되어진다. **(문항 수 감소 : 신뢰도 계수 감소)**

4) 문항내적일관성 신뢰도

① 문항내적일관성 신뢰도는 검사도구의 **문항 하나하나를 독립된 하나의 검사도구로 간주**하여, 각 문항 간의 상관을 산출하고 그것을 종합하여서 신뢰도를 나타내는 방법이다.

② 종류는 **KR-20**(이분문항), **KR-21**(이분, 다분문항), **Hoyt**(이분, 다분문항), **Cronbach α**(이분문항, 다분문항)가 있다.

5) 신뢰도를 높이는 조건

① **양질의 문항 수를 증가**(곡선형 증가)

② 적절한 문항난이도

③ 높은 변별도

④ 시험 시간을 제한하지 않는 **역량 검사**

⑤ 내용타당도 고려

*** 함정피하기 ***

① 규준지향평가의 신뢰도에서는 원점수 자체의 의미가 중요하다. (X)

12. 평가의 양호도 : 타당도와 신뢰도, 객관도, 실용도

1) 신뢰도와 타당도의 관계

① 신뢰도는 타당도의 필요조건이다.

② 타당도는 신뢰도의 충분조건이다.

관계 표

관찰 점수		
진 점수		오차 점수
신뢰도 O		신뢰도 X
타당도 O	타당도 X	

2) 객관도(ohjectivity) : 평정자의 주관적인 편견을 얼마나 배제하였느냐의 문제다.

① **채점자내신뢰도**는 **한 채점자**가 모든 측정대상에 대하여 계속적으로 일관성 있게 측정하였는지를 나타낸다.

② **채점자간신뢰도**는 **한 채점자가 다른 채점자**와 얼마나 유사하게 평가하였느냐이다.

③ 채점자간 신뢰도와 채점자내 신뢰도가 낮게 추정되었다면, 관찰내용, 관찰방법, 분류방법, 점검표 등을 재확인하고 관찰자들에게 관찰훈련을 강화하여야 한다.

④ 채점자의 주관이나 편견의 영향을 줄이기 위해 채점기준을 미리 정해 놓아야 한다.

⑤ 답안 작성자에 대한 편견을 제거하기 위해 답안 작성자의 이름과 번호를 답안지와 분리해서 채점해야 한다.

⑥ 단독채점보다 다수의 평가자가 채점하여 평균 점수를 내는 것이 보다 바람직하다.

⑦ **채점의 신뢰도를 높이기 위해 답안지를 평가문항별로 채점**

3) 실용도(Usability)

① 실용도란 한 개의 **평가도구를 얼마나 시간과 노력을 적게 들이고 사용**할 수 있느냐 하는 검사도구의 경제성을 의미한다.

② 실시, 채점, 해석이 용이하고 활용가능해야 하며,

③ 비용이 적게 들어야 한다.

13. 연구방법론

1) 연구방법

① **양적 연구** : 숫자로 양화(量化)될 수 있는 자료를 사용해서 이루어지는 연구(예 : 통계자료)

② **질적 연구** : 자료가 질적인 경우(예 : 역사연구를 위한 서술적 기록물) 이를테면, 설문조사

	양적연구	질적연구
특징	원인을 통해 결과분석 처음 설정한 연구 가설은 연구 과정 중에 바꿀 수 없다.	과정중심, 인간 행동의 묘사(기술적) 연구자는 비통제적이며 유연한 사고와 자연스러운 태도를 유지
예	통계자료	설문조사, 기록문, 문화기술지 연구
장점	계량적 통계분석을 통한 객관성 확보	심도 있는 연구결과의 제시
단점	피상적인 연구결과의 제시	연구자의 주관적 판단에 심하게 의지함으로 인한 연구결과의 객관성 결여

2) 내적타당도 : internal validity) : **연구가 얼마나 인과관계를 명확하게 추론,** 즉 실험연구에서 독립변인 이외의 다른 변인들이 종속변인에 미치는 영향을 잘 통제하는 것

내적타당도 위협 요인	요약
피험자 선발	**실험집단과 통제집단의 동질성을 확보하지 않고 배치**
역사	**사전검사와 사후검사 사이에 종속 변인에 영향을 줄 수 있는 특수한 외적 사건**
성숙	**연구 기간 동안 연구 참여자들에게 일어날 수 있는 신체적, 정신적 변화**
통계적 회귀	극단적인 측정값으로 집단을 구성하였는데, 다음 측정에서는 처치와 관계없이 덜 극단적인 값이 나오는 것
(참여자) 탈락	참가자가 연구에서 탈락하여 처치의 영향을 알기 힘든 것
측정도구	**사전검사와 사후검사에서 사용한 검사도구(문항)가 달라지거나, 관찰자나 채점자의 변화로 인하여 실험에서 얻은 측정치에 변화가 생기는 것을 말한다.**
가산적 · 상호작용적 영향	내적타당도 위협 요인이 가산적 또는 상호작용적으로 작용하는 것

3) 외적타당도 위협

실험 연구에서 외적 타당도는 실험 결과를 다른 집단, 다른 장면, 다른 시기에도 일반화 할 수 있는 가능성을 의미한다.

14. 확률적 표집 방법의 유형 및 통계용어 I

1) 단순 무선 표집

① 모집단의 모든 구성원이 표본에 추출된 확률이 동일하고 하나의 구성원이 추출되는 사건이 다른 구성원이 추출되는 것에 영향을 주지 않는 독립적인 표집 방법
② 가장 기본적이고 널리 쓰이는 표집 방법
③ 추출 단위 전부에 같은 확률을 주어 추출하는 방법
④ 단순 무작위 추출, 확률 추출 : 제비뽑기

2) 유층 표집

① 모집단을 층의 비율에 따라 전집을 가장 대표할 수 있도록 표집하는 방법
② 하위 집단 내부는 균일하게 하위 집단 간은 불균일하게 분할
③ 하위 집단들의 특성 파악 용이
④ 하위 집단의 계층간 비교 가능
⑤ 계층정보에 의한 모집단 표집틀 제작으로 많은 시간 소모

3) 군집 표집

① 표집의 단위가 개인이나 요소가 아니라 집단
② 어떤 집단에 속한 사람들에게 묻는 것으로 집단 추출
③ 시간과 경비 절약, 비교적 간단한 작업
④ 많은 수의 군집을 표집해야 표집 오차가 작음
⑤ 대표 표집이 어려워 다른 통계치의 적용 곤란

4) 체계적 표집

① 모집단의 표집 목록에서 일정한 간격을 두고 연구대상을 추출하는 표집 방법
② 표집 목록에 일련번호를 부여한 후 한 빈호를 신성하고 K번째를 뛰어넘는 표집 방법
③ 모집단의 표집들이 무선적으로 배열되어 있지 않을 경우, 특정 집단이 상대적으로 많이 추출되어 모집단을 대표하지 못할 가능성

15. 확률적 표집 방법의 유형 및 통계용어 Ⅱ

5) 통계적 가설(statistical hypotheses)

① 모집단의 분포나 모수에 대한 확률적 의사결정을 가능하게 하는 잠정적 진술이다.

② 통계적 가설은 영가설과 대립가설로 구분된다.

6) 통계적 검증력(statistical power of a test)

① 통계적 검증력이란 영가설이 참이 아닐 때 이를 기각하는 확률이다.

7) 1종오류(type I error)

① 통계적 가설검정시 발생할 수 있는 두 가지(1종, 2종) 가능한 오류 중의 하나로,

② 연구자가 상정한 영가설이 실제로 참임에도 이를 기각할 확률이다.

8) 2종오류(type II error)

① 제2종 오류는 연구자가 실제로 거짓인 귀무가설을 기각하지 않는 결정을 말한다.

9) 유의수준(level of significance)

① 가설검증에서 귀무가설이 실제로 참일 때 귀무가설에 대한 판단의 오류수준(잘못 기각할 확률)을 말하며, 제1종 오류의 위험성을 부담할 최대 확률을 가설의 유의수준이라고 한다.

② 이는 가설을 검정할 때 보통 α로 나타내며, α는 일반적으로 표본을 추출하기 이전에 설정하여 표본에서 얻은 결과가 우리의 선택에 영향을 미치지 않도록 한다. 사회과학에서는 일반적으로 표본통계치가 나올 확률 p가 0.05 또는 0.01인 점을 유의수준으로 설정한다

16. 컴퓨터화 검사

1) 컴퓨터화 검사의 정의

① 컴퓨터를 이용한 모든 검사를 컴퓨터화 검사라 한다.

② 컴퓨터화 검사의 종류로는 지필검사의 종이와 연필 대신에 컴퓨터의 화면과 키보드를 사용하여 실시하는 검사인 **컴퓨터 이용검사**와 피험자의 개별능력에 따라 다음 문항을 선택하여 제시하는 개별적인 적응검사인 컴퓨터화 능력적응검사가 있다.

2) 컴퓨터화 능력적응검사

① 지금까지 시행되어 온 지필검사에서 개별검사와 집단검사는 검사의 목적을 동시에 만족시킬 수 없는 특성을 가지고 있다.

② 개별검사를 실시하면 피험자에게 적절한 문항만을 선택하여 검사를 치르고 피험자가 과제를 이해했는지 여부를 자세히 알 수 있는 반면, 검사환경의 동일성을 유지하고 비용을 절감할 수 있는 집단검사의 장점을 잃게 된다.

③ 이러한 이유로 집단검사가 현재 더 널리 사용되고 있지만 집단검사는 너무나 넓은 범위의 능력수준을 가정하고 있다는 문제점이 있다.

④ 컴퓨터화 능력적응검사는 지필검사와 같이 모든 피험자에게 동일한 순서에 의해 동일한 문항을 제시하는 것이 아니라, 사전에 구축된 문제은행에서 컴퓨터의 연산능력을 이용하여 피험자의 정답 여부에 따라 능력수준에 부합하는 난이도를 가진 문항을 선택하여 제시하는 과정을 반복함으로써 피험자의 능력을 추정하는 컴퓨터를 이용한 검사방법이다.

3) 장점

① 누구에게나 공정하고 정확한 검사결과를 얻을 수 있다.

② 피험자의 능력에 맞는 문제를 제시함으로써 동기를 유발시키고 사기를 진작시켜, 검사상황에서 유발되는 측정의 오차를 감소시킬 수 있다.

③ 효율적인 검사를 실시할 수 있기 때문에 검사에 소요되는 시간을 단축할 수 있으며, 검사 실시에 따르는 경비절감에도 기여한다.

④ 개인마다 다른 형태의 검사를 시행함으로써 검사 도중에 발생하는 부정행위를 방지할 수 있다.

⑤ 검사문항 내용에 대한 정보유출의 가능성을 최소화시킬 수 있다.

MEMO

Ⅵ. 교육행정

기본				23	22	21	20	19	18	17	16	15	14	13	12	11	10
교육행정	이해	개념과 기능		●			●						●			●	
		행정원리			*	*				*	●	*	●	●	●		
		발달	관료제					●	●			●	●				
			과학적 관리론		●						*						
			인간관계			●											
			인적자원												●		
			행동과학론														
			체제론											*			
	조직	봉사조직	칼슨				*										●
		순응의 구조	에치오니														
	학교풍토	학교문화			●												
	학교조직	조직화된무정부			*	●										●	
		이완결합			*							●					
		이중조직			*												
	동기	내용		●*		●		*					*	●			
		과정				*		*						●			
	리더십	상황				●		●							●	●	
		변혁적			●		*				*						
		분산적		●													
	의사결정	모형		*	●		●						●*				
	갈등론											*					
	장학	개념					●										
		유형				*	*		●*		●				●		
	학교운영위원회			●					●	*		●					●

● : 국가직 * : 지방직

1. 교육행정의 개념과 기능 및 특성

1) 교육행정의 개념

① **국가통치권론(국가공권설)** : '교육에 관한 행정'으로 교육행정이 일반 행정의 한 영역으로 간주되기 때문에 안정성이 있는 반면 중앙집권적인 형태를 띠고, 교육의 전문성과 특수성을 반영하기 어려움

② **조건정비설(기능주의론)** : 교수와 학습의 인적·물적·재정적 제반 조건을 정비

③ 협동행위론 : 여러 사람의 협동행위로 보는 견해

④ 행정과정론 : 순환적인 행정과정의 경로 속에서 행정가가 실제 수행하는 일련의 기능

2) 교육행정의 기능

① 기획(planning) : 미래를 예측하고 행동계획을 수립하는 일 예) 교육기획, 학교기획

② 조직(organizing) : 인적·물적 자원을 조직하고 체계화하는 일 예) 학교조직, 관료제

③ 명령(commanding) : 구성원으로 하여금 과업을 수행하도록 하는 일 예) 변혁적리더십

④ 조정(coordinating) : 모든 활동을 통합하고 상호 조정하는 일 예) 의사소통, 갈등조정

⑤ 통제(controlling) : 정해진 규칙과 명령에 따라 확인하는 일 예) 장학, 재정관리

구분	교육에 관한 행정	교육을 위한 행정
관점	행정영역 구분설, 법규해석적 정의, 국가공권설, 국가 통치권론	기능주의설(기능적 접근), 조건정비론(조건정비적 접근)
입장	**교육행정은 국가 행정기능의 일부이다.**	**교육행정은 교육을 위한 것이어야 한다.**
강조점	**교육보다 '행정'을 중시**	**행정보다 '교육' 그 자체를 중시**
장점	**• 행정의 종합성·효율성·능률성 추구**	**• 교육의 자주성·전문성 정치적 중립성**
문제점	• 관리와 통제 위주로 인한 행정편의주의 • 교육의 자율성·다양성·수월성 경시 • 교육행정의 특수성·전문성 간과	• 행정적 가치 경시로 인한 제도의 비능률성 • 인적·물적 자원 운용의 비능률성

3) 교육행정의 특성

① 봉사적 : 교사의 심장이 학생의 가슴 속에서 뛰듯 행정을 담당하는 사람의 마음은 국민에게 있어야.

② 정치적 : 무상급식의 시행, 고교평준화의 유지와 해제 등의 사회적 이슈가 되는 교육현안들은 교육적 가치와 교육논리만으로 해결하기 어려워 정치적 결정에 의지하는 경우가 많다.

③ 민주적 : 교육행정은 조직, 인사, 내용, 운영 등에서의 자율성과 민주성을 중요시한다. (정책결정 과정에서 국민의 참여, 학교운영위원회를 통한 참여)

2. 행정원리

1) **민주성의 원리** : 교육행정이 민주성의 원리에 따라야 한다는 것은 **국민의 의사를 행정에 반영**하고 국민을 위한 행정을 해야 한다는 것을 의미한다.
예) **다양한 구성원들의 의사를 반영하기 위해 위원회, 협의회 등을 둔다.**

2) **효율성의 원리** : 행정활동에서 최소한의 인적·물적 자원과 시간을 들여서 최대의 성과를 거두는 것을 의미한다.

3) **합법성의 원리(법률주의의 원리)** : 합법성의 원리는 교육행정의 모든 활동이 합법적으로 개정된 법령 규칙 조례등에 따라야 하는 법률 적합성을 가져야 한다는 것을 의미한다.

4) **기회균등의 원리** : 이 원리는 민주주의의 기본 원리로서, 특히 교육행정에 있어서 가장 강력하게 요청되는 원리다. 「헌법」제31조 제1항은 '모든 국민은 능력에 따라 균등하게 교육받을 권리를 가진다.'고 규정하여 교육권을 기본권의 하나로 규정하고 있다.

5) **지방분권의 원리** : 교육은 외부의 부당한 지배를 받지 않고, 주민의 적극적인 참여와 그 지역주민의 공정한 통제에 의해 실시되어야 한다. 이러한 당위성을 제도화한 것이 바로 교육 자치제다.
(주의! 적도집권의 원리 : 교육부와 교육청과의 조화)

6) **자주성의 원리** : 자주성의 원리는 **교육이 그 본질을 추구**하기 위하여 일반행정에서 분리 독립되고 정치와 종교로부터 **중립성을 유지**해야 한다는 것이다.

7) **안정성의 원리** : 안정성의 원리는 일단 국민적 합의과정을 거쳐 수립·시행되는 교육정책이나 프로그램은 장기적인 안목에서 계속성과 일관성을 유지해야 한다는 것이다.

8) **전문성 보장의 원리** : 교육행정은 교육을 위한 행정이므로 교육활동의 본질을 이해하고, 교육의 특수성을 체험적으로 인식하고, 교육행정에 관한 이론과 기술을 습득한, 충분한 훈련을 쌓은 전문가가 담당하여야 한다는 것이다.

3. 교육행정 이론의 발달 순서 1 : 과학적 관리, 관료제

1) 교육행정 이론의 발달

이론		시기	대표학자와 이론	패러다임
고전 이론	과학적 관리론	1910~	Taylor, 과학적 관리의 원칙 Bobbit, 교육행정의 원리**(교육과정)**	학교조사를 통한 실제개선
	관료제론	1930~	Weber, 관료제론, 권위의 유형 Abbott, Bidwell, 관료제와 학교조직	
인간관계론		1930~	Follet, 조직심리 연구 Mayo & Roethlisberger, 호손실험	민주적 행동원리 도입 및 행동처방
행동과학론		1950~	Barnard, 행정가의 기능 Simon, 행정가의 행동	구조기능적 패러다임
체제적 관점		1960~	Getzels & Guba, 사회과정 모형	체제적

2) 과학적 관리론 (Taylor)

① 교원의 성과에 따라 보수를 차등적으로 지급한다.

② 학교관리에 있어 비용편익의 효율성을 강조한다.

3) 관료제론(bureaucracy) : 베버(Weber), **합법적** 권위

관료제의 특징	순기능	역기능
분업과 전문화	빠르고 숙련된 업무처리(전문성)	단조함으로 인한 권태감
몰인정지향성	조직운영의 합리성	구성원의 사기 저하
권위의 위계	조직통솔과 기강확립	의사소통 단절
규율과 규정	조직의 계속성과 통일성	경직성과 목표와 수단 전도
경력 지향	안정적인 업무수행, 유인책	성취와 연공서열 간의 갈등

*** 전문적 관료제의 구조이론 : 민츠버그Mintzberg ***

기술의 표준화를 조정 기제로 하는 조직이다. 현업핵심계층이 조직의 핵심적인 부분이 되며, 실무전문가들의 기술과 지식에 의존하는 조직이다. 분권화되고 이완된 형태를 띤다. **전문가 조직이나 체계화된 대규모 학교** 등에서 나타난다.

① 조직의 주요 부분은 핵심 작업층이다.

② 조직의 주요 조정 기제는 기술의 표준화이다.

4. 교육행정 이론의 발달 순서 2 : 인간관계론

1) 인간관계론 : 과학적 관리론의 반작용(인간에 대한 관심:Mayo의 호손실험)

① 학교 내의 비공식 조직의 중요성을 인정하고 이들과 협력한다.

② 학생들이 스스로 학습에 재미를 느끼고 공부할 수 있는 환경을 조성한다.

2) 인간관계론이 교육행정에 준 영향

① 교육행정의 과정에서 교사의 참여를 중시한다.

② 교장의 비억압적이고 비지시적인 지도력을 강조한다.

③ 교육행정의 과정에서 명령, 지시보다는 동기유발, 직무만족감 증진 등이 강조된다.

	공식 조직	비공식 조직
본질적 성격	인위적, 공식적	자연발생적, 비공식적
수명	제한적	비제한적
개념	권위와 책임	권력과 정치
기본 초점	직위, 외재적	사람, 내면적
권력 근원	행정가 위임	집단이 부여
행위 지침	분명, 규칙과 정책	불분명, 배후에 존재
운영	능률의 논리	감정의 논리

3) 인간자원론

① 인간관계론은 인간관계(human relations)와 인적자원(human resources) 형태로 분화되어 발달되었으며, 인간관계론의 이론적인 성장은 인적자원론으로 이어진다.

② 인간관계론에서 주장하는 사회적 욕구가 중요한 것은 분명하지만, 인적자원론에서 강조되는 것은 성장과 도전을 위한 개인의 역량이다.

③ 조직적 책무성 중대, 조직목표의 성취에서 좀 더 개인의 내적인 만족에 관한 욕구로 변화되고 있음을 시사하고 있다(Sergiovanni & Staatt, 1979).

4) 인간관계장학 과 인간자원장학

<table>
<tr><td>관계</td><td rowspan="2">공동의사결정의 채택</td><td>교사의 만족감 증대</td><td>학교의 효과성 증대</td></tr>
<tr><td>자원</td><td>학교의 효과성 증대</td><td>교사의 만족감 증대</td></tr>
</table>

5. 교육행정 이론의 발달 순서 3 : 행동과학이론

1) 행동과학론 : 통합의 관점

① **과학적 관리론과 인간관계론의 관점을 통합해** 보려는 시도가 나타나기 시작하였다.

② 행동과학적 접근은 사회과학자들의 주도로 학문적 발전을 이루었으며, 사회과학적 관점으로 명명되기도 한다. 또한 인간관계론에서 발전된 인적자원론의 확장된 이론으로 이해할 수 있다.

③ 개인이 자신의 욕구를 충족시키기 위해 조직을 이용하는 과정과 동시에 조직의 요구를 성취하기 위해 개인들을 이용하는 과정이 곧 융합의 과정이며, 이러한 융합의 과정에서 리더는 최대한의 목적을 실현할 수 있는 방식으로 융합시키는 역할을 해야 하는 것이다.

6. 게첼스와 구바(Getzels & Guba)의 사회과정모형에서 개인과 조직적 차원의 특징

1) 체제이론

① 학교 구성원들은 **역할과 인성의 상호작용**을 통해 행동한다.

② 학교는 지역사회의 **가치, 정치 및 역사 등에 의해 영향**을 받는다.

③ 학교의 주요 목적은 학생들에게 성인의 역할을 하도록 준비시키는 것이다.

④ 학교 구성원들의 적절한 행동은 공식적 규칙과 비공식적 규범에 의해 이루어진다.

⑤ 인간의 행동은 사회조건들로 이루어진 조직적 차원과 개인의 인성적 특성으로 이루어진 심리적 차원의 기능적 관계에서 나타난다.

⑥ 심리적 차원 : 인성이란 그 사람의 행위에 영향을 주는 일련의 특이한 욕구성향을 의미

⑦ 조직적 차원 : 개인의 행동이 사회규범에 순응하도록 하는 것이며, 그 구성요소는 제도, 역할, 그리고 행동에 대한 역할기대이다.

2) 개인적 차원의 특징 : 인성, 욕구 성향

① 독립된 인격체로서의 개인은 자신의 행위를 **자신만의 고유한 인성과 욕구성향에 따라 결정**할 수 있다.

② 욕구성향은 개인의 선호도·관심·태도 등 행위를 결정하는 잠재적 요인으로 작용한다.

3) 조직적 차원의 특징 : 역할, 역할기대

① 조직원으로서의 개인은 조직 내에서 역할을 부여받게 되며, **역할 기대에 부응하여 자신의 행위를 결정**하게 된다.

② 이렇게 조직 내 역할 및 역할기대에 부응하여 표출된 행위는 조작의 효과성(effectiveness) 수준을 나타낸다.

4) 역할과 인성 모형에서 군대조직과 예술조직의 특징

① **군대조직**에 속한 개인은 주로 자신에게 주어진 **역할에 의존**해 자신의 행위를 결정

② **예술가 조직**에 속한 사람은 주로 자신의 **인성에 의존**해 행동하게 된다는 것이다.

5) 학교조직에 주는 시사점

학교조직역할과 인성 간의 상호작용 관계를 조화롭게 적용한다.

*** 함정피하기 ***
학교조직이 위기상황에 처하게 되면 역할보다 인성의 지배를 더 많이 받는다. (X)

7. Carlson의 봉사조직(service organization) 유형 : 조직과 고객 '선택'에 의한 분류

		고객의 참여 결정권	
		유	무
조직의 고객 선택권	유	유형 I (야생 조직)	유형 III(강압 조직)
	무	유형 II (적응 조직)	**유형 IV(온상 조직)**

온상 조직(사육 조직) : 공립학교처럼 조직이 그 조직에 들어오는 사람을 통제할 수 없고,조직의 고객도 그 조직에 참여하는 것을 스스로 선택할 수 없는 조직

8. Etzioni의 순응의 구조(compliance structure) 유형

① **강제조직**(coercive organization): 구성원에 대한 통제수단으로 **물리적 제재나 위협**이 사용되며, 구성원들은 억지로 참여하는 형태다. **교도소**, 정신병원 같은 조직, 질서유지를 가장 중시하는 조직
② **공리조직**(utilitarian organization): 지배적인 권력수단은 **물질적 보상**이며, 이에 대해 구성원들은 이해 타산적으로 참여하는 형태다. 대부분의 **기업**이 여기에 해당하며, **이윤추구**를 주 목적
③ **규범조직**(normative organization): 법규나 사회적 규범이 권력의 원천으로 사용되어 구성원들의 **헌신적인 참여**를 유도하는 조직이다. **종교단체, 학교**

Etzioni 분류에 따른 조직의 유형론

통제수준	소외적 참여	타산적 참여	도덕적 참여
강제적	강제적 조직(1군대)		
보상적		공리적 조직(2회사)	
규범적			**규범적 조직(3학교)**

9. 학교조직 : 조직화된 무정부, 이완결합체제, 이중조직

1) 조직화된 무정부로서의 학교(organizational anarchies) : Cohen, March와 Olsen

① **학교 구성원들의 참여가 유동적이고 간헐적이다.**

② 교육 조직의 목적은 구체적이지도 명료하지도 않다.

③ 학교운영 기술뿐만 아니라 교수학습 기술이 분명하지 않다.

④ 대학을 대상으로 연구한 결과에 기반, 주로 고등교육조직을 설명할 때 많이 활용

⑤ 의사결정이 주먹구구식으로 이루어진다고 하여 **쓰레기통(garbage can)** 모형이라고 한다.

2) 이완결합체제(loosely coupled system)로서의 학교 : 웨익(K. E. Weick)

① 교원의 직무수행에 대한 엄격하고 분명한 감독이나 평가방법이 없다.

② 교사들의 가치관과 신념, 전문적 지식, 문화·사회적 배경에 따라 교육내용에 대한 해석이나 교수방법이 다르다.

③ 체제나 조직 내의 참여자에게 보다 많은 **자유재량권과 자기결정권을 제공**한다.

④ 조직의 효율적인 운영을 위해서는 신뢰의 원칙이 중요하다.

⑤ 이질적이거나 성격이 다른 요소들이 공존하며 상호간에 영향력이 약하다.

⑥ **마이어(Meyer)와 로완(Rowan)은 학교조직의 이완결합성이 관료적 규범이 아니라 신뢰의 논리를 따라 활동한다고 주장하였다.**

3) 이중조직으로서의 학교

① '이완결합' 이라는 개념만으로 학교조직의 특성을 충분히 설명 하기는 어렵다고 주장하면서 '이중조직' 이라는 개념을 제시하였다.

② 학교는 느슨하게 결합된 측면도 있지만, 한편으로 엄격한 관료제적 특성이 분명히 존재하고 있다는 것이다.

③ 교사가 수행하는 수업 외적 활동, 즉 인사관리, 학생관리, 시설관리, 재무관리 등에서는 학교 행정가와 교사가 보다 엄격한 결합을 맺고 있다.

④ 따라서 학교는 **수업과 관련해서는 느슨한 결합구조**를 갖지만, **행정관리라는 보편적 조직관리 측면에서는 엄격한 결합구조**를 갖는 이중적 측면이 있다.

10. 동기 : 내용

1) 동기 내용이론의 관계

<table>
<tr><th rowspan="11">고차원 욕구
↕
기본적 욕구</th><th>Alderfer</th><th>Maslow</th><th>Herzberg</th><th rowspan="11">내적 동기
↕
외적 동기</th></tr>
<tr><td rowspan="3">성장</td><td rowspan="2">자아실현</td><td rowspan="5">동기</td></tr>
<tr></tr>
<tr><td rowspan="2">존경</td></tr>
<tr><td rowspan="4">관계</td></tr>
<tr><td rowspan="2">사회적</td></tr>
<tr><td rowspan="5">위생</td></tr>
<tr><td rowspan="2">안전</td></tr>
<tr><td rowspan="3">생존</td></tr>
<tr><td rowspan="2">생리적</td></tr>
<tr></tr>
</table>

2) 동기-위생이론(motivation-hygiene theory) : Herzberg

동기요인(만족)		위생요인(불만족)
만족도가 높아지며 그때 성과가 높아지게 하는 요인		불만족은 줄이지만 만족도를 높이지는 못하는 요인
직무 자체나 개인의 정신적/심리적요인		직무외적 요인
성취감, 책임감, 재량권, **학생의 존경** 칭찬이나 인정받을 기회		**보수**, 근무조건, 기술적 감독, 지위 **동료관계**, 직장의 안정성

3) 맥그리거(McGregor)의 X-Y이론

① **X이론**은 고전적 인간관, **성악설**에 해당하는 것으로 권위주의 경영관리방식인 엄격한 감독

② **Y이론**은 **성선설**에 해당하며 인간을 자아 실현적 존재

4) 아지리스(Argyris)의 성숙-미성숙이론

① 미성숙-성숙이론은 X-Y이론과 연관된 것으로, X이론적 바탕의 관료적이고 전통적인 조직에서는 인간을 미성숙한 존재로 가정한다.

② 이러한 조직에서는 강압적 관리전략을 사용하여 개인의 성숙을 방해하고, 수동적이고 의존적인 행동을 장려하여 미성숙한 존재로 남게 한다.

③ **반면에 Y이론에 바탕을 둔 인간적인 조직에서는 조직구성원을 자발성, 책임감 목표지향성을 지닌 성숙한 인간을 가정한다.**

11. 동기 : 과정 1

1) Vroom의 기대이론

사람은 사고와 이성을 지닌 존재로 자신의 행동의 **결과**가 가져다 주는 **보상**에 대한 **기대와 가치**를 주관적으로 평가하여 행동을 선택한다고 보았다.

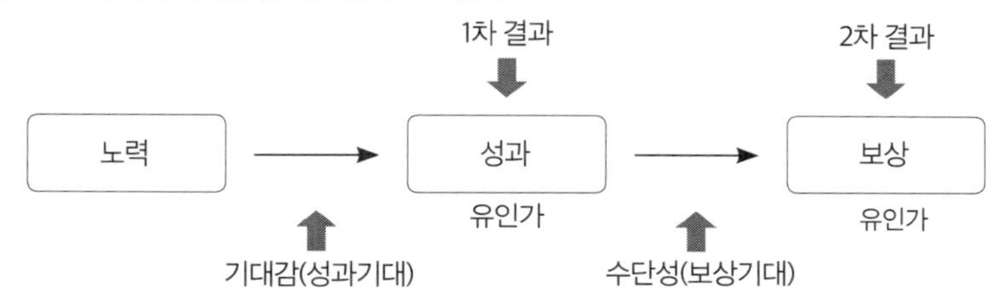

2) Porter와 Lawler의 성취-만족이론

① **노력**(effect)은 업무과정에서 발휘되는 조직구성원의 에너지를 의미한다. 노력의 크기와 양은 보상의 가치 및 기대감에 따라 달라질 수 있다.

② **성과**(performance)는 조직의 목적 달성을 위한 업무 실행정도로서, 구성원의 노력, 능력, 특성, 역할지각 등에 의해 결정된다. 아무리 노력을 해도 기본적인 능력이 안된다면 높은 업무실적을 기대할 수 없다는 것이다.

③ **보상**(rewards)은 개인의 업무 성과에 부여되는 대가로서 내재적 보상과 외재적 보상으로 나눌 수 있다. 내재적 보상은 정서안정, 자아실현, 성장욕구 등이고, 외재적 보상은 보수, 승진, 지위, 안전 등의 조직적인 강화요인이다.

④ **만족감**(satisfaction)은 보상에 대한 개인의 욕구충족의 정도를 말한다.

12. 동기 : 과정 2

1) 공정성이론 : Adams

① 공정성이론은 **개인이 타인에 비해 얼마나 공정한 대우를 받고 있다고 느끼는가**에 초점을 맞춘 이론이다. 투입-성과 비율이 자신과 타인이 동등하다고 느낄 때 조직구성원은 공정한 거래를 하고 있다고 느끼고, 직무에 대한 만족감을 느끼게 된다.

② 공정성이론에 따르면 **과대보상과 과소보상은 모두 불공정성을 자극한다**. 즉, 조직구성원들은 부족한 보상에 불만족을 느끼고, 과도한 보상에 대해서 부담감을 지각하게 된다는 것이다. 따라서 불공정한 거래를 하고 있다고 느낄 때에는 직무에 불만족감을 갖고 공정성을 회복하기 위한 행동을 선택하게 된다.

2) 로크(Locke)의 목표설정이론(goal setting theory)

① 내적인 욕구보다 외부에서 명확한 목표가 설정될 때 더 강한 동기유발이 된다는 것을 전제한다.

② 쉬운 목표보다 높은 수준의 과업수행을 가져오며, 구체적이고 어려운 목표는 애매한 목표보다 더 높은 수준의 과업수행을 가져온다.

13. 리더십(지도성 상황이론)과 의사결정 모형

1) 상황적응 지도성이론 : 피들러(F. Fiedler)

① 효과적인 지도성이란 상황에 따라서 달라질 수 있다.

② 조직의 효과성은 지도자와 그가 지도성을 발휘하는데 **상황의 호의성**여부가 어떻게 결합되느냐에 따라 좌우된다.

③ 상황의 호의성은 **지도자 구성원 관계**(**양호**>불량), **과업구조화**(구조적<**비구조적**), 지도자 지위권력(강<약) 등 세 가지 요인에 의해 영향을 받는다.

2) 상황적 지도성이론 : 허시(Hersey)와 블랜차드(Blanchard)

① 지도자의 행동은 사회적 맥락에 따라 유동적이고 지도성의 효과도 다르다.

② 조직구성원의 **성숙 수준을 고려**하여 효과적인 지도성 유형을 제시하였다.

③ 기본적인 지도성 행동에는 성숙도의 수준에 따라서 **지시형**(설명형), **지도형**(설득형), **지원형**(참여형) 그리고 **위임형** 등이 있다.

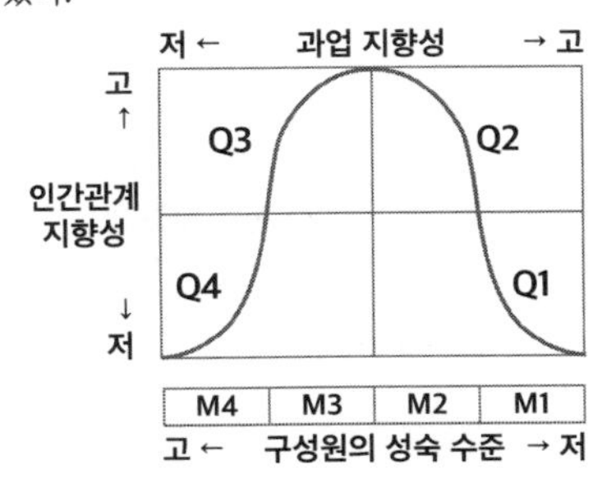

3) Bridges의 참여적 의사결정 : Bridges(1967)

① Bridges(1967)는 **의사결정에 구성원을 참여시키는 기준을 제시**하였다.

② 참여의 문제는 어떤 문제에 대한 의사결정이 조직 구성원들에 의해 기꺼이 받아들이는 '수용영역' 에 있느냐 아니면 수용영역 밖에 있느냐와 밀접한 관련이 있다.

③ **수용영역**이란 구성원이 상급자의 의사결정을 의심 없이 기꺼이 받아들이는 영역이다.

④ 구성원들의 적절성(이해관계)과 전문성(능력)을 검토해 보면 그들이 그 영역 안에 있는지, 밖에 있는지 알 수 있다고 했다.

⑤ 따라서 조직구성원을 참여시킬 것이냐의 여부는 다음의 두 가지 준거를 기초로 결정

㉠ **'적절성'** (구성원들이 그 결정에 대하여 높은 **개인적 이해관계**를 가지고 있는가)

㉡ **'전문성'** (구성원들이 결정에 기여할 수 있는 **충분한 지식과 경험**을 갖고 있는가)

14. 변혁적 지도성(transforming leadership)

1) Bass(1985)는 변혁적 지도성의 핵심적 요소 네 가지 요인

① **이상화된 영향력(icealized influence)** : 구성원으로부터 신뢰와 존경을 받고 동일시와 모방의 대상이 되어 이상적인 영향력을 행사한다.

② **영감적 동기화(inspirational motivation)** : 구성원들로 하여금 조직의 과업이 달성되고 발전할 수 있다는 기대와 도전감을 갖도록 하며, 비전을 공유하도록 구성원을 동기화 시킨다.

③ **지적 자극(intellecnual stimulation)** : 기존 상황에 대해 새롭고 개방적인 방식으로 접근함으로써 구성원들이 혁신적이 되고 창의적이 되도록 자극한다.

④ **개별화된 배려(individualized consiceration)** : 구성원들의 개인적 성장 욕구에 관심을 보이며, 지원적분위기에서 학습기회를 제공하여 그들의 잠재력을 발전시키고자 한다.

의사결정의 주요 모형

	합리	만족	점증	혼합	쓰레기
학자	리츠(Reitz)	사이먼(Simon) 마치(March)	린드블룸 (Lindbloom)	에치오니 (Etzioni)	코헨(Cohen) 마치(March) 올센(Olsen)
특징	모든 대안 중 최선의 대안 모색	현실적으로 만족할 만한 해결책	기존정책보다 약간 개선된(점증된)	합리+점증	문제의 우연한 해결
비고	실현 불가능 (비현실적)	주관적 합리성 추구	소극적 제거		조직화된 무질서를 전제

15. 그 외의 지도성

1) 카리스마적 지도성 : 베버(Weber, 1947)

① 카리스마는 기적을 행하거나 미래의 사건을 예언할 수 있는 능력과 같이 하늘이 부여한 재능이라는 의미를 가진 희랍어다.

② 베버는 카리스마를 지도자가 발휘하는 비범한 특징에 대하여 추종자가 인식하는 지도자의 영향력의 형태로 보았다.

2) 문화적 지도성 : 서지오바니(Sergiovanni)

① 지도자가 조직문화에 관심을 가지고 조직문화에 변화를 꾀하여 조직의 효과성을 개선해 나가려는 지도성이다.

② 학교차원에서 문화적 지도성은 독특한 학교 문화를 창출하는 데에서 나오는 지도성이다.

3) 도덕적 지도성 : 서지오바니(Sergiovanni)

① 지도자의 개인적인 자질에 기반을 둔 영향력으로 타인으로부터의 존경이나 동일시 대상으로서 구성원에게 영향을 미치게 되는 지도성을 말한다.

② 학교장은 학교경영의 지도자로서 모든 영역에서 도덕적인 행위자 인식의 역할을 다함으로써 도덕적인 학교를 만들어 나갈 수 있다.

4) 초우량 지도성 : 만즈(Mans)와 심스(Sims)

① **조직의 지도자가 구성원 개개인을 지도자로 성장. 변화시키는 지도성**이다.

② 슈퍼 지도성은 조직 구성원 각자가 스스로를 통제하고 자신의 삶에 진정한 주인이 될 수 있도록 자율적 지도성을 계발하는 데 중점을 두는 지도성의 개념이라 할 수 있다.

5) 감성 지도성 : 골만(Goleman)

① 지도자의 감성능력은 자기 자신과 주변과의 인간관계를 효과적으로 관리하는 능력

② 자기인식, 자기관리, 사회인식, 사회적 기술 등의 영역으로 나눔

③ 감성 지도성의 구성요인은 개인역량과 사회적 역량으로 나뉜다.

16. 의사결정에 관한 관점

구분	합리적 관점	참여적 관점	정치적 관점	우연적 관점
중심개념	목표 달성을 극대화하는 선택	합의에 의한 선택	협상에 의한 선택	선택은 우연적 결과
의사결정의 목적	조직목표 달성	조직목표 달성	이해집단의 목표달성	상징적 의미의 목표달성
적합한 조직형태	관료제, 중앙 집권적 조직	전문적 조직	대립된 이해가 존재하고 협상이 용이한 조직	달성한 목표가 분명하지 않은 조직
조직환경	폐쇄체제	폐쇄체제	개방체제	개방체제
특징	규범적	규범적	기술적	기술적

17. 교육기획의 접근방법

1) **사회수요접근법** : 국민이 교육받을 수요가 얼마나 되느냐에 기초하여 교육기획을 수립하는 방법으로 일명 교육수요접근법이라 한다.

2) **인력수요접근법** : 일정한 시점에서 소요되는 인력을 추정하여 교육계획을 수립하는 접근방법이다. 장래 일정한 시점에 산업부문별로 얼마의 인력이 필요한가를 추정하여 계획을 세우는 방법으로, 이를 위해서는 미래의 경제규모, 산업부문의 발전 정도 등이 먼저 추정되어야 한다.

3) **수익률접근법** : 교육에 대한 투자의 효율성을 분석하는 접근법으로 교육에 대한 투자와 이의 성과를 측정하는 방법이다. 교육에 대한 투입에 비하여 교육으로 인하여 발생하는 산출이 많고 적음을 밝혀 교육투자의 경제적 효과를 측정하고자 하는 접근방법이다.

4) **국제비교에 의한 접근법** : 국가의 교육계획을 수립하면서 타 국가의 교육계획을 참고하는 방법이다. 보편적으로 후발국이 발전된 나라의 교육계획을 모방하나, 경우에 따라서는 발전된 나라가 후발국의 교육계획을 참고하기도 한다.

18. 의사결정모형

1) 합리모형 (rational model) : 리츠(Reitz)

① 모든 대안을 포괄적으로 탐색 평가하여 조직의 목표와 목적의 달성을 극대화할 수 있는 **가장 합리적인 대안**을 선택할 수 있다고 보는 입장이다.

② 너무 이상적이고 비현실적인 모형이라고 평가

2) 만족모형(satisfying model) : 시몬(Simon)

① **인간이 가지는 한계를 인식**하고 인간의 사회심리적인 측면을 고려하여 의사결정 시 **최적의 대안을 선택하기보다는 만족할 만한 대안**을 선택한다는 것을 강조하는 모형이다.

② 혁신 또는 창의적인 문제해결방안을 기대하기가 어렵다.

3) 점증모형(incremental model) : 린드블룸Lindblom

① 의사결정 시 **현실을 긍정하고 이전의 상태보다 다소 향상된 대안**을 추구하는 모형

② 보수적이고 소극적이라는 비판을 받고 있다.

4) 혼합모형 = 합리 + 점증

① 혼합모형은 합리모형과 점증모형의 약점을 보완하여 전자의 이성적 요소와 후자의 현실적·보수적 특성을 적절히 혼합해 의사결정이 이루어진다고 보는 입장

5) 최적 모형 : 드로어(Dror)

① 정책 결정이 합리성에만 근거해서 이루어지는 것은 아니며, 때때로 직관 등 초합리성이 개입되어 이루어짐을 주장한 모형이다.

6) 쓰레기통모형 : Cohen, March, 조직화된 무질서(무정부)

① 학교 조직의 의사결정은 다양한 문제와 해결 방안들 사이의 혼란스러운 상호작용 속에서 비합리적이고 **우연적** 방식으로 이루어진다.

② 조직의 목적은 사전에 설정되는 것이 아니라 **자연스럽게** 나타난다.

③ 문제와 해결책이 조화를 이룰 때 좋은 의사결정이 이루어진다.

④ 조직의 목적은 사전에 설정되는 것이 아니라 자연스럽게 나타난다.

⑤ 높은 불확실성을 경험하고 있는 조직에서 가장 많이 일어나는 정책결정 모형이다.

19. 갈등론

1) 갈등상황 : 갈등을 야기할 수 있는 조직 내의 상황 또는 조건이다.

2) 갈등의 순기능

① 유익한 갈등은 조직의 생존과 성공에 필요한 쇄신적 변동을 야기하는 원동력이 된다.
② 유익한 갈등은 행동 주체의 정체성 인식을 돕고 자기반성의 기회를 제공한다.

3) 갈등의 역기능

① 해로운 갈등은 조직의 목표를 성취하는 데 필요한 협동적 노력을 좌절시킨다.
② 조직 구성원의 사기를 떨어뜨리고 낭비를 초래한다.

4) 토마스(K. Thomas)의 협상전략 유형 : 수용, 경쟁, 타협

- **경쟁적 전략** : 협상의 가치를 최대화하려는 데 목표를 둔다. 이것은 적극적 전략으로써 상대방의 원망과 분노를 초래하는 승패 상황의 경우다. 따라서 각 개인이나 조직 등 갈등당사자들은 **자신의 승리를 위해 자신의 권력기반을 이용**한다. 경쟁은 상대방의 희생으로 자신의 관심사를 충족시키고자 하는 전략이다.
- **협력적 전략** : 협상의 가치를 최대화함과 동시에 상대방과의 관계로 쌍방의 관심을 모두 만족시키려는 접근이다. 협상 쌍방이 모두 이득을 얻게 되는 **쌍방승리(win-win)**의 경우가 된다.
- **타협적 전략** : 각 당사자가 다소 불만이 있으나 차선으로 상호 의견일치에 도달하고자 하는 접근이다. 이는 **자신과 상대방이 모두 최적은 아니지만 서로 간에 만족**을 얻을 수 있는 방법이다.
- **수용적 전략** : 협상자가 성과보다 관계적 성과를 더 중요시할 때 적절하다. 이러한 방식은 **상대방을 이길 수 없을 때** 내일을 기약하는 전략이다.
- **회피적 전략** : 수많은 전략적 협상목적의 달성을 위하여 사용되며, 주로 **자신과 상대방 모두를 무시**함으로써 갈등으로부터 탈피하고자 하는 방식이다. 어떠한 형태로든 갈등을 해결하려고 하지 않는 접근이다.

높음 (독단성) 낮음	강제		협력
		타협	
	회피		양보
	낮음	(협조성)	높음

20. 장학 1

1) 장학의 이해

① 장학의 궁극적인 목적은 수업개선에 있으며, 이 목적을 달성하기 위하여 수업, 교육과정, 인간관계, 경영, 행정. 지도성, 이념적, 기능적 법규적 접근 등 여러 가지 접근을 하고 있는 것이다.

② 가장 높은 계선 조직인 교육부는 보다 정책적인 측면에 초점을 맞춘 장학을 담당하고 학교현장에서는 보다 수업적 측면에 초점을 맞춘 장학을 함으로써 수업 개선을 통해 교육의 질을 향상시키고자 하는 것이 장학의 본질이라고 할 수 있다.

③ 다시 말해, **장학은 '수업활동 개선을 위한 모든 지원적 활동'** 이라고 정의할 수 있다. 다만 실제 교육현장에서 기존의 관료적 장학행정에서 벗어나 수업적 측면에 초점을 맞춘 장학활동을 펼칠 때 장학의 본질을 실현할 수 있을 것으로 보인다.

2) 장학 개념의 변화

① **관리 장학 시대(1750~1930년)** : 이 시기의 장학은 근본적으로 행정의 연장으로 보이며, 권위주의적이고 강제적인 방법으로 장학이 이루어졌다.

② **협동 장학 시대(1930~1955년)** : 과학적 관리론은 1930년대 인간관계론의 등장과 더불어 퇴조하게 되었다. 장학사와의 원만한 인간관계를 통하여 교사가 학교에 만족감을 느끼게 하고 스스로 학교에 헌신하게 한다.

③ **수업 장학 시대(1955~ 1970년)** : 1957년 옛 소련의 스푸트니크호의 충격은 미국 교육의 전반을 바꾸어 놓는 계기가 되었다. 미국 교육을 전반적으로 뜯어 고치기 위해 교육과정 개발에 박차를 가하면서 교육과정 개발자로서의 장학사의 역할이 중요시되었다. 교육과정 개발과 장학은 동일시되었고 장학 담당자는 각 과목의 전문가로서 교육과정을 편성하고 교사와 함께 새로운 교육 프로그램을 만드는 것이 주요 임무가 되었다.

④ **발달론적 장학 시대(현재)** : 교사의 전문적 자질의 증진이란 교사 개개인의 가치관과 신념·태도·지적 이해력이라는 내면적 변화와 더불어 교수의 기술, 문제해결능력, 자율적 의사결정능력, 교사 상호 간의 협동적 사고와 교육실제의 개선이라는 외면적 행동의 변화를 의미한다.

⑤ **교사들의 장학발달단계**

첫째 단계(장학사의 직접적 통제행위: 지시적 장학): 교사의 발달수준이 매우 낮은 단계에 있을 때 이용한다.

둘째 단계(장학사의 협력적 행위: 협동적 장학): 교사의 발달수준이 중간적 단계일 때 사용한다. 장학사는 교사가 수업의 문제해결에 도움을 주는 협력적 접근을 한다.

셋째 단계(장학사의 비지시적 행위): 교사가 수업에 필요한 변화가 무엇인지를 알고 실천할 수 있는 고도의 발달단계에 있을 때 이용한다.

21. 장학 2

1) 약식장학

① 평상시에 교장 및 교감의 계획과 주도하에 이루어지는 것으로, 다른 장학형태의 보완적인 성격

② 단위학교에서 일상적으로 빈번하게 수행되기 때문에 **일상 장학**이라고도 부른다.

2) 임상장학

① **학급 내에서 수업의 질을 개선**하기 위한 것으로, 교사와 학생 사이에서 이루어지는 상호작용에 초점을 둔다.

② 장학 담당자와 교사의 지속적이며 성숙한 상호관계성의 형성과 유지가 성공적인 임상 장학의 전제조건이며, **'관찰 전 계획 → 수업관찰 및 협의회 → 수업 관찰 후 평가'** 라는 순환적인 단계로 이루어진 체계적인 과정이라고 할 수 있다.

3) 동료장학

① 수업전략을 개발하기 위한 것으로, **교사 간에 상호협력**하는 장학형태이다. 인적자원활용의 극대화라는 측면에 장점이 있다.

② 성공적인 동료장학 방법 : 목적설정, 준비, 일정잡기, 점검

4) 자기장학

① 교수활동의 전문성을 반영한 장학형태이다. 자신의 수업을 녹화하여 분석·평가하거나 대학원에 진학하여 전공 교과 또는 교육학 영역의 전문성 신장한다.

5) 학교 컨설팅

① 학교교육을 개선하기 위해 일정한 전문성을 갖춘 사람들이 학교와 학교 구성원의 요청에 따라 제공하는 독립적인 자문 활동으로서 경영과 교육문제를 진단하고, 대안을 마련하며, 문제해결 과정을 지원하고, 교육 훈련을 실시하며, 문제해결에 필요한 인적·물적 자원을 발굴

② **6가지 학교 컨설팅 원리** : 자발성, 전문성, 자문성, 한시성, 독립성, 학습성의 원리

6) 요청장학 : 개별학교의 요청에 의하여 해당 분야의 전문 장학담당자를 파견하여 **지도·조언하는 장학활동**

7) 특별장학 : 특별한 문제가 발생하거나 발생이 우려될 때 해당 **문제의 해결이나 예방**을 위하여 필요한 지도, 조언을 하는 장학활동

Ⅶ. 교육법

심화				23	22	21	20	19	18	17	16	15	14	13	12	11	10
교육법	교육법	존재형식	상위법				●	●									
		중립성			*												
		헌법	31조					*									
	지방자치	교육감			*	*		*		●		●		●	●		
	교원	전직 전보	전직 전보				●					●					
		연수	연수					●									
		교육기본법						●		●				●			●
	학교폭력			●				*					●				
	의무교육	기간제교원		*				*		●							
	공교육정상화	선행교육									●						

● : 국가직 * : 지방직

1. 교육법과 행정원리

1) 교육의 법원

① **헌법은 교육에 관한 최상위규범**으로서 국회의 의결을 거쳐 국민투표에 의해서 제·개정된다. 교육에 대하여 직접 규정한 **헌법 조항은 제31조**이다.

② **법률은 입법부인 국회에서 정하는 법**이다. 법률의 명칭은 '~법'이거나 '~에 관한 법률'이다. 예) 「교육기본법」과 **「초·중등교육법」, 「지방교육자치에 관한 법률」** 등

③ **명령은 행정부에서 만든 법**이다. 즉, 행정부 수반인 대통령이 만든 법은 대통령령, 총리가 만든 법은 총리령, 장관이 만든 법은 부령이라 한다. 예) 대통령령. 「초·중등교육법 시행령」

④ 자치법규 (**지방의회** : 학생인권조례, **교육감 : 교육규칙**)

⑤ **의결기구**란 광역자치단체인 시·도 **의회**를 말한다. 예) **조례**

⑥ **집행기구**란 교육특별자치단제장이라 할 수 있는 **시·도교육감**을 말한다. 예) **규칙**

⑦ 법의 규율·적용범위에 따라 국내법과 국제법으로 나눌 수 있다. **국제법의 예로는 유네스코 현장(조약)과 세계무역기구(WTO) 협정** 등이 있다.

2) 법 적용의 우선 원칙

① **성문법 우선의 원칙이다.** 제정법으로서 성문법이 존재한다면 우선적으로 성문법을 따라야 한다.

② **상위법 우선의 원칙이다.** (대통령령 : 학교장 학생지도권>학생인권조례 : 체벌금지)

③ **신법 우선**의 원칙이다.

④ **특별법 우선**의 원칙이다. (노동조합법<교원노조법)

3) 행정원리

① **민주성의 원리** : 다양한 **구성원들의 의사를 반영**하기 위해 **위원회, 협의회** 등을 둔다.

② **효율성의 원리** : 효율성의 원리를 지나치게 강조하면 교육의 본질이 손상될 수 있다.

③ **합법성의 원리(법률주의의 원리)** : 이 원리를 지나치게 강조하면 교육행정의 전문성이 경시, 이 원리로 공무원의 부당한 직무수행과 행정재량권의 남용을 방지

④ **기회균등의 원리**

⑤ **지방분권의 원리**

⑥ **자주성의 원리** : 자주성의 원리는 **교육이 그 본질을 추구**하기 위하여 일반행정에서 분리 독립되고 **정치와 종교로부터 중립성을 유지**해야 한다는 것이다.

⑦ **안정성의 원리**

⑧ **전문성 보장의 원리**

2. 대한민국 「헌법」 제31조

① 모든 국민은 능력에 따라 **균등하게 교육을 받을 권리**를 가진다.
② 모든 국민은 그 보호하는 자녀에게 적어도 초등교육과 법률이 정하는 교육을 받게 할 의무를 진다.
③ **의무교육**은 **무상**으로 한다.
④ 교육의 **자주성·전문성·정치적 중립성 및 대학의 자율성**은 법률이 정하는 바에 의하여 보장된다.
⑤ 국가는 평생교육을 진흥하여야 한다.
⑥ 학교교육 및 평생교육을 포함한 교육제도와 그 운영, 교육재정 및 교원의 지위에 관한 기본적인 사항은 **법률로 정한다.**

3. 교육기본법

1) 제14조(교원)

① 학교교육에서 교원(敎員)의 **전문성은 존중**되며, 교원의 경제적·사회적 지위는 우대되고 그 신분은 보장된다.(공무원 정년 60, 교육공무원 62, 교수 65)
② 교원은 교육자로서 갖추어야 할 품성과 자질을 향상시키기 위하여 노력하여야 한다.
③ 교원은 교육자로서의 윤리의식을 확립하고, 이를 바탕으로 학생에게 학습윤리를 지도하고 지식을 습득하게 하며, 학생 개개인의 적성을 계발할 수 있도록 노력하여야 한다.
④ 교원은 특정한 정당이나 정파를 지지하거나 반대하기 위하여 학생을 지도하거나 선동하여서는 아니 된다.
⑤ 교원은 **법률**로 정하는 바에 따라 다른 공직에 취임할 수 있다.
⑥ 교원의 임용·복무·보수 및 연금 등에 관하여 필요한 사항은 따로 **법률**로 정한다.

2) 제15조(교원단체)

① 교원은 상호 협동하여 교육의 진흥과 문화의 창달에 노력하며, 교원의 경제적·사회적 지위를 향상시키기 위하여 각 지방자치단체와 중앙에 교원단체를 조직할 수 있다.
② 제1항에 따른 교원단체의 조직에 필요한 사항은 대통령령으로 정한다.

3) 교원의 지위 향상 및 교육활동 보호를 위한 특별법

제4조(교원의 불체포특권)
교원은 **현행범인**인 경우 외에는 소속 학교의 장의 동의 없이 학원 안에서 체포되지 아니한다.

4. 지방교육자치에 관한 법률 (약칭 : 교육자치법)

1) 지방자치제도 : 교육부-교육청-교육지원청

① 지방자치단체의 교육 · 과학 · 기술 · 체육 그 밖의 학예(이하 "교육 · 학예"라 한다)에 관한 사무는 특별시 · 광역시 및 도(이하 "시 · 도"라 한다)의 사무로 한다.

② 교육자치제도란 교육기관이 행하는 자치적 행정재도를 말한다.

③ 교육의 전문성과 중립성을 보장하고 자율적인 교육활동을 전개할 수 있도록 일반 행정으로부터 분리 · 독립하여 자치적으로 교육행정을 실시하는 제도를 말한다.

④ 현행 교육자치제는 **시 · 도 단위의 광역 지방교육자치제**이다.

⑤ 시 · 도의 교육 · 학예에 관한 사무의 **집행기관**으로 시 · 도에 **교육감**을 둔다.

⑥ **의결기관**으로는 **시 · 도 의회**가 있다.

2) 교육감 : 시 · 도의 교육 · 학예에 관한 사무의 **집행기관**으로 시 · 도에 교육감을 둔다.

① **교육감의 임기는 4년으로 하며, 교육감의 계속 재임은 3기에 한한다.**

② **주민은 교육감을 소환할 권리를 가진다.**

③ **교육규칙의 제정**에 관한 사항은 교육감의 관장사무에 해당한다.

④ 교육지원청에 **교육장**을 두되 장학관으로 보하고, 그 임용에 관하여 필요한 사항은 대통령령으로 정한다.

⑤ **부교육감**은 고위공무원단에 속하는 일반직공무원 또는 장학관으로 보한다.

⑥ **부교육감**은 당해 시 · 도의 교육감이 추천한 자를 교육부장관의 제청으로 국무총리를 거쳐 대통령이 임명한다.

⑦ 교육감후보자가 되려는 사람은 당해 시 · 도지사의 피선거권이 있는 사람으로서 후보자등록신청 개시일부터 과거 **1년** 동안 정당의 당원이 아닌 사람이어야 한다.

⑧ 정당은 교육감 선거에 후보자를 추천할 수 없다.

⑨ 국회의원 · 지방의회의원 · 교육의원 · 국가공무원 · 지방공무원, 사립학교 교원 및 사립학교 경영자 등은 겸직할 수 없다.

⑩ 교육감후보자가 되려는 사람은 후보자등록 신청개시일을 기준으로 지방교육자치에 관한 법률 제24조 제2항에 따른 **교육경력 또는 교육행정경력이 3년** 이상 있거나 양 경력을 합한 경력이 3년 이상 있는 사람이어야 한다.

교육감은 교육 · 학예에 관한 다음 각 호의 사항에 관한 사무를 관장한다.

1. 조례안의 작성 및 제출에 관한 사항
2. 예산안의 편성 및 제출에 관한 사항
3. 결산서의 작성 및 제출에 관한 사항
4. 교육규칙의 제정에 관한 사항

5. 교원 연수 와 전보 및 전직

1) 연수

<table>
<tr><td rowspan="5">교원 연수</td><td rowspan="3">기관중심(법정)</td><td>자격연수</td><td>자격취득연수 : 1급 정교사, 교감 · 교장 자격</td></tr>
<tr><td>직무연수</td><td>수시연수 : 직무수행에 필요한 능력배양</td></tr>
<tr><td>특별연수</td><td>부정공 연수 : 학위취득, 해외 유학 및 연수</td></tr>
<tr><td>단위학교(비법정)</td><td></td><td>연구수업, 동학년 협의회</td></tr>
<tr><td>개인중심(비법정)</td><td></td><td>학위취득, 개인별 연구, 학회</td></tr>
</table>

2) 전보 : **동일한 직렬**의 계급 또는 직급으로 수평적(근무지) 이동

예) 교원이 근무학교를 변경, 장학사 장학관과 연구사 · 연구관이 다른 근무 기관 이동

3) 전직 : 전직은 **다른 직렬**의 계급 또는 직급으로 수평적 이동을 하고,

예) 교원이 교육전문직 공무원인 장학사(관), 연구사(관)으로 이동

* 교육공무원법 상 임용권자가 교육공무원 본인의 의사와 관계없이 휴직을 명하여야 하는 경우 : **신체상 · 정신상의 장애로 장기요양이 필요할 때**

4) 교육직원 분류

<table>
<tr><td rowspan="9">교육 직원</td><td rowspan="6">국공립 계통 교육직원</td><td rowspan="3">교육공무원 특정직</td><td>교원</td><td>교장, 교감, 교사, 수석교사</td></tr>
<tr><td>조교</td><td></td></tr>
<tr><td>교육전문직원</td><td>장학관, 장학사, 교육연구관</td></tr>
<tr><td rowspan="2">일반직 공무원</td><td>사무계</td><td>일반행정, 교육행정, 사서</td></tr>
<tr><td colspan="2">기술, 보건, 정보통신계</td></tr>
<tr><td>기타(별정직)</td><td>비서관</td><td>비서, 고용직</td></tr>
<tr><td rowspan="3">사립계통 교육직원</td><td></td><td>교원</td><td></td></tr>
<tr><td></td><td>조교</td><td></td></tr>
<tr><td></td><td>교육행정직원</td><td></td></tr>
</table>

6. 수석교사제

① **지원 자격 : 15년** 이상의 교육경력을 가진 교사는 수석교사에 지원할 수 있다.
② **역할** : 수석교사는 교사의 교수·연구 활동을 지원하며, 학생을 교육하는 역할을 하게 된다.
③ **임기 : 4년마다** 대통령령으로 정하는 업적평가 및 연수실적 등을 반영한 **재심사**를 받아야 하며, 심사기준을 충족하지 못한 경우 대통령령으로 정하는 바에 따라 수석교사로서의 직무 및 수당 등을 제한할 수 있다.
④ 우대 사항 : 수업부담 경감, 수당 지급 등 수석교사에 대해 우대할 수 있다
⑤ 교장 자격 취득 : **수석교사는 임기 중에 교장·원장 또는 교감·원감 자격을 취득할 수 없다.**
⑥ 수석교사는 교사의 교수·연구 활동을 지원하며, 학생을 교육한다.

직무 풍요화 vs 직무확대
1. 직무확대 : 직무가 확대되는 것, 양적 팽창
2. 직무풍요 : 수직적 '직무재설계' 구성원의 직무를 재설계하여 직무수행 동기를 높임
① 구성원의 심리적 성장
② 구성원들이 좋은 대우를 받을 때 성과가 향상된다.
③ 업무에 대한 통제권, 책임 부여

7. 공교육 정상화 촉진 및 선행교육 규제에 관한 특별법
(약칭: 공교육정상화법)

1) 제8조(선행교육 및 선행학습 유발행위 금지 등)

① 학교는 국가교육과정 및 시·도교육과정에 따라 학교교육과정을 편성하여야 하며, **편성된 학교교육과정을 앞서는 교육과정을 운영하여서는 아니 된다. 방과 후 학교 과정도 또한 같다.**
② 지필평가, 수행평가 등 학교 **시험에서 학생이 배운 학교교육과정의 범위와 수준을 벗어난 내용을 출제하여 평가하는 행위**
③ **각종 교내 대회**에서 학생이 배운 학교교육과정의 범위와 수준을 벗어난 내용을 출제하여 평가하는 행위
④ 학교별로 입학전형을 실시하는 학교 중에서 대통령령으로 정하는 **학교의 입학전형**은 그 내용과 방법이 해당 학교 입학 단계 이전 교육과정의 범위와 수준을 벗어나서는 아니 된다.
⑤ 대학등의 장은 「고등교육법」 등 관계 법령에 따라 **입학전형에서 대학별고사**(논술 등 필답고사, 면접·구술고사, 실기·실험고사 및 교직적성·인성검사를 말한다)를 실시하는 경우 고등학교 교육과정의 범위와 수준을 벗어난 내용을 출제 또는 평가하여서는 아니 된다.

8. 학교폭력예방 및 대책에 관한 법률 (약칭: 학교폭력예방법) 1

1) 주요특징

① 교육감은 학교폭력의 실태를 파악하고 학교폭력에 대한 효율적인 예방대책을 수립하기 위하여 **학교폭력 실태조사를 연 2회 이상 실시**하고 그 결과를 공표하여야 한다.

② 교육감은 제12조에 따른 심의위원회가 처리한 학교의 학교폭력빈도를 학교의 장에 대한 **업무수행 평가에 부정적 자료로 사용하여서는 아니 된다.**

③ 교육감은 관할 구역에서 학교폭력의 예방 및 대책 마련에 기여한 바가 큰 학교 또는 소속 교원에게 상훈을 수여하거나 소속 **교원의 근무성적 평정에 가산점을 부여**할 수 있다.

④ 교육부장관, 교육감, 지역 교육장, **학교의 장은 학교폭력과 관련한 개인정보** 등을 경찰청장, 지방경찰청장, 관할 경찰서장 및 관계 기관의 장에게 요청할 수 있다.

⑤ **퇴학처분은 의무교육과정에 있는 가해학생에 대하여는 적용하지 아니한다. (중학생)**

⑥ 학교폭력 현장을 보거나 그 사실을 알게 된 자는 학교 등 관계 기관에 이를 즉시 신고하여야 한다.

⑦ 국가는 학교폭력 예방 및 근절을 위하여 학교폭력 업무 등을 **전담하는 경찰관**을 둘 수 있다.

2) 학교폭력대책위원회 : 학교폭력의 예방 및 대책에 관한 다음 각 호의 사항을 심의하기 위하여 **국무총리 소속으로 학교폭력대책위원회**(이하 "대책위원회"라 한다)를 둔다.

① 학교폭력의 예방 및 대책에 관한 기본계획의 수립 및 시행에 대한 평가

② 학교폭력과 관련하여 관계 중앙행정기관 및 지방자치단체의 장이 요청하는 사항

③ 학교폭력과 관련하여 교육청, 제9조에 따른 학교폭력대책지역위원회, 제10조의2에 따른 학교폭력대책지역협의회, 제12조에 따른 학교폭력대책심의위원회, 전문단체 및 전문가가 요청하는 사항

3) 대책위원회의 구성

① 대책위원회는 **위원장 2명**을 포함하여 20명 이내의 위원으로 구성한다.

② **위원장은 국무총리**와 학교폭력 대책에 관한 전문지식과 경험이 풍부한 **전문가 중에서 대통령이 위촉하는 사람이 공동**으로 되고, 위원장 모두가 부득이한 사유로 직무를 수행할 수 없을 때에는 국무총리가 지명한 위원이 그 직무를 대행한다.

③ 위원은 다음 각 호의 사람 중에서 대통령이 위촉하는 사람으로 한다. 다만, 제1호의 경우에는 **당연직 위원**으로 한다. (**기획재정부장관, 교육부장관, 과학기술정보통신부장관, 법무부장관, 행정안전부장관, 문화체육관광부장관, 보건복지부장관, 여성가족부장관, 방송통신위원회 위원장, 경찰청장**)과정의 범위와 수준을 벗어난 내용을 출제 또는 평가하여서는 아니 된다.

9. 학교폭력예방 및 대책에 관한 법률 (약칭 : 학교폭력예방법) 2

1) 학교폭력대책지역위원회의 설치

① **지역의 학교폭력 문제를 해결**하기 위하여 시·도에 **학교폭력대책지역위원회**(이하 "지역위원회"라 한다)를 둔다.

② 특별**시장**·광역시장·특별자치시장·도지사 및 특별자치도지사는 지역위원회의 운영 및 활동에 관하여 시·도의 **교육감**(이하 "교육감"이라 한다)과 **협의**하여야 하며, 그 효율적인 운영을 위하여 실무위원회를 둘 수 있다.

③ 지역위원회는 **위원장 1인**을 포함한 11인 이내의 위원으로 구성한다.

④ 지역위원회 및 제2항에 따른 실무위원회의 구성·운영에 필요한 사항은 대통령령으로 정한다.

2) 학교폭력대책지역위원회의 기능

① 지역위원회는 기본계획에 따라 지역의 학교폭력 예방대책을 매년 수립한다.

② 지역위원회는 해당 지역에서 발생한 학교폭력에 대하여 교육감 및 시·도경찰청장에게 관련 자료를 요청할 수 있다.

③ 교육감은 지역위원회의 의견을 들어 제16조제1항제1호부터 제3호까지나 제17조제1항제5호에 따른 상담·치료 및 교육을 담당할 상담·치료·교육 기관을 지정하여야 한다.

④ 교육감은 제3항에 따른 상담·치료·교육 기관을 지정한 때에는 해당 기관의 명칭, 소재지, 업무를 인터넷 홈페이지에 게시하고, 그 밖에 다양한 방법으로 학부모에게 알릴 수 있도록 노력하여야 한다.

3) 학교폭력대책지역협의회의 설치·운영

① 학교폭력예방 대책을 수립하고 기관별 추진계획 및 상호 협력·지원 방안 등을 협의하기 위하여 시·군·구에 학교폭력대책지역협의회(이하 "지역협의회"라 한다)를 둔다.

② 지역협의회는 위원장 1명을 포함한 20명 내외의 위원으로 구성한다.

③ 그 밖에 지역협의회의 구성·운영에 필요한 사항은 대통령령으로 정한다.

10. 학교폭력예방 및 대책에 관한 법률 (약칭 : 학교폭력예방법) 3

1) 학교폭력대책심의위원회의 설치 · 기능

① **학교폭력의 예방 및 대책에 관련된 사항을 심의하기 위하여 교육지원청**(교육지원청이 없는 경우 해당 시 · 도 조례로 정하는 기관으로 한다. 이하 같다)에 학교폭력대책심의위원회(이하 "심의위원회"라 한다)를 둔다.

② 심의위원회는 학교폭력의 예방 및 대책 등을 위하여 다음 각 호의 사항을 심의한다.

1. 학교폭력의 예방 및 대책
2. 피해학생의 보호
3. 가해학생에 대한 교육, 선도 및 징계
4. 피해학생과 가해학생 간의 분쟁조정
5. 그 밖에 대통령령으로 정하는 사항

③ **심의위원회는 해당 지역에서 발생한 학교폭력에 대하여 조사할 수 있고 학교장 및 관할 경찰서장에게 관련 자료를 요청할 수 있다.**

④ 심의위원회의 설치 · 기능 등에 필요한 사항은 지역 및 교육지원청의 규모 등을 고려하여 대통령령으로 정한다.

2) 심의위원회의 구성 · 운영

① 심의위원회는 10명 이상 50명 이내의 위원으로 구성하되, 전체위원의 **3분의 1 이상**을 해당 교육지원청 관할 구역 내 학교(고등학교를 포함한다)에 소속된 학생의 **학부모로 위촉**하여야 한다.

② 심의위원회의 위원장은 다음 각 호의 어느 하나에 해당하는 경우에 회의를 소집하여야 한다.

1. 심의위원회 재적위원 4분의 1 이상이 요청하는 경우
2. 학교의 장이 요청하는 경우
3. 피해학생 또는 그 보호자가 요청하는 경우
4. 학교폭력이 발생한 사실을 신고받거나 보고받은 경우
5. 가해학생이 협박 또는 보복한 사실을 신고받거나 보고받은 경우
6. 그 밖에 위원장이 필요하다고 인정하는 경우

③ **심의위원회는 심의 과정에서 소아청소년과 의사, 정신건강의학과 의사, 심리학자, 그 밖의 아동심리와 관련된 전문가를 출석하게 하거나 서면 등의 방법으로 의견을 청취할 수 있고, 피해학생이 상담 · 치료 등을 받은 경우 해당 전문가 또는 전문의 등으로부터 의견을 청취할 수 있다. 다만, 심의위원회는 피해학생 또는 그 보호자의 의사를 확인하여 피해학생 또는 그 보호자의 요청이 있는 경우에는 반드시 의견을 청취하여야 한다. <신설 2020. 12. 22.>**

11. 학교폭력예방 및 대책에 관한 법률 (약칭: 학교폭력예방법) 3

1) 학교의 장의 자체해결 (지체 없이 이를 심의위원회에 보고)

피해학생 및 그 보호자가 심의위원회의 개최를 원하지 아니하는 다음 각 호에 모두 해당하는 **경미한 학교폭력의 경우 학교의 장은 학교폭력사건을 자체적으로 해결할 수 있다.**

① **2주 이상의 신체적·정신적 치료가 필요한 진단서를 발급받지 않은 경우**
② 재산상 피해가 없거나 즉각 복구된 경우
③ 학교폭력이 지속적이지 않은 경우
④ 학교폭력에 대한 신고, 진술, 자료제공 등에 대한 보복행위가 아닌 경우

2) 학교의 장의 자체해결 절차

① 피해학생과 그 보호자의 심의위원회 개최 요구 의사의 서면 확인
② 학교폭력의 경중에 대한 제14조제3항에 따른 전담기구의 서면 확인 및 심의
③ 그 밖에 학교의 장이 학교폭력을 자체적으로 해결하는 데에 필요한 사항은 대통령령으로 정한다.

3) 전문상담교사 배치 및 전담기구 구성

① **학교의 장**은 학교에 대통령령으로 정하는 바에 따라 **상담실을 설치**하고, 「초·중등교육법」 제19조의2에 따라 **전문상담교사를 둔다.**
② 전문상담교사는 학교의 장 및 심의위원회의 요구가 있는 때에는 학교폭력에 관련된 피해학생 및 가해학생과의 상담결과를 보고하여야 한다.
③ **학교의 장**은 **교감, 전문상담교사, 보건교사 및 책임교사**(학교폭력문제를 담당하는 교사를 말한다), **학부모** 등으로 학교폭력문제를 담당하는 **전담기구**(이하 "전담기구"라 한다)를 구성한다. 이 경우 학부모는 전담기구 구성원의 3분의 1 이상이어야 한다.
④ 학교의 장은 학교폭력 사태를 인지한 경우 지체 없이 전담기구 또는 소속 교원으로 하여금 가해 및 피해 사실 여부를 확인하도록 하고, 전담기구로 하여금 제13조의2에 따른 학교의 장의 자체해결 부의 여부를 심의하도록 한다.
⑤ 전담기구는 학교폭력에 대한 실태조사(이하 "실태조사"라 한다)와 학교폭력 예방 프로그램을 구성·실시하며, 학교의 장 및 심의위원회의 요구가 있는 때에는 학교폭력에 관련된 조사결과 등 활동결과를 보고하여야 한다.
⑥ 피해학생 또는 피해학생의 보호자는 피해사실 확인을 위하여 전담기구에 실태조사를 요구할 수 있다.
⑦ 국가 및 지방자치단체는 실태조사에 관한 예산을 지원하고, 관계 행정기관은 실태조사에 협조하여야 하며, 학교의 장은 전담기구에 행정적·재정적 지원을 할 수 있다.

12. 학교폭력예방 및 대책에 관한 법률 (약칭: 학교폭력예방법) 4

1) 학교폭력 예방교육 등

① **학교의 장**은 학생의 육체적·정신적 보호와 학교폭력의 예방을 위한 **학생들에 대한 교육**을 **학기별로 1회 이상 실시**

② **학교의 장**은 학교폭력의 예방 및 대책 등을 위한 **교직원 및 학부모에 대한 교육**을 **학기별로 1회 이상 실시**하여야 한다.

③ **학교의 장**은 제1항에 따른 학교폭력 예방교육 프로그램의 구성 및 그 운용 등을 전담기구와 협의하여 **전문단체 또는 전문가에게 위탁할 수 있다.**

④ **교육장**은 제1항부터 제3항까지의 규정에 따른 학교폭력 예방교육 프로그램의 구성과 운용계획을 학부모가 쉽게 확인할 수 있도록 **인터넷 홈페이지에 게시**하고, 그 밖에 **다양한 방법으로 학부모에게 알릴 수 있도록 노력**하여야 한다.

2) 피해학생의 보호

① **심의위원회**는 피해학생의 보호를 위하여 필요하다고 인정하는 때에는 피해학생에 대하여 **다음 각 호**의 어느 하나에 해당하는 조치를 할 것을 **교육장에게 요청**할 수 있다. 다만, 학교의 장은 학교폭력사건을 인지한 경우 피해학생의 반대의사 등 대통령령으로 정하는 특별한 사정이 없으면 지체 없이 가해자(교사를 포함한다)와 피해학생을 분리하여야 하며, 피해학생이 긴급보호를 요청하는 경우에는 제1호, 제2호 및 제6호의 조치를 할 수 있다. 이 경우 학교의 장은 심의위원회에 즉시 보고하여야 한다.

1. 학내외 전문가에 의한 심리상담 및 조언
2. 일시보호
3. 치료 및 치료를 위한 요양
4. 학급교체

3) 가해학생에 대한 조치 : **퇴학처분은 의무교육과정에 있는 가해학생에 적용X**

1. 피해학생에 대한 서면사과
2. 피해학생 및 신고·고발 학생에 대한 접촉, 협박 및 보복행위의 금지
3. 학교에서의 봉사
4. 사회봉사
5. 학내외 전문가에 의한 특별 교육이수 또는 심리치료
6. 출석정지 → 7. 학급교체 → 8. 전학
9. 퇴학처분 : **퇴학처분은 의무교육과정에 있는 가해학생에 적용X**

13. 학제(학교제도 또는 학교교육제도)

1) 학교제도의 개념

① 학교제도의 개념은 각종의 학교를 고립적으로 보는 것이 아니라 각 학교 간에 존재하는 수직적 관계와 수평적 관계를 교육목표 아래 제도화시켜 놓은 것이라고 할 수 있다.

② 학교제도 또는 학교교육제도를 줄여서 학제라고도 한다.

③ 우리나라의 6-3 -3-4제라는 학제는 초등학교, 중학교, 고등학교, 대학교 등 4단계가 하나의 계통을 이루고 있다.

2) 계통성(복선형, 수직 : 어떤 교육), 단계성(단선형, 수평 : 어느 정도 교육)

① 학제의 구조는 각 국가마다 다양한 형태를 보이고 있는데, 그 기본적인 구성요소로서 계통성과 관계성을 들 수 있다.

② **계통성**은 학교의 **종별**을 의미하는 것으로, **어떠한 교육**을 목표로 하는지, **또 누구를 교육**대상자로 하는가에 대한 문제다. 흔히 **보통**교육계통, **직업**교육계동, 특수교육계통, 서민교육계동, 귀족학교 계통 또는 인문계 학교, 실업계 학교 등으로 구분할 수 있다.

③ **단계성**은 취학자의 연령층을 전제로 한 학교 차이를 의미하는 것으로, **어떠한 연령층** 또는 **어느 정도의 교육수준**인가에 따라서 교육의 목적과 내용이 달라진다. 일반적으로 취학 전 교육, 초등교육, 중등교육, 고등교육으로 분류한다.

3) 현행 학제의 구조

① 우리나라의 경우 **유치원, 초등학교, 중학교, 고등학교, 대학교를 기본학제**라고 할 수 있다.

② 기본학제는 **기간학제**라고도 하며, **정규학교**라는 의미를 내포하고 있다.

③ 그러나 각 학교 단계별로 정규적인 학제를 이숙하지 못하는 경우를 대비하여 여러 개의 우회적인 학재를 두게 되는데, 이를 특별학제"라고 한다.

④ 특별학제에는 공민학교, 고등공민학교, 방송통신고등학교, 방송통신대학, 산업대학교, 고등기술학교 및 각종 학교들이 포함된다.

14. 의무교육과 무상교육 및 기간제 교원

1) 의무교육 : 6년의 초등교육과 3년의 중등교육

① 국가는 「교육기본법」 제8조제1항에 따른 의무교육을 실시하여야 하며, 이를 위한 시설을 확보하는 등 필요한 조치를 강구하여야 한다.

② 지방자치단체는 그 관할 구역의 의무교육대상자를 모두 취학시키는 데에 필요한 초등학교, 중학교 및 초등학교·중학교의 과정을 교육하는 특수학교를 설립·경영하여야 한다.

③ 국립·공립 학교의 설립자·경영자와 제3항에 따라 의무교육대상자의 교육을 위탁받은 사립학교의 설립자·경영자는 의무교육을 받는 사람으로부터 제10조의2제1항 각 호의 **비용을 받을 수 없다.**

④ 취학아동명부의 작성을 담당하는 읍·면·동의 장은 입학연기 신청서를 제출받은 경우 입학연기 대상자를 취학아동명부에서 제외하고, **입학연기대상자 명단을 교육장에게 통보**

2) 고등학교 등의 무상교육

① 제2조제3호에 따른 고등학교·고등기술학교 및 이에 준하는 각종학교의 교육에 필요한 다음 각 호의 비용은 무상(無償)으로 한다.

1. 입학금
2. 수업료
3. 학교운영지원비
4. 교과용 도서 구입비

② 제1항 각 호의 비용은 **국가 및 지방자치단체가 부담**하고, 학교의 설립자·경영자는 학생과 보호자로부터 이를 받을 수 없다.

③ 제1항 및 제2항에도 불구하고 대통령령으로 정하는 **사립학교의 설립자·경영자는 학생과 보호자로부터 제1항 각 호의 비용을 받을 수 있다.**

3) 기간제교원 임용 : 정규 교원 임용에서 우선권을 인정할 수 없다.

① 고등학교 이하 각급학교 교원의 임용권자는 다음 각 호의 어느 하나에 해당하는 경우에는 예산의 범위에서 기간을 정하여 **교원 자격증을 가진 사람을 교원으로 임용**할 수 있다.

② 교원이 제44조제1항 각 호의 어느 하나의 사유로 휴직하게 되어 후임자의 보충이 불가피한 경우

③ 교원이 파견·연수·정직·직위해제 등 대통령령으로 정하는 사유로 직무를 이탈하게 되어 후임자의 보충이 불가피한 경우

④ 특정 교과를 한시적으로 담당하도록 할 필요가 있는 경우

⑤ 교육공무원이었던 사람의 지식이나 경험을 활용할 필요가 있는 경우

⑥ 유치원 방과후 과정을 담당하도록 할 필요가 있는 경우

15. 학교운영위원회

1) 학교운영위원회의 설치

① 학교운영위원회의 위원 수는 **5명 이상 15명 이하**의 범위에서 학교의 규모 등을 고려하여 대통령령으로 정한다.

② 국립 · 공립 학교에 두는 학교운영위원회는 그 학교의 교**원 대표, 학부모 대표 및 지역사회 인사로 구성**한다.

③ **학교장은 당연직 교원위원**으로 하고 **기타 위원은 선출**한다.

④ **학부모 위원은 학부모 중에서 민주적 대의절차에 따라 학부모 전체회의에서 직접 선출**한다. 다만, 특별한 사유가 있는 경우에는 학급별 대표로 구성된 학부모 대표회의에서 선출할 수 있다.

⑤ **교원 위원**은 교원중에서 선출하되 **교직원 전체회의에서 무기명 투표로 선출**한다.

⑥ **지역위원은 학부모 위원 또는 교원 위원의 추천**을 받아 학부모 위원과 교원 위원이 무기명 투표로 선출한다.

⑦ 구성 비율은 **학부모 40~50%, 교원 30~40%, 지역사회 인사 10~30%**로 한다.

⑧ **운영위원회에는 위원장 및 부위원장 각 1인을 두되, 교원위원이 아닌 위원중에서 무기명투표로 선출 한다.**

⑨ **국 · 공립학교에 두는 운영위원회의 회의는 위원장이 소집한다.**

⑩ **학생 대표 등을 회의에 참석하게 하여 의견을 들을 수 있다.**

2) 학교운영위원회 기능 : **학교**에 두는 **학교운영위원회는 다음 각 호의 사항을 심의**한다. 다만, **사립학교에 두는 학교운 영위원회의 경우 제7호 및 제8호의 사항은 제외하고, 제1호의 사항에 대하여는 자문한다. <개정 2021. 9. 24.>**

1. **학교헌장과 학칙의 제정 또는 개정**
2. **학교의 예산안과 결산**
3. **학교교육과정의 운영방법**
4. 교과용 도서와 교육 자료의 선정
5. 교복 · 체육복 · 졸업앨범 등 학부모 경비 부담 사항
6. 정규학습시간 종료 후 또는 방학기간 중의 교육활동 및 수련활동
7. **「교육공무원법」 제29조의3제8항에 따른 공모 교장의 공모 방법, 임용, 평가 등**
8. **「교육공무원법」 제31조제2항에 따른 초빙교사의 추천**
9. 학교운영지원비의 조성 · 운용 및 사용
10. **학교급식**

   ① **학교운영위원회는 학교발전기금을 조성할 수 있다.**

   ② **학교운영위원회는 학교발전기금의 조성 · 운용 및 사용에 관한 사항을 심의 · 의결한다.**

16. 학교안전사고 예방 및 보상에 관한 법률

1) 제1조(목적) 이 법은 **학교안전사고를 예방**하고, **학생·교직원 및 교육활동참여자**가 **학교안전사고**로 인하여 입은 **피해를 신속·적정하게 보상**하기 위한 학교안전사고보상공제 사업의 실시에 관하여 필요한 사항을 규정함을 목적으로 한다.

2) 제2조(정의) 이 법에서 사용하는 **용어의 정의**는 다음과 같다.

① "학교"라 함은 다음 각 목의 어느 하나에 해당하는 기관 또는 시설을 말한다.

② "학생"이라 함은 학교에 입학하여 수학하고 있는 자를 말한다.

③ **"교직원"이라 함은 고용형태 및 명칭을 불문하고 학교에서 학생의 교육 또는 학교의 행정을 담당하거나 보조하는 교원 및 직원 등을 말한다.**

④ "교육활동"이라 함은 다음 각 목의 어느 하나에 해당하는 활동을 말한다.

⑤ 학교의 교육과정 또는 학교의 장(이하 "학교장"이라 한다)이 정하는 교육계획 및 교육방침에 따라 학교의 안팎에서 학교장의 관리·감독하에 행하여지는 수업·특별활동·재량활동·과외활동·수련활동·수학여행 등 현장체험활동 또는 체육대회 등의 활동

⑥ **등·하교 및 학교장이 인정하는 각종 행사 또는 대회 등에 참가하여 행하는 활동**

⑦ **"교육활동참여자"**란 학생 또는 교직원이 아닌 사람으로서 다음 각 목의 어느 하나에 해당하는 사람을 말한다.

가. 학교장의 승인 또는 학교장의 요청에 따라 교직원의 교육활동을 보조하거나 학생 또는 교직원과 함께 교육활동을 하는 사람

나. 「비영리민간단체 지원법」 제4조제1항에 따라 등록된 비영리민간단체에서 학생의 등교·하교 시 교통지도활동 참여에 관하여 미리 서면으로 학교장에게 통지하여 학교장의 승인을 받거나 **학교장의 요청에 따라 그 단체의 회원으로서 교통지도활동에 참여하는 사람**

3) 제8조(학교안전교육의 실시)

① 「아동복지법」 제31조에 따른 **교통안전교육, 감염병 및 약물의 오남용 예방 등 보건위생관리교육 및 재난대비 안전교육**

② 「학교폭력 예방 및 대책에 관한 법률」 제15조에 따른 학교폭력 예방교육

③ 「성폭력방지 및 피해자보호 등에 관한 법률」 제5조에 따른 성폭력 예방에 필요한 교육

④ 「성매매방지 및 피해자보호 등에 관한 법률」 제5조에 따른 성매매 예방교육

⑤ 「초·중등교육법」 제23조에 따른 교육과정이 체험중심 교육활동으로 운영되는 경우 이에 관한 안전사고 예방교육

⑥ 그 밖에 안전사고 관련 법률에 따른 안전교육

17. 교육법 주요 개정사항-1

1) 초 · 중등교육법

제18조의5(보호자의 의무 등)

③ 보호자는 교육활동의 범위에서 교원과 학교의 전문적인 판단을 존중하고 교육활동이 원활히 이루어질 수 있도록 적극 협력하여야 한다.[본조신설 2023. 9. 27.]

제20조(교직원의 임무)

① **교장은 교무를 총괄하고, 민원처리를 책임지며, 소속 교직원을 지도 · 감독하고, 학생을 교육한다.**

② 교감은 교장을 보좌하여 교무를 관리하고 학생을 교육하며, 교장이 부득이한 사유로 직무를 수행할 수 없을 때에는 교장의 직무를 대행한다. 다만, 교감이 없는 학교에서는 교장이 미리 지명한 교사(수석교사를 포함한다)가 교장의 직무를 대행한다.

③ **수석교사는 교사의 교수 · 연구 활동을 지원하며, 학생을 교육한다.**

④ 교사는 **법령**에서 정하는 바에 따라 학생을 교육한다.

⑤ 행정직원 등 직원은 **법령**에서 정하는 바에 따라 학교의 행정사무와 그 밖의 사무를 담당한다.

2) 지방교육재정교부금법 (약칭: 지방교육교부금법)

제3조(교부금의 종류와 재원)

① 국가가 지방자치단체에 교부하는 교부금은 보통교부금과 특별교부금으로 나눈다.

② 교부금 재원은 다음 각 호의 금액을 합산한 금액으로 한다.

1. **해당 연도 내국세**[목적세 및 종합부동산세, 담배에 부과하는 개별소비세 총액의 100분의 45 및 다른 법률에 따라 특별회계의 재원으로 사용되는 세목(稅目)의 해당 금액은 제외한다.
   이하 같다] 총액의 1만분의 2,079
2. **해당 연도 「교육세법」에 따른 교육세 세입액 중 「유아교육지원특별회계법」** 제5조제1항에서 정하는 금액 및 **「고등 · 평생교육지원특별회계법」 제6조제1항에서 정하는 금액을 제외한 금액**

③ **보통교부금 재원**은 제2항제2호에 따른 금액에 같은 항 제1호에 따른 금액의 **100분의 97**을 합한 금액으로 하고, **특별교부금 재원**은 제2항제1호에 따른 금액의 **100분의 3**으로 한다.

제5조의3(교부금의 재원 배분 및 특별교부금의 교부에 관한 특례)

① **제3조제3항에도 불구하고 2026년 12월 31일까지는 보통교부금 재원은** 같은 조 제2항제2호에 따른 금액에 같은 항 제1호에 따른 금액의 **1,000분의 962**를 합한 금액으로 하고, **특별교부금 재원**은 같은 호에 따른 금액의 **1,000분의 38**로 한다.

18. 교육법 주요 개정사항-2

학교폭력예방 및 대책에 관한 법률 (약칭: 학교폭력예방법)

제13조의2(학교의 장의 자체해결)

① 제13조제2항제4호 및 제5호에도 불구하고 다음 각 호에 모두 해당하는 경미한 학교폭력에 대하여 피해학생 및 그 보호자가 심의위원회의 개최를 원하지 아니하는 경우 학교의 장은 학교폭력사건을 자체적으로 해결할 수 있다. 이 경우 학교의 장은 지체 없이 이를 심의위원회에 보고하여야 한다. <개정 2021. 3. 23., 2023. 10. 24.>

1. 2주 이상의 신체적·정신적 치료가 필요한 진단서를 발급받지 않은 경우
2. 재산상 피해가 없는 경우 또는 재산상 피해가 즉각 복구되거나 복구 약속이 있는 경우
3. 학교폭력이 지속적이지 않은 경우
4. 학교폭력에 대한 신고, 진술, 자료제공 등에 대한 보복행위(정보통신망을 이용한 행위를 포함한다)가 아닌 경우

③ 학교의 장은 제1항에 따른 경미한 학교폭력에 대하여 피해학생 및 그 보호자가 심의위원회의 개최를 원하는 경우 피해학생과 가해학생 사이의 관계회복을 위한 프로그램(이하 "관계회복 프로그램"이라 한다)을 권유할 수 있다. <신설 2023. 10. 24.>

④ 국가 및 지방자치단체는 관계회복 프로그램의 개발·보급 및 운영을 위하여 필요한 경우 행정적·재정적 지원을 할 수 있다. <신설 2023. 10. 24.>

제15조(학교폭력 예방교육 등)

③ 학교의 장은 학교폭력을 예방하기 위하여 교사·학생·학부모 등 학교구성원이 학교폭력에 대한 책임을 인식하고 실천할 수 있도록 필요한 사항을 정하여 운영할 수 있다. <신설 2023. 10. 24.>

⑤ 교육장은 제1항, 제2항 및 제4항에 따른 학교폭력 예방교육 프로그램의 구성과 운용계획을 학부모가 쉽게 확인할 수 있도록 휴대전화를 이용한 문자메시지 전송, 인터넷 홈페이지 게시 및 그 밖에 다양한 방법으로 학부모에게 홍보하여 참여가 활성화될 수 있도록 노력하여야 한다. <개정 2012. 1. 26., 2023. 10. 24.>

⑥ 교육부장관은 학교폭력 예방 및 대책 등에 관한 홍보영상을 제작하여 「방송법」 제2조제3호에 따른 방송사업자에게 배포하고 송출을 요청할 수 있다. <신설 2023. 10. 24.>

MEMO

Ⅷ. 교육재정

기본			23	22	21	20	19	18	17	16	15	14	13	12	11	10
교육재정	특성			*	*		●					●	●			
	구조			*	●							●				
	지방교육재정		*	*	*			●			●					
	학교회계				*		●		●	*						
	교육비	분류				●	*									●
	학교예산기법	영기준		●						●	*					

● : 국가직 * : 지방직

1. 교육재정의 의미와 특성

1) 교육재정의 특성

① **강제성** : 재정은 가계나 민간기업과 같은 민간개별경제와는 달리 기업과 국민의 소득의 일부를 조세에 의하여 정부의 수입으로 이전시키는 강제적인 성격을 가지고 있다

② **공공성** : 가계의 경제활동은 효용의 극대화를 기하고, 기업의 경제활동은 이윤의 극대화를 기하려는 것임에 비하여, 재정은 국가활동과 정부의 시책을 효과적으로 달성할 수 있는 방향으로 사용되어야 하는 공공성을 지니고 있다.

③ 가계는 수입이 정해져 있으므로 그 수입 범위 내에서 지출을 억제하는 양입제출(量入制出)이 운영의 원칙이 되지만, 반면에 재정에서는 먼저 필요한 지출의 규모를 결정하고, 이에 상응하는 수입의 확보를 기하는 **양출제입**(量出制入)의 원칙이 적용된다.

④ **영속성** : 재정은 민간경제보다는 존속기간이 길다고 하는 영속성을 특징으로 한다.

정부경제와 민간경제의 차이점 비교

구분	민간경제	정부경제
수입조달 방법	**합의원칙(등가교환경제)**	**강제원칙(강제획득경제)**
기본원리	시장원리	예산원리
목적	이윤 극대화	공공성(일반이익)
회계원칙	**양입제출**	**양출제입**
존속기간	단기성	영속성
생산물	유형재	무형재
수지관계	**불균형(잉여획득)**	**균형(균형예산)**
보상	특수보상	일반보상

2. 지방교육재정교부금법

1) 교육재정의 구조 : 중앙정부 지원구조와 지방정부 지원구조로 이원화

① 우리나라 교육재정은 재원에 따라 크게 국가 부담, 지방자치단체 부담, 학부모부담, 학교법인 부담 등으로 구분할 수 있고, 교육세는 국세이다.

② 우리나라 교육재정 중에서 가장 큰 비중을 자지하는 것은 국가 부담이고, 이는 기본적으로 조세 수입을 바탕으로 하고 있다. **(가장 큰 세출 인건비)**

③ 국가가 지방자치단체에 교부하는 교부금은 이를 보통교부금과 특별교부금으로 나눈다.

④ 지방교육재정교부금의 목적은 지방자치단체가 교육기관 및 교육행정기관을 설치·경영함에 필요한 재원의 전부 또는 일부를 국가가 교부하여 **교육의 균형 있는 발전을 도모**하는 것이다.

2) 지방자치단체 일반회계

① 지방교육재정의 가장 큰 재원은 **지방교육재정교부금** 및 보조금이다.

② 기준재정수입액은 교육·학예에 관한 지방자치단체 교육비특별회계의 수입예상액으로 한다.

③ 광역시는 담배소비세의 **100분의 45**에 해당하는 금액을 교육비 특별회계로 전출하여야 한다.

3) 지방교육재정교부금

① **"기준재정수요액"**이라 함은 지방교육 및 그 행정운영에 관한 **재정수요**를 제6조의 규정에 의하여 산정한 금액을 말한다.

② **"기준재정수입액"**이라 함은 교육·과학·기술·체육 기타 학예에 관한 일체의 **재정수입**을 제7조의 규정에 의하여 산정한 금액을 말한다.

③ **"단위비용"이라 함은 기준재정수요액을 산정**하기 위한 각 측정단위의 단위당 금액

④ 교육부장관은 기준재정수입액이 기준재정수요액에 미치지 못하는 지방자치단체에 대해서는 그 부족한 금액을 기준으로 하여 **보통교부금**을 총액으로 교부한다.

4) 제5조의2(특별교부금의 교부)

① 교육부장관은 다음 각호의 구분에 따라 특별교부금을 교부한다. 다만, 제3호의 규정에 의한 금액의 사용 잔액이 예상되는 경우에는 **교육부장관이 지방교육행정 및 지방교육재정의 운용실적이 우수한 지방자치단체에 대한 재정지원의 재원으로 사용할 수 있다.**

② 교육부장관은 특별교부금의 사용에 관하여 조건을 붙이거나 용도를 제한할 수 있다.

③ 교육부장관은 특별시·광역시·도 및 특별자치도의 교육행정기관의 장이 교부된 특별교부금을 2년 이상 사용하지 않는 경우에는 그 반환을 명할 수 있다.

3. 학교예산회계제도 1

1) 학교회계는 다음 각 호의 수입을 세입(歲入)으로 한다.

① 국가의 일반회계나 지방자치단체의 교육비특별회계로부터 받은 **전입금**

② 제32조제1항에 따라 학교운영위원회 심의를 거쳐 **학부모가 부담하는 경비**

③ 제33조의 **학교발전기금**으로부터 받은 전입금**(교원연수비사용 X)**

④ 국가나 지방자치단체의 **보조금 및 지원금**

⑤ 사용료 및 수수료

⑥ 이월금

⑦ 물품매각대금

⑧ 그 밖의 수입

2) 제30조의3(학교회계의 운영)

① 학교회계의 **회계연도는 매년 3월 1일에 시작하여 다음 해 2월 말일**에 끝난다.

② **학교의 장**은 회계연도마다 학교회계 세입세출예산안을 편성하여 회계연도가 시작되기 **30일 전까지** 제31조에 따른 **학교운영위원회에 제출**하여야 한다.

③ **학교운영위원회**는 학교회계 세입세출예산안을 회계연도가 시작되기 **5일 전까지 심의**하여야 한다.

④ 학교의 장은 제3항에 따른 예산안이 새로운 회계연도가 시작될 때까지 **확정되지 아니하면 다음 각 호의 경비를 전년도 예산에 준하여 집행할 수 있다.** 이 경우 전년도 예산에 준하여 집행된 예산은 해당 연도의 예산이 확정되면 그 확정된 예산에 따라 집행된 것으로 본다.

⑤ 학교의 장은 회계연도마다 결산서를 작성하여 회계연도가 끝난 후 2개월 이내에 학교운영위원회에 제출하여야 한다.

⑥ 학교회계의 운영에 필요한 사항은 국립학교의 경우에는 교육부령으로, 공립학교의 경우에는 시·도의 교육규칙으로 정한다.

4. 학교예산회계제도 2

1) 제30조의3(학교회계의 운영)

① **학교회계의 회계연도**는 **매년 3월 1일**에 시작하여 **다음 해 2월 말**일에 끝난다.

② **학교의 장**은 회계연도마다 **학교회계 세입세출예산안을 편성**하여 회계연도가 시작되기 **30일 전까지** 제31조에 따른 **학교운영위원회에 제출**하여야 한다.

③ 학교운영위원회는 학교회계 세입세출예산안을 회계연도가 시작되기 **5일 전까지 심의**하여야 한다.

④ **학교의 장**은 회계연도마다 결산서를 작성하여 회계연도가 끝난 후 **2개월 이내에 학교운영위원회에 제출**하여야 한다.

⑤ **학교의 장**은 제3항에 따른 예산안이 **새로운 회계연도가 시작될 때까지 확정되지 아니하면 다음 각 호의 경비를 전년도 예산에 준하여 집행할 수 있다.** 이 경우 전년도 예산에 준하여 집행된 예산은 해당 연도의 예산이 확정되면 그 확정된 예산에 따라 집행된 것으로 본다.

2) 회계연도가 개시될 때까지 예산이 확정되지 아니한 때에는

① 교직원등의 인건비

② 학교 교육에 직접 사용되는 교육비

③ 학교시설의 유지관리비

④ 법령상 지급의무가 있는 경비 이미 예산으로 확정된 경비는 전년도 예산에 준하여 집행할 수 있다. 전년도 예산에 준하여 집행된 예산은 당해 연도의 예산이 확정되면 그 확정된 예산에 의하여 집행된 것으로 본다. 학교예산의 과정은 다음 그림과 같다.

3) 학교회계세입의 구성

구분	종류
관할청 부담수입	국가의 일반회계 또는 지방자치단체의 교육비특별회계로부터의 전입금
학부모 부담수입	학교운영지원비, 학교발전기금으로부터의 전입금, 수익자부담경비(현장학습비, 급식비 등 교육과정운영과 관련하여 학교운영위원회의 심의를 거쳐 학부모가 부담하는 경리)
일반회계 부담수입	국고보조금 또는 기초자치단체의 보조금, 지원금
학교회계자체 수입	사용료, 수수료, 예금이자, 불용물품매각대금 등

5. 학교예산회계제도 3 (학교발전기금)

1) 학교발전기금

① 제31조에 따른 학교운영위원회는 학교발전기금을 조성할 수 있다.

② 제1항에 따른 학교발전기금의 조성과 운용방법 등에 필요한 사항은 대통령령으로 정한다.

③ 운영위원회는 교육부령이 정하는 바에 따라 발전기금을 운영위원회 위원장의 명의로 조성 · 운용하여야 한다.

④ 운영위원회는 발전기금의 관리 및 집행과 그 부수된 업무의 일부를 당해 학교의 장에게 위탁할 수 있다.

⑤ 업무를 위탁받은 학교의 장은 발전기금을 별도회계를 통하여 관리하고, 매 분기마다 발전기금의 집행계획 및 집행내역을 운영위원회에 서면으로 보고하여야 한다.

⑥ 운영위원회는 제5항의 보고를 받은 경우에는 이를 검토하여 그 결과를 학부모에게 통지하여야 한다.

⑦ 발전기금의 조성 · 운용 및 회계관리 등에 관하여 기타 필요한 사항은 교육부령으로 정한다.

2) 학교발전기금 조성방법

① 기부자가 기부한 금품의 접수

② 학부모 등으로 구성된 학교내 · 외의 조직 · 단체 등이 그 구성원으로부터 자발적으로 갹출하거나 구성원외의 자로부터 모금한 금품의 접수

3) 발전기금 사용 : 교원연수 비용에 지원(X)

① 학교교육시설의 보수 및 확충

② 교육용 기자재 및 도서의 구입

③ 학교체육활동 기타 학예활동의 지원

④ 학생복지 및 학생자치활동의 지원

총교육비	직접교육비	공교육비	공부담	국가와 지방공공단체
			사부담	입학금, 수업료, 학교운영지원비 등
		사교육비	사부담	과외비, 전문강습비, 학용품, 교재비, 교통비, 잡비
	간접교육비		기회비용, 포기소득	비영리 교육기관의 면세(조세감면) : 공 대학진학으로 취업포기 : 사

6. 교육예산 제도

1) 품목별예산제도(Line-Item Budgeting System)

① 부정과 재정손실이 발생하지 않도록 확인하고 감독하는 통제지향적인 제도다.

② 예산항목을 경비의 성격과 위계에 따라 관, 항, 목, 세목 등으로 제도화함으로써 지출의 구체적인 항목을 기준으로 예산이 편성 운영되는 제도를 말한다.

2) 성과주의예산제도(Performance Budgeting Systerm)

① 예산의 기능을 품목별예산제도와 같은 통제중심에서 관리중심로 전환시키면서 예산집행의 효율성을 제고시키려는 제도다.

② 달성하려는 목표와 사업이 무엇인가를 표시하고 이를 달성하는 데 필요한 소요비용을 명시

3) 기획예산제도(Planning Programming Budgeting System)

① 합리적인 조직목표를 설정하고 이를 성취하기 위한 계획과 행동과정 그리고 자원배분을 과학적으로 수립하고 설계함으로써 조직목표를 효율적으로 달성하려는 제도다.

② 즉, 프로그램을 통하여 장기적인 계획수립과 단기적인 예산편성을 유기적으로 결합시킴으로써 정부의 자원을 합리적 과학적으로 배분하려는 제도다.

③ 이 제도는 여러 가지 대안을 서로 비교하여 가장 효율적인 대안을 선택하고 그에 상응하는 예산을 결정함으로써 예산 지출의 효율성을 향상시킬 수 있는 반면,

4) 영기준예산제도(Zero Based Budgeting System)

① 주로 전년도를 기준으로 가감하는 방식을 지향하고 있는 종래의 예산편성방식에서 탈피하여, 전년도 사업은 전혀 고려하지 않고 학교목표에 따라 신년도 사업을 재평가하여 우선순위를 정하고 한정된 예산을 우선순위별 사업에 자원을 배분하는 제도다.

② 이 제도는 학교경영에 전교직원들이 참여하도록 유도하여 창의적이고 자발적인 사업 구상과 실행을 유인할 수 있다는 장점이 있는 반면,

③ 의사결정의 전문성 부족으로 인한 비용과 인원의 절감 실패와 사업 기각 및 평가절하에서 비롯되는 구성원들의 비협조적 풍토 야기 등의 문제점을 갖고 있다.

④ 우선순위가 높은 사업에 대한 집중 지원이 가능하다.

⑤ 학교경영에 구성원의 폭넓은 참여를 유도할 수 있다.

⑥ 학교경영 계획과 예산이 일치함으로써 교장의 합리적이고 과학적인 학교경영을 지원할 수 있다.

MEMO

IX. 교육철학

심화				23	22	21	20	19	18	17	16	15	14	13	12	11	10
서양사	고대	소플아					*	*	*	*							
		이소크라테스	소피스트							*						●	
	중세	중세교육															
		인문주의								*	●						
		종교개혁															
		실학주의	코메니우스	●				●	●*	●	●						
		계몽주의										*					
		자연주의	루소		*								●				
	근세	신인문주의															
		페스탈로치		●										*			
		프뢰벨															
		헤르바르트		*				*									
	미국	듀이	프래그머티즘											●		●	
		진보주의	파크 킬패트		*					●				*			●
		항존주의		●									*	*			
		본질주의								●		●		*			
		재건주의									*						

● : 국가직 * : 지방직

1. 교육철학

1) 철학의 의미

① 형이상학(形而上學 , metaphysics) : 관념론, 실재론

사물 자체, 세계의 저편, 존재 지체, 신 또는 초월자를 사유 및 체험을 통해서 탐구하는 학문

② 인식론(認識論, epistemology) : 객관주의, 구성주의

인식론은 진리 또는 지식의 근거와 특징을 밝히려는 철학적 노력으로 앎의 의미가 무엇이며, 참다운 앎이란 어떠한 것을 뜻하는가에 관한 탐구영역이다.

③ 가치론(價値論, axiology) : 윤리학, 미학

가치는 인간 정신의 발전에 좋음을 가져다 주고, 인간이 가지거나 실현하고 체득했을 때 기쁨을 느끼게 하는 것을 뜻한다.

④ 논리학(論理學, logic) : 분석철학

2) 내재적 교육과 외재적 교육

	내재적 교육	외재적 교육
가치	대상의 내재적 속성	어떤 목적을 실현하는 수단
동기	내재적 동기 : 외부의 보상과 상관없이 주어진 과제를 하거나 활동하는 그 자체가 보상	외재적 동기 : 외부로부터의 보상을 얻으려는 것과 관련된 동기
관련 개념	**위기지학[爲己之學], 자유교육**	**위인지학[爲人之學], 시험합격**

3)『맹자(孟子)』<진심장구상(盡心章句上)>

① **'교육(教育)'이라는 단어는 사서오경 중 이 글에서 처음 나타난다.**

② 맹자는 말하였다. "군자에게는 세 가지 즐거움이 있는데, 천하에 왕 노릇함은 여기에 들지 않는다. 부모가 모두 생존해 계시며 형제가 무고한 것이 첫 번째 즐거움이요, 위로는 하 늘에 부끄럽지 않으며 아래로는 사람들에게 창피하지 않은 것이 두 번째 즐거움이요, 천하의 영재를 얻어 교육(教育)하는 것이 세 번째 즐거움이다. 군자에게는 세 가지 즐거움이 있는데, 천하에 왕 노릇함은 여기에 들지 않는다."

- 『맹자(孟子)』 <진심장구상(盡心章句上)> 중 -

2. 교육의 개념과 피터스(R. S. Peters)

1) 규범적 정의 : 어떤 대상이 취하는 궁극적 목적과 연관하여 규정한 것이다.

예) '교육은 인간을 인간답게 형성하는 과정이다'

2) 기능적 정의 : 교육의 '도구적 가치'를 강조하는 관점이다. 즉 교육을 사회문화의 계승 및 사회발전의 수단으로 본다. 예) '교육은 국가 사회발전을 위한 핵심적 수단이다.'

3) 조작적 정의 : 교육을 인간의 행동특성을 계획적으로 변화시키려는 과정으로 본다. '계획적 변화'라는 말은 이처럼 인간의 행동이 자연적으로 변화해 가는 데 관심을 두기보다 의도적으로 변화시키는 데 관심을 둔다는 의미이다.

4) 피터스(R. S. Peters)의 교육의 준거

① **규범적 준거** : 인간의 내재적 가치를 실현 하는 것

② **인지적 준거** : 지식을 아는 것이 아니라 지적 안목을 가지는 것

③ **과정적 준거** : 학습자를 존중하며 도덕적인 방법으로 교육실현하는 것

* **피터스(R. Peters) 성년식(成年式)으로서의 교육** : 교육받은 사람이란 모종의 정신 상태를 성취한 사람이요, 그 정신 상태란 바로 전달된 가치있는 것을 통달하고 그것을 소중히 여기는 상태이며, 또한 그것을 폭넓은 안목으로 볼 수 있는 상태를 말한다.

5) 교육과 유사개념

① '양육'은 물질적인 원조뿐만 아니라 정신적, 심리적 조력을 모두 포괄하는 개념이다.

② '훈육'은 정해진 규칙을 따라 배우는 것을 기본으로 한다. 예) 출석이나 전학

③ '훈련'은 주로 특정한 직종에서의 업무능력 개발을 의미한다. 예) 군대에서 사격훈련

④ '사회화'는 인간이 성장·발달해 가면서 자기가 속한 집단의 문화, 즉 생활양식이나 행동양식 등을 내면화하고, 자신의 독특한 개성과 자아를 형성해 가는 과정을 말한다.

3. 자유교육과 지식의 형식 : 허스트(P. H. Hirst)

1) 자유교육과 지식의 성격 : 허스트(P. H. Hirst)

① 허스트(P. H. Hirst)는 피터스와 더불어 영국 교육철학계를 대표하는 학자

② 1960년대 이후 분석철학적 전통에 서서 교육철학을 하나의 독립된 학문으로 확립해 온 대단히 중요한 인물

③ **자유교육의 의미**를 **'지식의 형식들(forms of knowledge)'**의 중요성을 통해서 설명

④ 1990년대 들어 **'지식의 형식들'** 에 대해 이전에 자신이 펼쳤던 논점들을 다소간 유보

⑤ 그 대안으로 **'사회적 활동들 (social practices)'**이라는 개념을 제시

⑥ **'전기 허스트'**는 **지식의 형식**들의 교육을 통한 자유교육의 개념으로, 그리고

⑦ **'후기 허스트'**는 **사회적 활동**들의 교육을 통한 보다 풍성한 인간삶의 추구라는 논제로 요약될 수 있다.

2) 지식의 형식

① 1965년 논문에서 허스트가 주장하고 있는 바의 요점은 **자유교육을 '지식과 이해를 획득하는 일'**로 규정하는 데 있다(Martin, 1981: 268),

② 허스트의 이 논의는 고대 그리스적인 관점 플라톤의 인식론적 실재론을 제시하는 일로부터 시작한다.

③ 고대 그리스적인 관점은 크게 두 가지 정도로 요약될 수 있다.

④ **하나는 인간의 특성에 대한 규정** : 지식을 추구하는 일은 좋은 삶을 추구하는 일의 핵심을 이룬다. 따라서 인간은 마음을 통해 지식을 추구함으로써 좋은 삶을 살고자 한다. 이것이 인간 존재의 본질이며, 인간이 마땅히 따라야 할 삶의 핵심적인 모습이다.

⑤ **다른 하나는 지식에 대한 실재론적(實在論的) 관점** : 개별 사물은 일단은 우리의 감각 기관에 포착되지만, 그것을 알려면 여러 개별 사물들이 서로 공유하고 있는 일반적 형식을 추론할 수 있어야 한다. 그리고 이 일은 바로 우리 마음의 가장 핵심적 능력인 이성이 담당하는 기능이다. 인간의 마음은 이성을 올바르게 사용함으로써 사물의 본질적 성격을 알 수 있고, 무엇이 궁극적으로 참된 것이며 변하지 않는 것인지를 파악할 수 있다.

4. 분석철학 : 비트겐슈타인, 피터스 「윤리학과 교육」

1) 분석철학의 특징

① **철학 고유의 기능을 언어와 그 언어에 의해 표현되는 개념의 분석을 통해 사물을 이해하는 데 두고 있다.**

② 여러 학파가 있지만, 공통적인 방법은 언어의 구조가 실재의 구조를 반영하는 것으로 보고, 이 언어의 명료화에 두고 있다.

③ 분석철학의 뿌리는 멀리 희랍시대까지 거슬러 올라간다. 예컨대 소크라테스는 용어와 개념의 정확한 이해에 관심을 가졌고, 아리스토텔레스는 정확한 용어정의에 관심을 가졌다.

④ '분석'이란 우리의 사상이나 사고는 주로 언어에 의해서 전개되고 표현되는 것이므로 언어분석을 가장 중요한 것이라고 생각한다.

5. 실존주의

1) 실존주의

① **교육의 목적은 자유롭고 주체적이며 창조적인 인간형성에 있다.**

② 교육은 자기결정적인 자아의 형성을 위한 것이다.

③ 교육에서는 인간적인 만남이 중요하다.

④ 관념적인 지식 위주 교육을 비판하고 학생 스스로 각성하여 자아를 발견하는 것을 중시

⑤ **실존이 본질에 선행한다. - 샤르트르 -**

⑥ **만남이 교육에 선행한다. - 볼노우 -, 마틴 부버**

2) 실존이 본질에 선행한다. -샤르트르-

사르트르의 명제는, 인간 각자의 삶은 미리 짜여진 우주의 질서, 사회적 규범, 도덕적 판단기준에 메일 수 없으므로, 인간은 생소한 광야에 내던짐을 당한 상태에서 스스로를 자기 책임하에서 형성해 갈 수밖에 없는 존재이다(Sartre, 1947: 18), **객관적인 실재보다 더욱 중요한 것은 그것이 나에게 관련을 맺었을 때의 의미이며, 주어진 갖가지 규범보다 더욱 중요한 것은 자기 책임하에서 자기 상황에 맞게 자신이 규범을 선택하는 행위 혹은 스스로 정해서 지켜 가는 인격적 결단**이라는 것이다.

6. 비판이론 : 호르크하이머, 아도르노, 마르쿠제, 하버마스, 지루, 프레이리

1) 프랑크푸르트학파와 비판이론

① **교과지식의 획득보다는 사회의 구조적 문제해결에 더 관심을 둔다.**
② 교육문제에 대해 좀 더 실제적이고 정치사회적인 관점을 취한다.
③ 교육이 처해 있는 사회 구조나 제도에 대해 의문을 제기한다.
④ 교육을 교육의 논리가 아니라 정치 · 경제 · 사회의 논리에 의해 해석하는 경향이 있다.

2) 비판이론 개념

① **'도구적 이성'**에 대한 본격적인 비판이 이루어진 시기이다 : 추구하는 가치나 목적이 과연 바람직한 것인지, 정당한 것인지에 대해서 그 이성은 아무런 판단도 할 수 없다는 점이 '도구'
② 그러나 하버마스는 다른 비판이론가들과 달리 이성의 도구적 측면에 대한 회의적 분석에서 끝나지 않고 그것의 해방적 기능이 여전히 유효하게 작동할 가능성이 남아있다는 점에 주목한다.
③ 현대 산업사회에서 도구화된 이성이 가장 두드러지게 작용하고 있는 분야는 관료주의적 행정과 자본주의 시장경제 체제이다.
④ 도구적 이성이 우리 삶을 지배하게 된 것은 현대 들어 바로 이 두 영역이 우리 삶을 포괄적으로 지배하게 되었기 때문이다.
⑤ 도구적 이성의 원리에 따라 운영되고 있는 '체제의 측면 말고 우리 삶이 영위되는 또 하나의 합리적 영역'이 존재한다.
⑥ 하버마스는 이 측면을 **'생활세계 (lifeworld)'**라 칭하고,
⑦ 이 영역에서 작동하는 합리성을 **'의사소통적 합리성**(communicative rationality),
⑧ 이 합리성에 따라 이루어지는 행위를 '**의사소통적 행위**(communicative action)'라고 부른다.
⑨ 하버마스의 생활세계는 언어 사용의 주체로서 개인과 개인 간의 상호작용이 이루어지는 세계이며, 의사소통적 행위를 통해서 이루어지는 이 세계에서의 합리화 과정은 체제측면에서 이루어지는 합리화 과정에 규범적 방향성을 제공한다.
⑩ 의사소통적 합리성에 따라 이루어지는 행위, 곧 의사소통적 행위는 **대화에 참여하는 사람들간의 이해를 지향**하며, 그것의 목적은 "상호 이해, 지식의 공유, 상호 신뢰와 조화를 통한 간주관적 공통성의 형성을 기반으로 한 합의를 이끌어 내는 것이다."

7. 포스트모더니즘(post-modernism) : 리오타르, 푸코, 데리다

1) 개요

① **모더니즘**은 서구 사회를 주도해 온 사상적 흐름인 계몽주의적 태도 또는 **이성중심주의적 태도**를 말한다.

② **포스트모더니즘**은 인간 주체, 이성, 역사의 진보 등이 모두 신화에 불과할 뿐만 아니라 실제로 **이성이 인간을 해방시키는 것이 아니라 도리어 억압해 왔다고 본다.**

*** 포스트모더니즘 특징**
거대서사 거부, 반정초주의, 다원주의, 형이상학 비판

2) 리오타르 (Jean-François Lyotard 1924~1998) : 소서사, 주체성

① 칸트의 계몽이란 무엇인가?, "계몽이란 우리가 마땅히 스스로 책임져야 할 미성년의 상태로 부터 벗어나는 것이다." 미성년은 자신의 이성을 사용할 수 없는 상태

② 포스터 모더니즘이란 무엇인가? 프랑스의 철학자, 사회학자이자 문학 이론가. 포스트모더니즘과 인간의 관계, 숭고에 대한 개념, 미학과 정치의 관계에 대하여 연구하였다.

3) 푸코(Michel Paul Foucault, 1926~1984) : 광기, 권력과 지식

① 미셸 푸코는 사르트르 이후 프랑스 철학자 가운데 두드러진 인물이고, 치밀한 사료 분석을 통해 한 시대나 개별적인 사건에 주목했던 철학자다.

② **『광기의 역사』 : 광기의 변천 신성 – 범죄자 – 산업발달 노동력 부족(질병)**

③ 시대별 인식의 틀을 보여주는 『말과 사물』 : 지식이란 이성적인 인간 주체에 의해 만들어진다는 믿음이 확고하던 시기였다. 하지만 푸코는 구조주의에 가까운 견해를 폈다. 곧 지식은 개개인의 이성보다는 한 사회를 지배하는 인식 구조를 통해서 만들어진다는 거다.

④ **감옥의 역사를 분석한 『감시와 처벌』** : 현대의 권력은 눈에 띄지 않을 정도로 섬세하게 개개인의 행동을 통제하고 규제한다. 그 방법은 바로 '규율과 지도'이다. 예를 들어, 우리는 학교에서 세세한 규율에 따라 수업 시간의 예절, 복장, 태도 등을 지도 받는다.

4) 데리다(Jacques Derrida, 1930-2004) : 해체, 차연

① 해체주의란 무엇인가?, 『그라마톨로지(문자론)』 : 루소를 자신의 인류학적 연구에 영감을 불어넣는 스승으로 여긴 레비스트로스에 대한 비판적 연구

② **차연 : '다르다'와 '연기하다'라는 말의 합성어**, 어떤 요소의 개념이나 의미보다 그 요소를 둘러싸고 있는 다른 요소들과의 차이와 접목의 맥락을 파악함이 더 중요하다.

8. 프래그머티즘 : 퍼스, 제임스, 듀이

1) 개요

① 프래그머티즘(pragmatism)은 고대 그리스어 'pragma'에서 유래된 것으로 원래 행위·사실·활동·상호작용을 의미하는 말이었다.
② '실용주의'라는 어색한 번역어를 통해서 다루어지거나 아니면 프래그머티즘 그 자체로서보다는 듀이(John Dewey)라는 철학자의 교육사상으로 소개되어 왔다.
③ 요컨대 **지식이란 살아있는 유기체와 그를 둘러싸고 있는 환경간의 상호작용의 산물**이다.
④ 진리는 검증의 과정에서 발견되는 것, 따라서 그것은 진술이 검증되었을 때, 또는 아이디어가 성공적으로 작용했을 때 바로 그것을 가리킨다고 보는 관점,
⑤ 실재에 대한 우리의 해석은 바로 우리의 관심과 필요에 대한 그것의 효과 또는 유용성에 의해 정당화된다고 보는 관점,

구조주의(Structuralism) : 어떤 사물의 의미는 개별로서가 아니라 전체 체계 안에서 다른 사물들과의 관계에 따라 규정된다는 인식을 전제로 하여, 개인의 행위나 인식 등을 궁극적으로 규정하는 총체적인 구조와 체계에 대한 탐구를 지향한 현대 철학 사상의 한 경향이다.

구성주의(Constructivism)
구성주의 관점에서 볼 때 지식은 절대적인 것이 아니라 상대적인 것이다. 객관주의 사고가 팽배하던 시절에는 지식을 고정불변의 것으로 생각하여 지식을 있는 그대로 받아들일 것을 강조했다. 여기에는 절대적인 진리가 존재한다는 전제가 있었다. 하지만 구성주의 관점은 지식이 상대적이라는 입장을 취한다. 절대적인 지식이 있다기보다는 지식은 시대에 따라, 그 사회에 따라 달라지며, 또한 개개인에 따라 다르다는 입장을 취한다. 그래서 지식을 있는 그대로 받아들이기보다는 그 지식을 자신의 입장, 또는 자신이 속해 있는 집단의 입장에서 어떻게 나름대로 구성하느냐에 초점을 둔다. 객관주의에서는 '저쪽'에 있는 지식을 발견하고 암기하는 것을 강조한다면, 구성주의에서는 '여기에' 있는 지식을 나름대로 생성하고 창조하는 것을 강조한다.
구성주의는 개인적 구성주의와 사회적 구성주의로 나누어 살펴볼 수 있다. 개인적 구성주의는 개인 자체를 강조하여 개인 내에서 어떻게 구성이 이루어지느냐에 초점을 둔다. 이에 비해 사회적 구성주의는 개인이 속해 있는 사회가 어떻게 구성에 영향을 끼치는가에 관심을 갖는다.

X. 서양 교육사

심화				23	22	21	20	19	18	17	16	15	14	13	12	11	10
서양사	고대	소플아					*	*	*	*							
		이소크라테스	소피스트							*						●	
	중세	중세교육															
		인문주의								*	●						
		종교개혁															
		실학주의	코메니우스	●				●	●*	●	●						
		계몽주의										*					
		자연주의	루소		*								●				
	근세	신인문주의															
		페스탈로치		●										*			
		프뢰벨															
		헤르바르트		*				*									
	미국	듀이	프래그머티즘											●		●	
		진보주의	파크 킬패트		*					●				*			●
		항존주의		●									*	*			
		본질주의								●		●		*			
		재건주의									*						

● : 국가직 * : 지방직

1. 고대 그리스 철학 : 소크라테스, 이소크라테스, 소피스트

1) 소크라테스 : **반어법, 문답법, 산파술, 상기설** : 학습은 지식을 상기하는 것이다.

① 선의 인식은 필연적으로 도덕적 실천으로 표출되어야만 하는데, 제대로 알게 되면 도덕적 실천으로 진행될 수밖에 없다는 것이다.
② 지식과 덕은 분리된 것이 아니다.
③ 제대로 알면 도덕적인 행동으로 나타나고 비도덕적인 행동을 한다면 제대로 알지 못한 연유에서이다.
④ 이후 도덕철학 및 윤리학 방면에서 주지주의(主知主義)의 입장을 낳았다.

2) 이소크라테스(Isokrates) : 수사학, 웅변가, 체계적 교육

① **수사학교의 창설과 보급에 결정적인 공헌을 한 인물이 바로 이소크라테스이다.**
② 교육의 목적을 두 축으로 파악하였다. 그것은 곧 '도덕적인 개인'과 '정의로운 시민'이다.
③ 수사학을 통해서 덕을 함양하고 영혼을 고상하게 만들 수 있다고 보았다.
④ 웅변가가 되기 위해서는 수사학의 원리와 기술뿐만 아니라 문학, 논리학, 역사 등 일반적인 지식도 갖추어야 한다고 보았다.
⑤ 공공의 선과 행복에 기여하는 훌륭한 웅변가를 양성하는 데 주요 목적을 두었다.
⑥ 철학자 양성에 주요 목적을 둔 플라톤의 아카데미아 교육에 대해 비판적 입장(경쟁업체)
⑦ 자유분방한 소피스트들은 법과 권위를 당연한 것으로 받아들이지 않는 회의주의적 도덕관을 가졌으나, 이소크라테스(Isocrates)는 보편적인 인간교육 이념을 확산시켰다.

3) 소피스트(Sophist)

① 기원전 5세기부터 기원전 4세기까지 그리스를 중심으로 활동했던 철학사상가이자 교사
② 설득을 목적으로 하는 논변술을 강조, 진리와 정의를 상대적인 기준으로 바라봄
③ 수사학 및 웅변술 중심의 교육
④ 물적 보수를 받는 직업적 수단으로써의 교사관
⑤ **주관주의 인생관을 지닌 개인주의 교육**

*** 로마의 7 자유과***
문법, 수사학, 논리학, 산학, 기하학, 천문학, 음악

2. 고대 그리스 철학 : 플라톤, 아리스토텔레스

1) 플라톤 : 국가론, 법률, 이데아, 정의 : 올바른 삶

① 동굴의 비유 : 동굴 속은 현실, 동굴 밖은 이데아의 세계

② **국가는 능력에 따라 구분된 계급에 적합한 교육을 시켜야한다.**

③ 이성(지혜, 지), 기개(용기, 체), 욕망(절제, 덕)은 사회계급을 대표하는 특성으로 볼 수도 있지만 개인의 차원에서 본다면 인간의 내적 속성을 구성하고 있는 성격이론이기도 하다.

2) 플라톤의 구상하고 있는 이상 국가에서의 교육

① 모든 어린이들은 예비교육 : **음악과 체육**

② 그 다음에 이어지는 교육의 단계에서는 시문학, 기하, 산술, 전문학의 기초를 배운다.

③ 3단계에서의 교육은 군사훈련에 초점이 맞추어지고 전사계급으로서 국가를 방위한다.

④ 20세부터 30세까지 이어지는 4단계 교육에서는 이론 중심의 교육이 실시된다.
첫째, 언어와 관련된 교육영역으로서 문법과 수사학
둘째, 수학과 관련이 있는 교육영역으로서 산술, 기하, 천문학, 화성학
세 번째 교육 영역은 철학인데, 변증술(辨證術, dialectica)

⑤ **철학적 변증법**을 이해할 수 있는 자는 통치실습을 거쳐 만 50세가 되면 철인(哲人)으로서 국가를 통치할만한 인간이 된다는 것이다.

⑥ 참된 이데아, 특히 **선의 이데아에 도달하는 것이 인간 교육의 최대 목표**라고 주장한다.

3) 아리스토텔레스 : 니코마코스 윤리학, 정치학, 행복 : 좋은 삶

① **교육의 최종적인 목적은 행복한 삶**을 영위할 수 있는 인간을 기르는 것이다.

② 교육은 참된 윤리적 생활을 가능하게 하는 것으로 정치적 문제와 관련되어 있다.

③ **본성, 습관, 이성**이 함께 해야 교육이 가능하다.

④ 모든 인간은 장차 실현될 모습을 스스로 지니고 있다는 **목적론적 세계관**을 지향한다.

⑤ **자유교육**은 직업을 준비하거나 실용적인 목적을 위해 행해지는 것이 아니라 **지식 자체의 목적**에 맞추어져 있다.

⑥ 교육의 목적으로 설정한 최고선으로서의 행복에 이르기 위해서 요구되는 도덕적 탁월성은 그리스어 **아레테 (arete)**에 해당되는 덕과 동의어이다.

⑦ 도덕적 탁월성은 인간 개인이 자신의 모든 소질과 능력을 최대한 발현시키는 상태

⑧ 개인의 이기적인 욕심이 끼어들거나 천부적으로 약한 의지를 지니고 있어서 실천을 가로막는 경우가 많다. 이러한 방해요인을 **아크라시아 (akrasia)**라고 불렀다. 이 단어는 중용이나 절제와 반대되는 뜻으로 무절제와 탐욕을 가리킨다.

3. 중세의 교육

1) 중세의 교육의 흔적

① 스콜라 철학 : 성경 + 철학

② 기사도 교육 : 청년문화 형성

③ 시민교육 : 중세 상공업의 발달로 출현 + 시민계급의 수요

④ 십자군 원정 이후 외부 지역으로부터 실용학문 유입 : **조합학교(guild school)**

⑤ 도시와 상공업이 발달하면서 법조인, 의사와 같은 전문 인력에 대한 수요가 증가하였다.

2) 중세 서양 대학

① 중세 대학은 십자군 원정 이후 유럽에 들어온 풍부한 지적 자극들을 성인들에게 전수해야만 하는 사회적 욕구를 배경으로 한다.

② **대학의 기원과 도시 자치권의 확대 사이에 긴밀한 관련이 있었다.**

③ 중세 초기 대학의 설립과 운영에 있어서 교회의 발언권이 강했다.

④ 유니버시티(university)라는 말은 본래 선생과 학생의 조합을 뜻했다.

⑤ **최초의 대학**이라고 간주되는 곳으로는 1088년 설립된 이탈리아의 법학 중심의 **볼로나(Bologn:)** 대학과 의학 중심의 살레르노(Salerno) 대학, 프랑스의 신학 중심의 파리(Pearis) 대학 등이 대표적이다.

3) 시민교육

① **중세 상공업의 발달로 출현한 시민계급의 수요에 의해 생겨났다.**

② 시민계급들은 자신들의 실생활에 필요한 지식과 기술을 가르쳐 경제적 이익을 추구하기 위한 방안으로 도제교육을 도입하였다.

③ 학교의 형태는 각 나라와 도시에 따라 다양하다.

④ 교육수준에 따라 크게 상류계급을 위한 학교와 하류계급을 위한 학교로 나뉜다.

⑤ 읽기, 쓰기, 셈하기, 직업기술의 습득, 법률적 지식 등 시민 계급의 실제적 필요를 충족시키기 위해 학교가 설립되었다.

4. 인문주의(14~15세기)

1) 인문주의(14~15세기) : 인간 중심적 사고를 강조

① 고대 그리스·로마의 **자유교육의 이상을 계승**하였다.

② 종교가 지배하는 중세시대를 벗어나 현세적 삶을 긍정하는 인간 중심 사회로의 전환

③ **이탈리아의 인문주의** 교육에서는 **자기표현 및 창조적 능력의 실현을 강조**하였다.

④ **북유럽의 인문주의** 교육은 개인보다는 **사회 개혁에 주된 관심**을 가졌다.

⑤ **키케로의 문체**를 작문의 유일한 표본으로 삼은 사람들은 언어적 **형식주의**에 빠져 있다는 비판을 받았다.

5. 종교개혁 : 16세기, 마틴 루터

1) 종교개혁과 교육

① 종교개혁은 서양사적으로 중대한 사건이다. 서양문명의 큰 기둥인 기독교적 세계에 균열을 가한 것이다.

② 아울러 종교개혁은 단지 종교 영역에서만의 사건이 아니었다. 그것은 세속화 과정으로서 사회, 문화, 경제, 교육, 예술, 학문등 모든 사회영역을 급속하게 해체시킴으로써 각 영역별로 분화, 발전을 초래하였다.

③ 종교개혁은 교육 및 학교의 존립에 특별한 근거를 제공하였으며 향후 그 사회적 역할과 위상이 근본적으로 변화하는 데에 커다란 영향을 끼쳤다.

2) 종교개혁의 사회적 배경

① 교회의 세속화와 부패이다.

② 봉건귀족과 결탁한 사회적 특권 흐름에 대한 비관적 각성과 대항이 등장하였다. 도시의 성장과 농노들의 해방 욕구는 봉건귀족들에 대한 저항으로 이어졌고, 결국 이는 봉건귀족과의 연대를 형성한 교회에 대한 저항을 낳았다.

③ 르네상스와 인문주의적 자각의 등장이다. 이 운동은 대체로 엘리트 지식인들에 의해 주도된 문예, 학문, 도덕, 신학 방면에서의 새로운 흐름이었다.

④ 이들이 보여준 시대 비판과 새로운 사회에 대한 대안 제시는 교회개혁이라는 새로운 영역에서의 각성을 점화하는 계기가 되었다.

⑤ 루터가 특히 문제 삼았던 것 중의 하나는 성직자들의 형편없는 문해능력이었다.

3) 종교개혁기의 교육특징

① 종교개혁 과정에서 국가의 대중교육에 대한 책무가 강조되었다.

② 종교개혁은 성서주의에 그 바탕을 두고 있다.

③ **성서 읽기를 위한 기본 문해교육이 강조되었다.**

④ **라틴어 대신에 모국어가 성경과 교육의 언어로 사용되면서 교육의 보편화에 기여하였다.**

6. 종교개혁기의 교육사상가 : 루터

1) 루터(Martin Luther, 1483~1546)

① 취학의 의무, 의무교육의 실시를 제시했다.
② 공교육제도, 교육의 국가 책임론을 주장했다.
③ 루터는 가정교육의 보완으로 학교교육을 중시했다.
④ 국가 번영의 기초는 국민교육에 의존함을 역설했다.
⑤ 루터는 교수방법과 훈련에 대해서 현대 교육원리의 선구가 될 수 있는 여러가지 원칙을 제시했다.
⑥ 루터는 교직의 중요성과 고귀성을 설파하였다.
⑦ 루터는 교육에 있어서 노동과 전문 직업훈련의 필요성을 강조하였다.
⑧ 루터의 교육내용의 특징 가운데 음악을 청소년교육의 중요 교과로 강조했다.
⑨ 루터는 여자에 대한 교육의 기능성 내지 필요성을 주장하였다.

7. 공교육(국민교육) 체제의 확립

1) 흐름

① 16세기 종교개혁 : 마틴 루터 무상의무교육 주장
② 17세기 코메니우스 : 모두에게 모든 교육을 주장
③ 1642년 의무교육 법령 : 고타 교육령, 매사추세츠 교육령
④ 17세기 이후 근대 국민국가 발달 : 국민교육 필요성 대두, 공교육 촉진

2) 국가교육 주장

① 라 샬롯테 : 국가교육론
② 아담 스미스 : 국부론
③ 콩도르세 : 공교육조직 계획안
④ 피히테 : 독일국민에게 고함

8. 실학주의 1

1) 인문적 실학주의 : 라블레, 밀턴

① 15세기에 널리 유행하던 인문주의는 실학주의 초기에도 여전히 영향력을 행사하고 있었다.

② 고전연구를 통해 현실생활에 잘 적응하는 유능한 인간 양성을 강조

③ **고전중심의 교과를 토의와 설명에 의해 개별적으로 교육하는 것을 강조하였다.**

2) 사회적 실학주의 : 몽테뉴

① 사회적 실학주의는 인문주의의 고전 교육에 반대한다.

② 사회적 실학주의는 교육이 인간의 실제적 삶에 도움을 주어야 한다는 입장

③ **여행과 같은 경험중심 교육을 통하여 사회적 조화와 신사 양성을 교육목적으로 강조**

④ 사회적 실학주의 또한 아쉽게도 상류층 자제의 교육에 널리 퍼지는 데 그쳤다. (신사양성)

⑤ 사회적 리얼리즘의 교육방법은 **단순한 기억보다는 이해와 판단을 중요시**하고 행동을 통한 실습과 실제에의 지식 적용을 강조한다.

3) 감각적 실학주의 : 코메니우스

① 17세기 과학의 시대의 이념을 가장 잘 반영하고 있는 실학주의가 감각적 실학주의이다.

② 시대적으로 약간 앞선 인문적·사회적 실학주의의 한계를 극복하고 그 장점을 절충

③ **자연이나 실재하는 사물을 매개로 하는 실물교육을 도입하였다.**

④ 감각을 통한 지각, 관찰학습, 실물학습을 중시하였다.

⑤ 교육방법의 원리를 자연에서 찾으며 사물의 언어보다 사물 자체에 관심을 갖게 한다.

⑥ 교육형식은 감각적 리얼리즘에 전형적인 실물 관찰주의와 실험주의를 강조하고 대중적인 교육형식을 취한다.

⑦ 특권계급을 대상으로 하지않고 보통 수준, 특히 초등교육 단계에서 구제적인 교육적 방안을 제안하였다.

9. 코메니우스(J. A. Comenius)

1) 『대교수학』과 『세계도회』

① 단순한 교수법에 관한 책이 아니라 오늘날의 용어로 교육학원론에 해당될 정도로 체계적이면서 종합적인 주제를 다루고 있는 책이다.

② 전체적으로 보면 이 책은 근대 이후 거의 모든 근본적인 교육문제를 다루고 있다.

③ 책의 내용은 다음과 같은 주제로 구성되어 있다.

첫째, 이 책 속에는 그의 **종교적 우주관을 대표하는 범지학적 가정**이 놓여있다.

범지학(pampaedlia) : '모든 사람에게 모든 것을 다방면으로'

둘째, 코메니우스의 **교수법적 원칙**은 고전중심의 교육과 대비되는 **사물 교육에 대한 강조**이다.

셋째, 코메니우스의 **교육사상**은 이후에 본격적으로 전개될 **자연주의 아동관에 기초**한 교육원칙을 미리 보여주었다.

④ **『세계도회』**는 그림으로 세계(우주)를 묘사한서양 최초의 그림책

2) 코메니우스의 교육사상

① 광범위하고 보편적이면서 굳건한 우주상과 긴밀하게 연관되어 있다.

② **그가 자연이라고 부른 것은 일반적인 우주적 질서를 의미**할 뿐이지 개별 인간의 본성이나 인성적인 '자연소질'을 의미하지는 않지만,

③ 자연사물에 기초한 교육소재에 대한 주장이나 아동의 개별적인 내적 속성을 고려해야만 한다는 생각 속에는 18세기 이후의 자연주의 교육사상의 싹을 이미 갖고 있었던 것이다.

④ 코메니우스 교육사상은 이후에 등장하는 각종 학교법령, 보통의무교육, 유럽 각국에서 시행된 모국어 교육, 초등학교의 수업 내용, 실업교육 방면에서의 교육과정, 각종 교수방법론의 개발 등에 직접적인 영향을 주었다.

⑤ **교육의 4단계 : 유아기, 아동기, 소년기, 청년기**

⑥ 4단계에 상응하는 **네 가지 교육기관** : 가정마다 어머니 (무릎) 학교, 마을마다 모국어 학교, 도시마다 라틴어 학교, 왕국 또는 주마다 대학을 두도록 한다.

10. 계몽주의(17~18) : 인간의 이성 신뢰

1) 계몽주의 교육사상

① 계몽주의 교육의 목표도 이성의 자유를 속박하는 종교, 정치, 사회 등 권력구조를 제거하고, 인간 스스로 사고하고 모든 문제를 자신의 이성의 힘으로, 따질 수 있게 하는 데 있었다.

② 교육은 합리적인 자연의 원리에 합당해야만 한다.

③ 실생활에 기초한 교육이다. 계몽주의자들은 교육의 목표를 구체적으로 사회적 분업에 따른 유용한 인간을 양성하는 데 둔다.

④ 실물을 이용한 직관적 교육방법이다. 자연과학적 사고를 교육적으로 철저히 활용

2) 계몽주의(17~18) : 인간의 이성 신뢰

① **자연주의** : 루소, 전통적인 관습과 권위에 도전

② **범애주의** : 바제도우, 교육을 통한 무지의 타파와 교육운동

③ **합리주의** : 볼테르, 칸트, 인간의 이성적 능력을 신뢰

11. 루소(J. J. Rousseau, 1712년 ~ 1778)

1) 자연주의 : 루소 『에밀』

① **"모든 것은 조물주의 손에서 나올 때는 순전히 선하나 인간의 손에 넘어오면서 타락한다."**

② 인위적 교육을 비판하고 자연의 원리에 맞는 교육을 해야 한다고 강조하였다.

③ **루소(J. Rousseau)의 '자연에 따르는 교육'의 특징** : 교육의 목적은 자연질서의 한 부분인 자연과 인간본성에 의존해야 한다.

④ **소극교육론** : 어린이 밖에서 어린이에게 적극적인 영향을 주어 어린이를 강제적으로 통제하려는 적극교육론의 반대개념이다.

⑤ **발달단계론** : 식물이 하늘이 준 소질을 생명의 리듬과 법칙에 따라 연속적으로 키워가듯이 인간 교육도 인간 안에 깃든 인간적인 여러 소질의 씨앗들이 몇 단계를 거치며 피어나는 과정

⑥ **아동중심 교육** : 루소는 어린이를 발견한 최초의 사람

단계	나이	특징
1	~ 2세	자연질서에 따른 양육
2	2 ~ 12세	감각기관의 훈련
3	12 ~ 15세	신체, 감각, 이성에 의한 교육
4	청년기	지적 교육, 도덕적 자유인
5	결혼기	에밀과 소와 결혼, 여성교육(남녀별학)

12. 신인문주의(19세기) : 낭만주의, 감성 교육

1) 낭만주의 : 인문·예술, 감성 교육

① **신인문주의** (new humanism)는 18세기 이래 통주의 사조의 지나친 **이성중심주의**, 합리주의, 주지주의, 공리주의, 세속주의 **경향에 대해 반발**하면서 등장한 일종의 낭만주의(romanticism) 흐름이다.

② 신인문주의는 인간성의 새로운 탐구와 각성을 촉구하면서 인간 본성의 미적, 지적 차원의 조화로운 발달을 추구하였다.

③ 이렇듯 신인문주의는 16세기 인문주의의 19세기 재림으로 보아도 무방하다.

④ 계몽주의의 최고의 성과가 이성에 의한 비합리적인 정치체제의 타파였는데, 혁명을 통하여 드러난 인간의 취약한 면을 보고는 절망하지 않을 수 없었다.

⑤ 이러한 정신의 폐허 위에 **자신의 심성(心性)에 맞는 문화를 이룩하려고 한 것이 낭만주의 정신의 본질**이며, 그 결과 자아(自我)에 대한 확인과 인간의 내면에 진실이 있다고 주장

신인문주의와 16세기 인문주의 비교

16세기 인문주의	19세기 신인문주의
로마화된 그리스로의 집근	자국 · 민족적 관점에서 그리스로의 접근
언어적 형식적 측면에 관심	고전 속에 깃든 인간 정신의 본질에 관심
모방적 - 이상적 특징	비판적-현실적 특성

신인문주의와 계몽주의

계몽주의	신인문주의
기계적 원자론적 세계관	유기적 통합적 세계관
합리적 공리적 가치판단	정의적(情意) - 비(非)공리적 가치판단
전통과 역사를 초월하는 보편주의	역사와 전통에 입각한 특수주의

13. 페스탈로치 (Johann Heinrich Pestalozzi, 1746~1827)

1) 주요저서와 내용

① 은자의 황혼 (1780) : 교육 전반에 걸친 생각을 정리한 짤막한 교육격언집, 교육의 목적, 내용, 방법, 체제 등에 관한 원리

② 린하르트와 게르트루트(1781) : 가정교육의 중요성을 강조한 교육소설, 빈민 교육에 대한 이념을 알릴 수 있는 '민중소설'

③ 유아교육 서한(어머니들에게 보내는 편지) : 유아교육에 대한 서한집, 유아교육의 목표는 전인적 인간발달 조성, 정서, 지성, 신체의 조화적 발달 강조

④ 백조의 노래 (1826) : 페스탈로치의 자서전이자 회고록, 삶은 스스로 형성된다.

⑤ 교육사상은 계몽주의적 요소도 있지만 신인문주의 성격을 더 강하게 갖고 있다.

⑥ 루소의 자연주의와 직관주의에 영향을 받았지만, 종교적 심성의 도야와 모성애에 의한 유아기의 교육을 중시한 신인문주의의 주정적(主情的)인 요소도 보여준다.

⑦ **인간성의 삼단층론(三斷層論)** : 인간은 **자연**의 상태에서 **사회**적 상태로, 사회적 상태에서 **도덕적·종교적** 상태로 층을 이루면서 질적인 도약을 거듭해야 하는 존재이다.

⑧ 교육의 목적을 **'머리와 마음과 손, 3H(Heart, Head, Hand)'**의 조화로운 발달에 두고 노동을 통한 교육과 실물(實物)과 직관의 교육을 스스로 실천하였다.

⑨ **교육방법의 원리 : 노작교육의 원리, 직관의 원리, 합자연의 원리, 자발성의 원리**

14. 프뢰벨(Friedrich Wilhelm August FrüheI, 1782 ~ 1852)

1) 교육사상의 특징 : 낭만주의

① 프뢰벨이 교육의 내용으로 삼는 지식의 유형으로 **종교, 자연, 수학, 언어, 예술 등**이 있다.

② **통일의 원리** : 사물 사이에는 하나의 보편적인 법칙이 연결되어 존재

③ **만유재신론** : 신은 만물 중에 존재함과 동시에 만물은 신 가운데 존재하고있다는 입장

④ 프뢰벨은 페스탈로치의 노작교육을 계승하면서 이를 형이상학적으로 정당화하였다.

⑤ 프뢰벨의 교육사상은 루소의 자연주의에 영향을 받았다.

단계	특징
영아기(미소)	외부의 다양성을 받아들임
유아기(언어)	앎에 대한 욕구, 자기표현, 자유로운 활동
소년기	인간과 대상 합일, 형식적 조작, 추상적 사고

15. 헤르바르트(J. F. Herbart, 1776 ~ 1841) : 4단계 교수론, 흥미, 다면적 흥미

1) 교육학의 정립

① 『일반 교육학 (Allgemeine Paidagogik)』 : 학(學, Wissenschft)으로서 교육학의 탄생

② 이원적인 구조 : 교육목적론(윤리)과 교육방법론(심리)

③ **교육목적론 : 도덕적 품성**, 교육의 목적은 자라나는 세대들로 하여금 자신들이 속한 사회의 규범을 습득하고 행동적으로 안정된 인간으로 살아가게 하는 데 있다고 주장한다.

④ **교육방법론 : 표상심리학**, 교수에서 가장 중요하게 다루어져야 하는 것은 바로 **'다면적 흥미'**를 유발하는 것이다.

⑤ 훈련 혹은 훈육 : 단순히 행동의 통제나 억압을 위한 것이 아니라 직접 심의력과 의지에 작용하여 강한 도덕적 성격을 지향하는 것

2) 4단계 교수론

① **명료**(정적인 심화)의 단계 : 학습자로서는 오늘 배울 내용이 무엇인지 아는 단계요, 교사에게는 가르칠 주제를 쉬우면서 분명하게 제시하는 단계이다. 즉 교사는 가르치려고 하는 주제를 가능한 한 작은 단위로 세분화하고, 학습자는 각각의 사실이나 세부 사항을 다른 것들로부터 분리해 내어 집중적인 관심을 가져야 한다. 대체로 수업 상황에서 도입부에 해당된다.

② **연합**(동적인 심화) 단계 : 학습자는 이미 파악된 요소들 모두를 배열해 일치성과 상이성이 분명히 드러나게 한다. 이전에 배운 주제와 새로 배울 내용을 결합시킨다.

③ **체계**(정적인 숙고) 단계 : 학습내용이 일종의 질서가 잡힌 구조임을 가리킨다. 따라서 이 단계는 새로 배운 주제를 기존의 지식 체계 내에 위치시키는 단계이다. 학습자에게 이 단계는 가장 중요한 단계에 속한다. 즉 자신의 내부에 들어 있는 표상들이 완전한 통합을 이루도록하는 것이 학습 성공의 첩경인 것이다.

④ **방법**(동적인 숙고) 단계 : 이미 획득된 체계를 바탕으로 유사한 다른 사례에 적용하는 것을 목적으로 한다. 오늘날 우리가 사용하는 용어로 적용 및 응용에 해당된다. 방법의 단계는 새로배운 주제를 응용하는 과정이다.

16. 존 듀이 (John Dewey : 1859 ~ 1952) : 아동, 흥미, 반성적 사고

1) 교육의 특징

① 민주주의와 교육의 관계에 대한 근본적인 사고를 전개한 인물
② 민주주의 교육에서 듀이가 특히 강조하고 있는 부분은 **'습관의 형성'**이다.
③ 이론 중심의 전통적 교육관에 대해 비판적이며 학습자 **경험의 재구성과 성장을 중시**
④ 전통주의와 진보주의 교육 사이에서 극단적인 입장을 취하기보다는 절충적인 입장
⑤ 교육은 삶의 본질인 성장과 동일하며, 교육 그 자체 이외의 다른 목적을 가지지 않는다.
⑥ **교과의 논리와 학습자의 심리가 동시에 고려되어야 한다.**
⑦ **계속성(continuity)과 상호작용(inter action)의 원리를 강조**한다.
⑧ **반성적 사고를 강조**하였으며, 그 특징으로 변화를 추구하며 **과학적 탐구과정을 강조**
⑨ 듀이는 반성적 사고를 통한 문제해결을 중시하였으며 문제해결과정은 반성적 사고를 요구한다.
⑩ **학습자는 교육의 주체로서 적극적인 참여와 타인과의 상호작용이 중요하다.(민주주의 교육)**

17. 20세기 전기의 교육철학 : 진보주의

1) 진보주의의 교육이론

① **교육은 현재의 생활 그 자체이지 미래의 생할을 위한 준비가 아니다.**
② 학습은 직접적으로 **아동의 흥미**와 관련되어야 한다.
③ 교육내용의 이수보다 더 중요한 것은 문제해결의 방법을 배우는 것이다.
④ 교사는 아동을 지휘하는 입장이 아니라 도와주는 입장에 서야 한다.
⑤ 학교는 경쟁을 시키는 곳이 되지 말고 협동을 장려하는 곳이 되어야 한다.
⑥ 민주주의만이 진정한 성장에 필요한 사상의 교류와 인격의 상호작용을 허용한다.
⑦ 진보주의자들이 강조하는 교육형태는 아동의 흥미 · 욕구 · 경험을 존중하는 교육이다.
⑧ 즉 성장하는 아동의 흥미와 욕구를 충족시켜 주는 학습과, 경험의 재구성을 통한 성장이 교육의 목적이 되어야 한다고 본다. 그러자면 학교는 아동이 학습하기에 즐거운 곳이 되어야 한다.

18. 20세기 전기의 교육철학 : 진보주의 교육이론

1) 프로젝트 학습과 협동학습 강조 : 킬패트릭(W. H. Kilpatrick)

① 경험주의 교육의 구체적 방법으로 **프로젝트 중심 학습(project Method)**이 유행하였다.
② 프로젝트 학습의 과정 : **목표 설정, 계획, 실험, 판단**의 네 단계
③ 프로젝트 학습법은 **자신의 생각을 구현하기 위하여 계획을 세우고 그것을 실행하는 학습방법**
④ 문제해결을 위한 프로젝트 학습법은 **문제해결을 계획하고 그것을 실행하는 학습방법**이다.
⑤ **교사중심의 설명식 수업법에 비하여 프로젝트 학습법은 학생의 자율과 창의성을 더 요구**한다.
⑥ 프로젝트 학습법을 협동학습과 연계하면 문제해결을 위한 협동적 프로젝트 학습법이 된다.
⑦ 20세기 초 미국에서 진보주의 교육운동이 한창일 때, **협동학습과 연계**하여 주로 실행

2) 올센의 지역사회학교

① 올센(E. G. Olsen)은 지역사회학교운동을 제창하면서, 학교는 지역사회의 중심이며, 지역사회의 자료를 충분히 활용하며, 교육과정에는 지역사회의 문화와 문제를 담으며, 지역사회의 여러 활동에 참여하면서 그 발전에 기여하며, 지역의 고전적 교육운동 사회 교육의 중심이 되어야 한다고 주장했다.

3) 파커스트(H. Parkhurst)의 달톤플랜(Dalton plan)

① 아동이 꽤 긴 시간 자기의 어느 한 문제를 집중적으로 다루면서 스스로 학습하게 하는 방법이다.
② 파커스트 여사가 매사추세츠주의 달톤시에서 시작했다 해서 달톤플랜이란 명칭이 붙었다.
③ 이 방법의 특징은 아동과 교사가 학습동에 대해서 계약을 맺고 그대로 진행시키는 데에 있다. 그래서 계약학습이라고도 속칭한다.
④ 아동이 스스로 공부하면서 귀한 원리를 배우게 하는 발견적 방법을 중시한다. 그러기에 이 방법을 적용하는 학습에는 한 달 정도의 집중적인긴 시간이 필요하며, 따라서 교사와 아동과의 협약이 중요하지 수업시간표, 수업시작을 알리는 종, 교실, 그리고 모두에게 공통적으로 사용되는 교과과정 따위는 필요 없게 된다.

4) 쿡의 놀이학습법

① 놀이는 그 자신이 즐거우며 그 과정에서 자기의 개성과 능력을 발휘하며 또 강인한 의지력과 협동정신 등의 귀함을 체험할 수 있다.
② 특히 어린이의 세계에 있어서는 이 놀이가 차지하는 비중이 크며 놀이가 안겨 주는 교훈 역시 크다.

19. 20세기 전기의 교육철학 : 항존주의(영원주의), 본질주의, 재건주의

1) 항존(영원)주의의 역사 : **허친스(Hutchins)**, 아들러(Adler), 마리땡 (Maritain)

① **인간의 본질이 불변**하기에 **교육의 기본원리도 불변하다는 믿음**을 토대로 하고 있다.
② 영원주의는 실재주의(realism)의 원리에 많은 근거를 두고 있는 교육이론이다.
③ 항존주의 교육의 최대 목적은 **이성의 계발**에 있다.
④ 영원주의는 진보주의 교육이념에 정면으로 도전하고 나온 것으로 1930년대에 터 오늘에 이르고 있다.(진보주의 전면 부정)
⑤ **허친스 : 위대한 고전들(Great Boroks)**

2) 본질주의 : 배글리(W. C. Bagley, 1874~1946)

① 진보주의와 항존주의가 변화와 전통, 상대성과 절대성으로 대조되는 교육철학이라면, 본질주의는 진보주의와 항존주의의 문제점을 배격하고 긍정적인 측면을 수용하는 교육운동이었다.
② **본질주의는 진보주의의 실험정신과 현재의 삶에 대한 강조**, 그리고 **항존주의의 과거의 위대한 업적에 대한 강조를 절충**
③ 본질주의는 교육에서 문자 그대로 '본질적인 것'을 가르쳐야 한다고 주장한다.
④ 인류의 전통과 문화유산을 소중히 여기며 교육을 통해 문화의 주요 요소들을 다음 세대에 전달할 것을 강조한다.
⑤ 아동이 당장 흥미가 없고 힘들더라도 철저히 학습하도록 하는 것이 필요하다고 봄
⑥ 수월성을 강조하는 오늘날의 교육은 본질주의 사조와 일맥상통한 면이 있다.
⑦ 미국 정부가 과거에 주도했던 '기초 회귀(Back-to-basics)' 운동은 본질주의 입장의 재현으로 볼 수 있다.

3) 재건주의 : 브라멜드(T. Bramelt), 사회적 자아실현

① **아동의 개성을 강조했던 진보주의 교육가들과는 달리 사회변화에 주된 관심을 가졌다.**
② 즉 사회적 재건주의자들이라고 불리우는 이런 유형의 진보주의자들은, 진보주의 교육이란 현 상태의 교육과 사회를 개혁하는 것이라고 주장한다. 환언하면, '새로운 사회(new society)'의 창조를 추구해야 한다는 것이다.
③ 이처럼 재건주의는 원래 진보주의 교육운동의 한 부분이었다. 그러므로 재건주의에 무엇보다도 큰 영향을 미친 것은 진보주의이다.
④ 하지만 재건주의는 무엇보다도 '목표중심의 미래지향적'인 철학이다.
⑤ 이처럼 재건주의자들은 개인적 경험 및 사회적 경험 모두를 재건해야 할 필요가 있다고 강조하는 듀이의 프래그머티즘을 따라야 한다고 주장한다.

XI. 한국 교육사

심화				23	22	21	20	19	18	17	16	15	14	13	12	11	10
한국 교육사	삼국시대	교육기관			●			*				*			●		
	신라	화랑도										*					
		국학						*									
	고려시대		국자감			●										●	
	성리학																
	조선시대	관학	성균관			●		●	*		●*			●			
			향교			●											
		사학	서원							*							
		과거제도											●				
		학자	이황								*						
			이이										*				
		교재	동몽선습				●										
			아학편		●					●							
		자찬교재															
	개화기	신식학교	관립			*	*										
			사립				*										
	고종	갑오개혁	교육입국조서	*					●								
	강점기	조선교육령	2차			●						●					

● : 국가직 * : 지방직

1. 고대 삼국 시기의 교육 : 고구려, 백제, 통일신라 이전

1) 고구려 : 태학(太學)과 경당(扃堂)

① **태학**은 소수림왕(小獸林王) 2년(372년)에 설립된 **우리나라 최초의 관학(官學)**이며 고등 교육기관이다. (유교식 교육)

② **경당**은 언제 설립하였는지 분명하지 않으나, 일반 서민들을 대상으로 한 **사설 교육기관**이다. **(문·무 겸전)**

2) 백제 : 학교 설립에 관한 역사 기록은 없으나 박사가 존재

① 박사(博士) 고흥(高)이 국사인 서기(書記)』를 편찬한 바 있고, 같은 근초고왕 때 아직기(阿直岐)가 일본에 파견되었다가 경서(經書)에 능통하다는 점이 인정되어 태자의 교육을 맡았으며, 이듬해에는 **박사 왕인**은 왜(倭)에 『논어』와 『천자문』을 전해주었으며, 당시 **왜 태자의 스승**이 되었다.

② 오경박사는 한·당 시기의 유학 교육에서 주된 교재로 쓰였던 오경 (시·서·역·예·춘추)을 전공

③ 전업박사는 천문과 지리, 의학, 율학 등 유학 이외의 여러 전문 기술 분야를 전공

3) 삼국통일 이전의 신라 : 화랑도(두레-원화-화랑)

① **신라 진흥왕 대에는 화랑도(花郞徒)를 개편하고 국선(國仙)을 두었다.(설원랑)**

② 화랑도의 교육이념은 신라의 고승 원광에 의하여 세속오계로 체계화

③ 화랑도는 유교, 불교, 도교의 사상을 모두 포함하고 있다.

4) 신라 화랑도와 고구려 경당

① 화랑도는 고구려의 경당과 여러 면에서 유사한 성격을 갖고 있다.

② 양자 모두 우리 고유의 교육 전통에 기반하고 있으며, 그 주축이 미성년 청년들이었고, 문과 무를 겸비하는 교육을 실시하였다.

③ 그 구성원들이 평상시에는 교육 집단을 이루고 있다가 유사시에는 전사 집단으로 전환하는 것도 공통점이라 할 수 있다.

④ 그러나 **경당이 일정한 지역에 고정된 거점과 시설**을 갖추고 있던 교육기관의 성격을 갖고 있었다면,

⑤ **화랑도는 일정한 장소에 머물지 않고 무리를 지어 이동**하며 심신을 수련하는 교육집단의 성격을 갖고 있었다는 점에서는 차이를 보인다.

2. 남북국 시기의 교육 : 신라의 국학

1) 국학(國學) 682년(신문왕 2)에 설치

① 신라가 유교식 대학인 '국학(國學)'을 설립한 것은 통일 전쟁 종료 6년 뒤인 682년(신문왕 2)의 일이다.

② 입학자격 : 대사(大舍) 이하의 위품으로부터 직위가 없는 자에 이르기까지 **15세~30세**

③ 수학기간 : **9년** 한도, 재간과 도량에 따라 조절

④ 교관 : **박사와 조교**

⑤ **필수 과목 : 『논어』와 『효경』**

⑥ 성덕왕에는 왕자 김수충이 당나라에서 공자와 10철 및 72 제자의 화상(초상화)을 들여 와 국학에 안치함으로써 **문묘(文廟) 제도의 시초**가 되었다.

⑦ 국학에 의학 박사와 산수 박사를 두고, 이어서 경덕왕 6년(747)에는 제업(복수전공) 박사와 조교를 두고, 2년 후에는 다시 천문박사와 누각(물시계) 박사를 두어 다양한 기술교과를 추가함으로써 **국학은 유학교과와 아울러 기술교과가 설치된 종합적인 교육기관으로 발전**하였다.

⑧ 국왕이 친히 국학에 나가 청강하며 학생들을 격려하고 장학을 위하여 국가에서 지급하는 토지인 **녹읍을 지급**하기도 하였다.

2) 독서삼품과(원성왕 4)

① **과거(科學) 제도의 전신, 문사 우대, 성취적 요인 중시**

② **독서삼품과는 독서한 정도를 평가하여 국학생들에게 벼슬을 주는 제도이다.**

③ 국학에는 직위가 없는 순수 학생부터 대사 직위를 가진 현직 관리까지 공존하고 있었다.

④ 독서삼품과는 국학생들에게 새로 직위를 주거나 기존의 직위를 높여주는 제도로서,

⑤ 9년을 원칙으로 하는 재학 기간 중 국학생들은 독서의 진척 정도에 따라 직위가 승급되어 최종적으로 나마·대나마에 이르면 국학을 졸업하였을 것으로 보인다.

3) 신라 교육사상가 : 원효, 설총, 최치원

① **원효** : 일심, 화재사상, 민중교화

② **설총** : 원효아들, 구경(九經)을 읽어 후학들을 훈도, 화왕계(花王戒)

③ **최치원** : 왕에게 시무책을 올리는 등 신라를 바로잡기 위해 노력

3. 고려시대의 교육 : 국자감(國子監), 향교, 학당, 십이도, 서당

1) 국자감(國子監) : 성종 11, 고려의 최고 고등교육기관

① **유학계 3학 : 국자학, 태학, 사문학(성종 때 유학부만 시작)**

② **기술계 3학 : 율학, 서학, 산학**의 6학으로 구성되어 있다.

③ 예종 때에 국자감에 설치한 7재에는 **무학도 포함**되어 있었다.

④ 국자감은 향사의 기능을 가진 **문묘와 강학**의 기능을 가진 학당이 별도로 있었다.

⑤ 입학자격 : 각 학교마다 신분에 따라 입학 자격 제한, 유학부 입학불허(잡직, 천직종사), **율학·서학·산학 일반서인 가능(성균관 양반)**

⑥ 수학기간 : 유학계 9년, 기술계 6년
교관 : **박사와 조교**

⑦ 필수 과목 : **『논어』와 『효경』**

2) 향교 : 지방민 교화 + 유학 전파

① **유교**중심과 문묘에서의 **제사**를 통해 선성선현(先聖先賢)을 추모하고 인격을 도야

② 교관 : 처음에 중앙에서 박사를 파견, 향교가 늘어나면서 지방관청에서 초빙, 지방의 수령이나 관리가 직접 교육(향교 교육의 질이 저하되는 하나의 원인)

③ 고려의 향교는 조선시대까지 이어져 발전되었다.

3) 학당 : 중앙에 설치된 국립교육기관

① 향교가 지방에 설치된 반면 학당은 중앙에 설치된 **국립교육기관**이다.

② 교육수준은 **향교와 마찬가지로 중등수준**이다.

③ 학당은 문묘가 설치되지 않았다. (학생들에게 강학만 하는 교육기관)

4) 고려시대의 교육 : 사립교육기관(십이도, 서당)

① **십이도(十二徒)** : 개경에 있었던 12개 사학(私學)의 총칭. 12공도의 시초는 1055년(문종 9) 벼슬에서 물러난 최충(崔沖)이 자신의 집 사랑채에 사숙(私塾)을 열어 후진을 양성

② **십이도**는 국립교육기관인 국자감이 교육적인 기능을 제대로 수행하지 못하게 되자 문하시중(門下侍中)을 지낸 최충(崔沖)이 학교를 열어 학생들을 교육한데서 비롯된다.

③ **십이도**의 교육수준은 향교와 학당보다는 높았다.(공양왕 3년에 폐지)

④ **서당** : 조선시대에 계승되어 더욱 발전된 민중교육기관으로 신교육이 실시될 때까지 존속해온 가장 보편화된 교육기관이었다. (향촌 사설 초등교육기관)

4. 고려시대의 교육 : 과거제도, 교육사상가, 성리학

1) 과거제도 : 광종 9년, 쌍기(雙冀)의 건의

① 고려시대의 과거는 크게 네 종류로 나누어진다.
첫째는 **문관**을 선발하는 제술업(製述業)과 명경업(明經業)이고, 둘째는 **기술관**을 선발하는 잡업(業)이며, 셋째는 교종과 선종의 **승려**를 선발하는 승과(科)이고, 넷째는 **무관**을 선발하는 무과(武科)이다.
② 이 네 종류의 과거 중 고려시대의 교육과 관련하여 가장 중요한 것은 제술·명경업과 잡업이다.
③ 제술업(시와 문장을 작성하는 능력) 시험과목 : 경의(經義), 시(詩), 부(賦), 송(頌), 시무책(時務策), 논(論) 등
④ 명경업(경서(經書)의 뜻을 해석하는 능력) 시험과목 : 상서, 주역, 모시, 춘추, 예기 등
⑤ 제술업과 명경업은 문신관료를 선발하는 양대업(大業)이다.
⑥ 고려시대에는 이 양대업에서도 제술업을 더 중시하였다. 왜냐하면 과거 시험 출제 경향이 시 짓고, 문장 만들기였기 때문이다.
⑦ 따라서 당시 귀족들은 경학보다 문예를 더 숭상하게 되었다.
⑧ 잡과는 기술과 기능에 관한 시험으로 **초기(광종 9년)**에는 **의업**(醫業)과 **복업**(業)이 있었으며, **그 후 명법업**(明法業), **명산업**(明算業), **명서업**(明書業), **지리업**(地理業)**등이 생겼다**.
⑨ 잡과의 합격자는 전문 기술직에 등용되었다.

2) 고려시대의 교육사상가 : 안향, 이색

① **안향(安珦, 1243 ~1306) : 우리나라에 처음으로 주자학 전승, 섬학전(贍學錢)을 설치**
② **이색(李穡, 1328~1396) : 고려말 성리학자, 유학 장려, 불교중시, 문무겸비인(文武兼備人)**
③ **이색**은 성리학을 사상적 근원으로 하여 유학을 장려한 것과 마찬가지로 불교도 중시하였으며 과거제에 무과를 둘 것을 강조하여 **문무겸비인(文武兼備人)**을 교육적 인간상으로 제시

3) 성리학의 교육적 특징

① 유학을 한마디로 요약할 때 **'위기지학(爲己之學)' : 자기를 위하는 학문**
② 유학은 '인간의 본성이 착하다'는 맹자(孟子)의 가정 아래, 착한 마음을 가다듬어 타고난 그대로 유지하려는 **존심양성**(存心養性)을 중시하였다.
③ 수기를 근본으로 하여 세상의 이치와 우주의 근본 원리, 하늘과 인간의 관계 등을 깨우치기 위하여 배우고 생각하는 **궁리**(窮理)에 열중
④ 소학(小學)에서 대학(大學)으로 이어지는 단계를 밟는다.
⑤ 교육과정 : 사서(四書)공부 이후 삼경으로 나아간다.

5. 조선시대 중앙 국립교육기관 : 성균관, 사학(四學: 四學堂)

1) 성균관 : 국립최고 순수한 유학 교육기관(학령이 존재)

① **문묘와 학당이 공존**하는 묘학(廟學)의 형태를 띠고 있었다. (제사+교육)

② **입학자격 : 양반, 생원(生員), 진사(進士) 시험에 합격**, 학당 성적우수자

③ **교육과정 : 4서와 5경, 역사서의 강독과 제술 및 서법으로 구성**

④ **원점법**(圓點法) : 유생(儒生)들의 출석 • 결석을 점검

⑤ 수업연한 : 4년 반, 장자, 노자, 불서, 잡류, 백가자집 등을 읽는 자는 벌하였다.

⑥ 성균관 유생 자치활동 : 재회(齋會: 일종의 학급회의)

⑦ 성균관의 학칙은 학령, 권학사목, 진학절목, 학교사목, 학교모범 등에 상세히 규정 : 오륜을 범하는 자, 절제를 잃은 자, 교만 하는 자, 자만하는 자, 사치하는 자, 교언영색을 하는 자는 퇴교, 매월 8일과 23일은 정기휴일로 세탁, 부모를 만나는 날을 준다.(활쏘기X)

2) 사학(四學: 四學堂) : 국립

① 사학은 성균관의 부속학교와 같은 성격을 지녔으며, **향교와 비슷한 중등수준의 교육기관**으로 중앙에 있었다.

② 학제와 교육방침은 성균관과 비슷하였으나, **위패를 모신 문묘를 따로 두지 않았다는 점은 향교와의 차이점이다.**

③ 재정 : 국가에서 토지와 노비를 주어 장려, 운영 경비는 성균관의 양헌고에서 지급

④ 직원은 교수 2명과 훈도 2명을 두었는데 이는 성균관 교수가 겸직하였다.

⑤ 입학자격은 10세 이상의 양반자제를 원칙, 학문이 우수한 자는 성균관에 승학

⑥ 유월도회 : 매년 6월에 네 곳의 학당에서 각각 20명씩의 유생을 선발하여 남학에 모아놓고, 경서를 강론하게 하거나 문장을 제술하게 하여, 거기에서 우수한 성적을 거둔 10명을 곧바로 생원이나 진사의 복시에 응시하게 하는 제도

3) 향교(鄕校) : 제사 + 교육

① 전국의 부 · 목 · 군 · 현에 일읍일교(一邑一校)의 원칙에 따라 설립된 지방 관학이다.

② 입학자격 : 양반, 평민

③ 교육내용 : 소학, 사서오경, 근사록 등

④ **교관** : 6품 이상의 **교수관(도호부 이상 향교)**, 7품 이하의 **훈도관(군 이하의 향교)**

⑤ 각 도의 관찰사가 매년 6월에 도내의 교생을 대상으로 도회(都會)를 개최하는 제도가 있었다.(사학의 유월도회)

6. 조선시대 사립교육기관 : 서원(書院), 서당

1) 서원 (최초서원 : 주세붕의 백운동서원)

① 교육기관으로 선현을 숭상하고 그의 학덕을 기리는 **제사의 기능**도 겸하였다.
② 관학인 향교의 부진에 따라 지방교육의 필요에 응하여 **사림들이 설립한 사학**이다.
③ 학문과 교육의 기능과 사림들의 세력을 규합하는 **정치적 기능**
④ **소수서원(紹修書院)** : 처음에는 '백운동서원'이라 불리었다. 퇴계 이황의 요청에 의해 우리나라 최초의 사액서원이 되었다. 소과 합격자인 생원 · 진사에게 유생의 자격을 우선 부여
⑤ 퇴계 이황은 서원의 **교육목적을 위기지학**(爲己之學)에 두었다.
⑥ 원규(院規) 혹은 학규(學規)라고 불리는 자체의 규약을 갖추고 있었다.
⑦ 입학자격 : 생원과 진사를 우선으로 하였으나, 생진과의 초시 합격자나 초시에 합격하지는 않았다 하더라도 학구열이 높고 행실이 바른 자도 유림의 승인을 받게 되면 입학가능

2) 서당(書堂) : 초등 수준의 교육기관

① **향교와 서원이 일상적 강학의 장소로서 제 기능을 발휘하지 못해 발달**
② 서당의 설립목적은 사학이나 향교에 입학하기 위한 준비교육기관이었으나 때로는 서당 그 자체에서도 이에 준하는 교육을 하는 경우도 있어 여기에 학(學)을 닦아 배워 생진과 초시에 응하는 수도 있었다.
③ 서당의 교육내용은 다른 교육기관과 마찬가지로 강독(읽기), 제술(글짓기), 습자(쓰기)로 이루어졌다.
④ **『소학』** : 유학 입문서, 송나라 유자징 서술(주자 지시)
⑤ **『동몽선습』** : 유학 입문서, 박세무
⑥ **『격몽요결』** : 유학 입문서, 이이
⑦ **『천자문』** : 문자 학습, 양나라 주흥사 서술

7. 조선시대 과거제도

1) 과거의 종류 : 문과(생원·진사시 포함), 무과, 잡과

① 조선시대의 과거 제도는 크게 문과(생원진사시 포함), 무과, 잡과로 나누어진다.

② **식년시(式年試)** : 조선시대에 **3년마다 정기적**으로 시행된 과거시험.

③ **정시(庭試)** : 조선시대 왕실의 경사가 있을 때와 특정 지역의 유생이나 관료를 대상으로 실시한 특별 과거.

④ **별시(別試)** : 나라에 경사(慶事)가 있을 때나 또는 천간(天干)으로 병(丙)자가 든 해인 병년(丙年)마다 보이는 문무(文武)의 과거.

2) 생원·진사시(초시, 복시), 문과(대과=초시, 복시, 전시)

① 대과(大科)인 문과에 대비하여 '소과(小科)' 또는 '사마시(司馬試)'라 불리는 생원시와 진사시는 각각 초시와 복시 2단계로 시험이 치러졌다.

② 초시는 각 지역별로 치러지고, 복시는 초시 합격자들을 서울에 모아 치러졌다.

③ **복시에 합격하면 생원 또는 진사의 칭호를 얻게 되고, 성균관에 입학할 수 있는 자격을 갖는다.**

④ **생원시**에서는 **유교경전**을, **진사시**에서는 부(賦), 시(詩) 등의 **문학**을 시험보았다.

⑤ **생원, 진사시가 '소과'** 라면 문과는 **'대과'로서 초시, 복시, 전시의 3단계로 구성**되어 있다.

⑥ **홍패(紅牌)** : 고려 · 조선시대에 과거를 치른 **최종 합격자에게 내어주던 증서.**

3) 무과(대과=초시, 복시, 전시)

① 무관을 선발하는 무과는 문과와 달리 소과가 없고 대과만 있다. **무과는 초시와 회시, 전시의 3단계로 치러졌다.**

② 초시(실기시험)는 서울 · 경기의 경우 훈련원에서 치르고, 다른 지방은 각 지역별로 치러 총 190명을 선발하였다.

③ 회시(복시)에서는 190명의 초시 합격자를 모아 유학의 경서와 무경(武經)등에 대한 강경 시험을 치러 최종적으로 28명을 선발하였다.

④ 전시는 회시 합격자 28명을 모아 마상에서 하는 기격구(騎擊毬)와 지상에서 하는 보격구(步)로 순위를 가리는 시험이었다.

4) 잡과 : 전문 기술관을 선발

① **잡과는 단일 시험으로 초시와 복시로 나누어 행했다.**

② 시험시기도 식년시이외 증광시가 있었다.

8. 조선시대 교육사상가 : 퇴계 이황, 율곡 이이

1) 퇴계 이황(李滉:1501~1570) : 『성학십도(聖學十圖)』

① 풍기군수 재임 중 주자가 백록동서원(白鹿洞書院)을 부흥한 선례를 좇아서, 고려 말기 주자학의 선구자 안향(安珦)이 공부하던 땅에 전임 군수 주세붕(周世鵬)이 창설한 **백운동서원**에 조정의 **사액(賜額)**을 바라는 글을 올리고 국가의 지원을 요청하였다. **(소수서원)**

② 왕에 대한 마지막 봉사로서 필생의 심혈을 기울여 『성학십도(聖學十圖)』를 저술하여 어린 국왕 선조에게 바쳤다.

③ **인을 실현하기 위해 경(敬)을 강조**하였다. 경이란 지적 행위와 실천 행위를 넓고 깊게 철저화한 개념으로 일신(一身)의 주재인 심(心)을 주재하는 것이다.

④ **주자의 이기이원론(理氣二元論)을 계승**하였다. 그는 우주를 이(理)와 기(氣)로 보고 이것은 한 사물의 두 성분이라 하여 이기이면론(理氣二面論)으로 발전시켰다.

⑤ **위기지학[爲己之學] 강조** : 자기 자신의 본질을 밝히기 위한 학문이라는 뜻의 유학 용어. ≪논어≫ 헌문편의 "옛날에는 자기 자신을 위해 배웠지만, 오늘날은 남을 위해 한다(古之學者爲己, 今之學者爲人)."에서 비롯되었다.

2) 율곡(栗谷) 이이(李珥:1536~1584) : 성학집요(聖學輯要), 학교모범(學校模範)

① 이이는 성리학의 핵심 주제인 이(理)와 기(氣)의 문제에 대해 **이기일원적이원론**(理氣一元的二元論)**을 주장**하였다. 율곡의 이기론(理氣論)은 기발이승설(氣理說)이었다.

② **이이의 교육목적은 성인(聖人)이 되는 것이다.** 즉, 이이는 교육을 통해 일상생활에서 오륜(五倫)과 오상(五常 : 仁義 · 禮 · 智信)의 도를 실천하는 사람을 기르고자 하였다.

③ 교육목적에 도달할 수 있는 교육방법으로는 **입지**(立志)를 강조하였다.

④ 입지의 방법은 **성**(誠) 즉, 참되고 성실한 것이다.

⑤ **『학교모범』**에 의하면 먼저 **소학(小學)을 읽고 난 다음 대학(大學)**과 근사록(近思錄)을 그 다음으로 논어, 맹자, 중용, 오경을 읽어야 한다. 그런 후 사기와 선현의 성리학의 책을 읽어서 의지와 취향을 넓히고 식견을 정밀히 해야 한다는 것이다.

⑥ **성학집요**(聖學輯要) : 1575년(선조 8) 제왕의 학문 내용을 정리해 선조에게 바친 책.

⑦ **격몽요결**(擊蒙要訣) : 1577년(선조 10) 학문을 시작하는 이들을 가르치기 위해 편찬한 책.

⑧ **학교모범**(學校模範) : 1582년(선조 15) 왕명에 의하여 지은 교육 훈규, 16조로 되어 있는데 당시 청소년의 교육을 쇄신하기 위한 것으로서, 학령(學令)의 미비한 점을 보충하였다. 학교생활 뿐만 아니라 가정 및 사회 생활의 준칙까지 제시되어 있다.

9. 조선시대 교재 및 저자 Ⅰ : 입학도설, 동몽선습, 유합

1) 입학도설(入學圖說) : 1425년(세종 7), 저자 **권근**(1352~1409)

① **성리학의 기본 원리를 도식화하여 쉽게 설명한 목판본 성리학 입문서**
② 유학교육의 기초가 되고 인간의 심성과 수양에 대한 연구를 활발하게 하는 계기마련
③ 성균관 유생들이 생활하며 공부할 때 지켜야 할 수칙으로 **학령(學令)**을 제정하였다.

2) 동몽선습(童蒙先習) : 조선 중종 때 학자 **박세무**(朴世茂)가 저술

① 《천자문》을 익히고 난 후의 학동들이 배우는 **초급교재로서 유학 입문용 교재**, 먼저 부자유친(父子有親) · 군신유의(君臣有義) · 부부유별(夫婦有別) · 장유유서(長幼有序) · 붕우유신(朋友有信)의 **오륜(五倫)을 설명**하였다.
② 이어 중국의 삼황오제(三皇五帝)에서부터 명나라까지의 역대사실(歷代史實)과 **한국의 단군에서부터 조선시대까지의 역사를 약술**하였다.
③ 학습내용을 경(經)과 사(史)로 나누어 제시하였다.
④ **일제 강점기에는 우리 역사를 다룬다는 이유로 서당의 교재로 쓰지 못하게 하였다.**

3) 유합(類合)

① **유합(類合)은 중국에서 들어온 천자문의 문제점을 비판하며 등장한 자찬 한자 학습 교재**
② 유합은 누가 언제 지었는지 분명히 알 수 없으나, 조선시대의 자찬 한자 학습 교재들의 구성과 관련하여 매우 중요한 원칙 하나를 제시하였다.
③ 그것은 바로 책의 제목과 같은 '유합'의 원칙이다.
④ 유합의 원칙이란 한자를 같은 종류끼리 묶어 제시한다는 것
⑤ 예를 들면 '(일) · (이) · (삼) · (사)'와 같이 숫자를 나타내는 한자는 그런 글자끼리 묶고, '東(동) · 西(서) · 南(남) · 北(북)'과 같이 방위를 가리키는 한자는 그런 것끼리 묶어서 같이 제시하는 식으로 교재를 구성하는 것이다.
⑥ 이렇게 같은 종류의 글자끼리 묶어서 가르치면 한자를 쉽게 배울 수 있을 뿐만 아니라 그 한자들이 가리키는 대상(숫자, 방위 등)에 대한 지식도 습득할 수 있는 장점이 있다.
⑦ 유합이 제시한 이 원칙은 「훈몽자회를 비롯한 조선시대의 여러 자찬 한자 학습 교재에 그대로 계승되었다.

9. 조선시대 교재 및 저자 II : 훈몽자회, 아학편

1) 훈몽자회(訓蒙字會) : 1527년(중종 22) **최세진**

① 최세진은 그 당시 한자학습에 사용된 ≪천자문≫과 ≪유합 類合≫의 내용이 경험세계와 직결되어 있지 않음을 비판하고, 새 · 짐승 · 풀 · 나무의 이름과 같은 실자(實字)를 위주로 교육할 것을 주장하여 이 책을 편찬하였다

② 상 · 중 · 하 3권으로 나누어 33개 항목에 걸쳐 총 3,360자의 한자를 담고 있다.

③ 훈몽자회」에서는 유합의 원칙에 따라 천문(天文) · 지리(地理) · 화품(花品) · 초훼(草) · 수목(樹木) · 과실(果實) · 화곡(禾穀) · 채소(菜) · 금조(鳥) · 수축(獸) 등의 목록으로 나누어 각각 거기에 해당하는 한자들을 네 글자씩 묶어서 제시하고 있다.

④ **훈몽자회는 한글의 교육적 활용과 관련해서도 매우 중요한 의의를 갖고 있다. 「훈몽자회」는 현전하는 한자 학습서 중 처음으로 한글을 이용해 각 한자의 소리와 뜻을 표기한 책이다.**

⑤ 한글로 소리와 뜻을 적어 놓으면 스승이 없더라도 혼자서 한자를 익힐 수 있는 장점

2) 아학편(兒學編) : 정약용(丁若鏞, 1762 ~ 1836)

① ≪천자문≫이 체계적인 글자의 배열과 초학자를 배려한 학습의 단계성이나 난이도를 전적으로 무시하고 있음을 지적하고, 이러한 내용 및 체계상의 결점을 극복하고자 저술

② **상하 각각 1,000자를 수록하여 2,000자로 구성이 되었다.**

③ **상권**에는 구체적인 명사나 자연현상 등을 실제적인 현상들의 개념을 담았고,

④ **하권**에는 추상명사, 대명사, 형용사 등의 개념을 담고 있다.

⑤ 이러한 분류법은 암기 위주의 학습을 유도하는 천자문의 한계를 극복했다라는 측면에서 교육사적인 의의가 크다고 하겠다.

10. 조선후기 실학사상과 교육

1) 실학의 등장 배경

① **성리학에 대한 회의와 전쟁** : 성리학은 관념적이고 사변적이며 주관적이어서 현실과 거리가 먼 공리공담의 허구적인 학문으로 급기야는 당쟁에 휘말리는 결과를 초래하게 되었다.

② **중국으로부터 들어온 서양 학문의 영향** : 실학자들은 자연과학이나 천주교에 관심을 가지고 이것을 학문으로 연구함으로써 조선 사회의 구조적인 모순을 타파하려 하였다.

2) 실학의 학풍

① **경세치용**(經世致用)학파 : 경세치용학파들은 조선의 현실을 개혁하기 위한 방법으로 토지 개혁을 강조하였다. 성호 이익(李瀷)과 반계 유형원(柳馨遠) 등 - 성호학파

② **이용후생**(利用厚生)학파 : 발달된 청나라의 문물 및 기술을 수입하여 활용할 것을 강조하였다. 박지원(朴趾源), 박제가(朴齊家), 홍대용(洪大容) 등은 상업 및 공업을 장려하고 생산기술을 발전시킴으로써 부국강병을 이룰 수 있다고 주장 - 북학파

③ **실사구시**(實事求是)학파 : 사실적인 것에서 진리를 탐구하려는 학풍이 강한 학파로서 강경서, 금석, 전고 등의 고증에 관심, 추사(秋史) 김정희(金正喜)

3) 실학과 교육

① 신분을 초월한 교육의 기회균등과 개인차를 고려한 교육을 주장하였다.

② 과거제도의 관리·운영상의 불공정, 시험위주의 교육이 갖는 역기능과 그로 인하여 파생되는 사회적 문제들을 비판하고 대안을 제시하였다.

③ 한글을 보급하고 발전하는데 기여하였다.

④ 중국고전 중심의 교육을 비판하고 우리 역사와 지리를 가르쳐야할 것을 주장하였다.

⑤ 체계적인 학제를 제안하였다.

⑥ **정약용은 『』천자문(千字文)』, 『사략(史略)』, 『통감절요(通鑑節要)』를 가르쳐서는 안 된다는 불가독설(不可讀設)을 주장하였다.**

⑦ 『천자문』은 문자가 체계적으로 배열되어 있지 않기 때문에 문자를 학습하는데 비효과적이라고 지적했다. 『사략』은 중국의 역사책을 요약한 것인데 대부분 이 허구(虛構)라고 보고 조선 교육의 발전을 위하여 『사략』을 없애야 함을 주장하였다. 『통감절요』는 중국에서도 인정받지 못하는 책인데 조선에서 읽히고 있음을 개탄하였다.

형원은 『반계수록磻溪隧錄』에서 과거제를 폐지하고 학교교육을 통하여 능력 있는 인물을 관리로 등용할 것을 주장하였다.

11. 관립신식학교 : 동문학, 육영공원, 연무공원

1) 동문학(同文學) : 1883년 통변학교

① 1883년 8월에 설립된 관립 외국어 교육기관이다.

② 근본 목적은 **영어 통역관을 양성**하는 일이다.

③ 1886년 우리나라 최초의 근대식 학교인 육영공원(育英公院)이 세워지자 동문학(同文學)은 문을 닫았다. 겨우 3년 간 지속되었지만, 최초의 관립 외국어 교육기관으로서 초기 서양 어학 교육에 기여하였다.

2) 육영공원(育英公院) : 1886년 최초의 근대식 관립 교육기관

① 조선 후기 한국 최초의 근대식 공립교육기관으로 근대적 신교육으로 발전하는 교량적 역할

② **영어교육을 지나치게 강조**하고 **고급 양반 자제만을 대상**으로 삼는 등 **국민 대중 교육에는 한계**가 있었다.

③ 영어는 물론 농·공·상·의학 등의 다양한 서양 학문 포함

3) 연무공원(鍊武公院) : 1888년

① 연무공원은 글자 그대로 '무예 수련을 위한 관립 학교로서, **신식 무관을 양성하기 위한 목적**을 갖고 있었다.

② 연무공원은 1894년의 갑오개혁 때에 사관학교로 발전하였고, 이듬해에 다시 무관학교로 개편되어 대한제국 시기의 신식 무관 양성 기관으로 자리 잡는다.

12. 사립신식학교

1) 배론신학당(1855) : 1855년(철종 6) 충청북도 제천에 설립되었던 신학교.

① 천주교 프랑스인 신부들이 설립한 우리나라 최초의 신학교(神學校)이다.

② 한편 신부 다블뤼(Daveluy)를 보좌주교로 선정하여 예비자 교육용 서적을 출판하였으며, 일반 신도 교육의 요람 구실을 하기도 하였다.

③ 신학생 교육장만이 아니라, 간접적으로는 민중 교화에까지 공헌하였으며, 당시 우리나라에서는 유일하게 초·중·고등 교육을 함께 실시한 근대 학교

2) 원산학사(1883) : **우리나라 최초의 민간인에 의해 설립**

① 원산학사는 강화도 조약 이후 개항하게 된 원산에서 그 곳 주민들이 외국의 도전과 새로운 정세에 대응하기 위해 교육의 필요성을 인식하게 되면서 설립되었다.

② 원산학사의 역사적 의의는 지방민이 힘과 기금을 모아 자발적으로 설립하였다는 점,

③ 외국의 학교를 모방한 것이 아니라 서당을 개량하여 설립하여 이것을 근대학교로 계승하였다는 점, 관민이 힘을 모아 설립하였다는 점이다

3) 배재학당(1885) : 미국 북감리교 선교사인 H.G.아펜젤러

① 오늘날의 배재중학교·배재고등학교·배재대학교의 전신이다.

② 아펜젤러는 "통역관을 양성하거나 우리 학교의 일꾼을 가르치려는 것이 아니라, 자유의 교육을 받은 사람을 내보내려는 것이다"라고 설립목적을 밝혔고,

③ 당시 인쇄부는 한국의 현대식 인쇄 시설의 효시이다. 고종이 '배재학당(培材學堂)'이라 이름지어 간판을 써 줌.

4) 이화학당(1886) : 한국 최초의 사립여성교육기관

① 제1대 당장인 스크랜튼의 교육이념은 기독교 교육을 통하여 한국여성들을 '더 나은 한국인으로 양성하는 것', 즉 한국인의 긍지와 존엄성을 회복하고 진정한 한국인을 육성하는 것

② 1887년 2월 고종황제가 외아문을 통해 '이화학당(梨花學堂)'이라는 교명과 현판을 하사

5) 도산 안창호

① **점진학교**(1899)는 독립협회 해산 후 도산이 고향으로 돌아와 1899년 강서군 동진면 암화리에 세운 학교로 우리나라 사람의 손으로 세운 최초의 남녀공학 사립학교이다.

② **대성학교**(1908)는 도산이 1908년 9월에 평양에 설립, '주인정신'을 교훈으로 삼아 독립정신 및 책임정신과 주체적 정신을 강조하고, **무실역행**(務實力行)과 성실한 생활을 인격 양성의 기본철학

13. 갑오 · 광무개혁과 근대교육의 제도화

1) 개요

① 1880년대 등장한 여러 신식학교에 의해 바탕이 형성된 한국 근대교육은 1894년 갑오개혁과 함께 추진된 일련의 교육개혁을 통해 조선 사회에 제도적으로 정착하기 시작하였다.

② 갑오개혁의 미진한 부분은 1899년 이후 이루어진 광무개혁에 의해 상당 부분 보완되었으며, 이렇게 하여 근대적 학제가 틀을 갖추게 되었다.

2) 갑오개혁 : 1894년(고종 31) 7월부터 1896년 2월까지 추진되었던 일련의 개혁운동

① 갑오개혁은 1894년 봄에 일어난 동학농민운동을 진압한 뒤 일본의 지원을 받아 수립된 신정권이 개혁 추진 기구로 설치한 군국기무처의 주도로 진행되었다.

② 군국기무처는 정치제도의 개편을 추진하여 종래의 육조를 폐지하고 그 기능을 내무 · 외부 · 탁지 · 군무 · 법무 · 학무 · 공무 · 동상 등 8아문에 분속시켰다.

③ 이전까지 예조가 관장하던 학교 · 과거에 관한 사무는 새로 설치된 학무아문이 담당하게 되었다.

④ 과거 제도를 폐지하고 문벌과 반상(班常) 제도의 혁파, 문존무비(文尊武卑)의 차별 폐지, 공사 노비법의 혁파 등을 단행하였다.

3) 고종의 교육입국조서(敎育立國詔書) : 갑오개혁 이후 1895년(국가 부강은 교육 + 실용성)

① 갑오개혁에 의해 근대적 교육제도들이 마련되었고, 이어서 교육입국조서가 반포되었다.

② 교육입국조서는 '국가의 부강은 지식의 개명에 달려 있으니, 교육은 실로 국가를 보존하는 근본이라.'는 내용으로, 교육입국정신에 따라 정부는 소학교, 중학교, 사범학교, 외국어학교 등 각종 관립학교를 세웠다. **(교원양성을 위해 1895년 한성사범학교 설치)**

③ 교육의 3대 강령으로 **덕양(德養), 체양(體養), 지양(智養)**을 제시

④ 과거의 허명(虛名)교육을 버리고 **실용(實用)교육을 중시**

4) 광무개혁 1899년(광무 3)

① 대한제국 선포 후 그간의 교육개혁 성과가 미진한 점을 우려하던 고종은 1899년(광무 3)에 다음과 같은 내용의 조서를 발표하고 교육개혁에 다시 박차를 가한다.

② 신설한 학교는 겨우 형식에 그칠 뿐이고 교육의 방법에는 전혀 어두워서 5~6년 이래로 조금도 진보한 보람이 없으며, 상공학교(工學에 이르러서는 더욱 급선무가 되므로 지난해에 일찍이 칙명을 내림이 있었으나 아직까지 개설을 논의한 것이 없으니, 이처럼 미루면 무슨 일을 할 수 있겠는가?

③ 대한제국 시기의 광무개혁을 통해 갑오개혁 이후 추진되어 온 근대적 교육제도 수립의 성과가 어느 정도 윤곽을 드러내게 되었다.

14. 일제 강점기 교육

1) 조선교육령(朝鮮教育令)

① **일제강점기의 한국인에 대한 일제의 교육방침과 교육에 관한 법령**

② 교육방침은 우리 민족에게 이성이 발달할 수 있는 교육기회를 주지 않는 데 있었다.

③ 일본신민화(日本臣民化)의 토대가 되는 일본어의 보급, 이른바 충량(忠良)한 제국 신민과 그들의 부림을 잘 받는 실용적인 근로인·하급관리·사무원 양성을 목적으로 하였다.

2) 제1차 「조선교육령(1911~1922)」: 일본어 보급 목적 + 한국인 우민화(愚民化)

① 우리 민족을 이른바 일본에 '충량한 국민'으로 만들고자 노력

② 노동력을 착취하기 위하여 한국인에게 저급한 실업교육을 장려

3) 제2차 「조선교육령」: 1919년 3·1운동 이후 개정, 반일감정에 대한 회유책

① '문화정치'를 표방하여, 형식상으로는 일본 학제와 동일하게 융화정책을 사용하였다.

② 그러나 이면에 숨겨진 교육정책은, 동일한 교육제도와 교육기간을 확충함으로써 일본식 교육을 강화하여 우리 민족의 사상을 일본화 또는 말살하려는 데 있었다.

③ **종래 4년이던 보통학교의 수업연한을 6년으로 연장**하고, 각급 학교의 교과목 중 종래에는 폐지되었던 **국어를 필수 과목**으로 하였다.

④ **고등보통학교는 5년, 여자고등보통학교 4년**, 사범학교 및 대학설립 조항을 둠

⑤ 독립운동가들이 조선교육회를 발기하고 '**조선민립대학설립운동**'을 전개하여 종합대학의 설립을 추진하자, 일제(日帝)가 한국인의 고등교육기관을 봉쇄할 목적으로 경성제국대학설립

⑥ **제2차 「조선교육령」 시기에 조선인의 보통학교 재학생 수는 증가하였다.**

4) 제3차 「조선교육령(1938~1943)」: 전시준비교육

① 교명을 일본인 학교와 동일하게 개칭하여 교육제도상으로 보아서 한국인과 일본인 간에 차별대우가 철폐되었다고 하였으나, 그 실상은 일본인이 사립학교의 교장이나 교무주임의 자리를 차지하도록 하는 방침이었다.

② 교육목적을 뒷받침하는 교육내용으로 일본어·일본사·수신·체육 등의 교과를 강화하였다.

5) 제4차 「조선교육령(1943~1945)」: 전시총동원 체제

일제는 식민지 동안 황국신민화교육을 통해 우리민족의 민족성을 말살하는 데만 그친 것이 아니라 그들의 침략전쟁에도 동원하여 육체, 지식, 기능 등을 이용하여 군사체계화를 자행하였다.

XII. 교육사회

심화				23	22	21	20	19	18	17	16	15	14	13	12	11	10
교육사회	거시	기능	개념		●●*		●	●			●*	*	●	●	●		
			뒤르껭	●		*			●								
			파슨스				*										
			드리븐													●	
			기술기능주의														
			인간자본론														
		갈등	개념		*		●	●			●		●	●			
			보울스 진티스				*			●							
			부르디외	*		●		*	*	●			●			●	
			알튀세														
			프레이리				*			*							
			일리치	*								●					
			학력상승이론												●		
			지위경쟁이론														
			윌리스														
	미시	신교육	개념			●								*			
		교육과정	번스타인									*	●				
			애플	●													
		상징적 상호작용	미드														
		청소년 비행		●*													
	평등	조건			*			●									
		콜맨		●									*				
		결과								●*			●	●*		●	
		롤스					*										
		사회자본		●					●				●				
	문화	문화실조				*											
		다문화	뱅크스										●				

● : 국가직 * : 지방직

1. 기능론 : 교육과 사회관계 긍정

1) 교육의 사회적 기능

① 문화유산 보존 및 전달기능
② 사회통합의 기능
③ 사회충원의 기능 : 인력의 선발과 분류, 배치의 기능
④ 사회적 지위 이동의 기능 : 수직(사회계층이동)적 · 수평(직종과 지역)적 기능
⑤ 사회개혁 기능

2) 시험의 기능

① 지식의 공식화와 위계화
② 문화의 형성과 변화
③ 사회적 선발

2. 기능이론 : 뒤르껭

1) 뒤르켐(Durkheim)의 교육 사회화론 : 교육사회학의 창시자

① 사회화로서 교육은 사회에서 요구하는 가치, 규범, 성격 등 성인생환에 필요한 것을 아동에게 전수하여 미래의 사회생활에 원만하게 적용할 수 있도록 도와준다.
② 아동에게 **도덕적, 지적, 신체적** 계발을 중요하게 보았다.
③ 사회화의 두 가지 면
㉠ **보편사회화** : 사회 전체의 기반이 되는 **지적 · 도덕적 · 신체적** 특성 등을 아동에게 내면화시킨다. 교육은 한 사회의 동질성 확보를 위해 **집합의식과 보편적 가치**를 강조하여 사회적 결속력과 안정을 유지하게 한다.
㉡ **특수사회화** : 산업화가 됨에 따라 사회적 분화가 가속화되면서 발생하는 각 직업에 필요한 지적, 도덕적, 신체적 특성을 마련해 주는 것이다. 교육은 **각 직업에 필요한 적절한 사회화**를 전수하여, 각 직업 간의 유연한 결속력과 운영의 효율을 도모한다.
④ **도덕교육 강조 : 도덕내용 변화, 체벌금지**
⑤ 현대의 분화된 사회에서 한 개인은 여러 종류의 사회집단에 소속되지만 **도덕의 점진적 보편화**로 그들 간에 갈등은 나타나지 않는다고 보았다. **(도덕내용 변화)**

3. 기능이론 : 파슨스, 드리븐, 기술기능주의, 인간자본론

1) 파슨스(Parsons)의 학급 사회화론

① 사회체계를 유기체 혹은 생존체계로 비유한다. 각각의 사회체계는 유기체와 같이 상호 관련되어 기능한다고 한다.

② 모든 사회체계는 자신의 독립적인 체계를 가지고 있지만, 생존을 위해서 **다른 체계와 상호 안정적이고 균형적인 관계를 유지함.**

③ 한 사회가 통합적이며 안정적으로 운영되기 위해서는 학생들에게 필요한 특정 역할의 자질과 책임을 발달시켜야 함.

④ 학교는 사회적 역할을 잘 수행할 수 있는 학생을 분류하기 위한 **선발 과정을 거쳐 사회의 각 기관에 배치**해야 함.

2) 드리븐 (Dreeben) : 규범적 사회화

① **독립성** : 스스로 모든 일을 처리하고 책임을 수행하려는 태도이다. **(과제, 시험부정)**

② **보편성** : 다른 학생들과 모든 것을 공유하는 태도이다. 동일연령의 학생들이 같은 학습내용과 과제를 공유하게 함으로써 형성된다.(공동)

③ **특정성** : 자신의 흥미와 적성을 고려하는 태도 등을 말한다.(예외)

④ **성취성** : 최선을 다하여 자신에게 부여되는 과제를 수행하려는 태도이다.(성과)

3) 기술기능주의 이론

① 복잡한 산업사회에서 점차 기술의 수준이 높아감에 따라 학교는 사회의 구성원이 제 역할을 다할 수 있도록 인지적 능력, 전문적 기술과 지식을 가르쳐야 한다고 주장한다.

② **사회의 기술의 정도에 따라 학교가 팽창하게 된다고 한다.**

③ 학교교육은 기술교육을 통해 경제의 효율성을 증가시키며 이러한 기술적인 효율성의 증가는 숙련된 노동력을 길러 낼 수 있도록 학교교육을 변화시킨다는 것이다.

4) 인간자본론(human capital theory) : 슐츠(T. Schultz)

① 교육을 '증가된 배당금'의 형태로 미래에 되돌려 받을 인간자본의 투자로 보면서 **인간이 교육을 통해 지식과 기술을 갖추게 될 때 인간의 경제적 가치는 증가**하게 된다고 본다.

② 학력에 따른 수입의 차이는 교육에 의한 지식과 기술의 차이, 즉 생산성의 차이 때문이라고 설명한다.

③ 전체적으로 국가의 경제성장에 교육이 기여한다는 것을 강조함은 물론 개인적인 소득 향상에도 기여한다고 하여 교육을 사회 발전의 동인으로 간주한다.

4. 갈등론

1) 등장 배경 및 사회관

① 1960년대 전후로 하여 기능주의의 사회구조적 모순이 서서히 노출되기 시작하였다.

② 갈등주의 사회학은 1960년대의 사회 분위기에 편승하여 **교육을 통해서 사회적 불평등을 완화할 수 있다는 믿음에 의문을 제기**하였다.

③ 학교교육의 근본적 문제에 대해 신랄하게 비판하는 연구들이 나오게 되었다. 대표적으로 「콜맨 보고서(Coleman Report)」, 일리치(Ilich)의 「탈학교사회」, 프레이리(P. Freire)의 「의식화 교육」 등을 들 수 있다.

④ 이들은 **학교의 비인간화 교육에 대한 비판**을 하면서, 문제의 원인을 학교교육과 사회구조적 불평등과 관련시키고 있다.

2) 갈등론적 교육관: 지배계급의 이데올로기 주입+생산관계의 재생산→ 사회재생산

① 학교교육은 보편적이고 합일적인 가치를 추구한 것이 아니라 지배집단의 이익을 반영

② 학교에서 추구하는 능력주의는 지배집단에게 유리하게 편성되어 있으며, 피지배집단에게는 심한 좌절감과 열등감을 심어 준다.

③ 자본주의 사회에서 학교란 지배집단이 자신의 불평등한 위계관계를 정당화하고, 계급 간의 긴장과 갈등을 완화하는 이데올로기적 교화 기관이다.

3) 학교교육의 역기능

① 학교교육은 기존의 사회구조를 재생산한다.

② 학교교육은 계급구조와 불평등을 정당화한다.

4) 시험의 기능

① 규범과 가치관 통제

② 지식의 공식화와 위계화

③ 기존 사회질서의 정당화와 재생산

5) 종속이론 : 국가 간 불평등에 관심

① 교육과정이 국가간 지배-종속 관계를 재생산하는 주요 메커니즘으로 작용한다고 주장한다.

② 강대국의 약소국 지배는 군사력과 경제력뿐 아니라 문화를 통해서도 이루어진다는 점에 주목한다.

③ **카노이**(Canoy, 1974)는 식민지의 교육이 어떻게 식민지 국민의 의식을 왜곡시켜 지배자들에게 자발적으로 복종하게 만들었는지를 논의하였다.

5. 경제적 재생산론 : 볼스와 긴티스(S. Bowles & H. Gintis)

1) 경제적 재생산론(economic reproduction theory)

① 자본주의 사회는 성격상 불평등한 관계로 구성되어 있어서 계급적 갈등이 불가피하므로 학교교육은 계급적 갈등을 완화하고 자본주의 사회의 불평등 체제를 유지하는 도구적 수단이라고 본다.

② **학교교육이란 자본주의 사회의 계급적 모순을 은폐하고, 불평등한 위계적 관계를 정당화**하여 지배계급의 사회적 이점을 유지하며, 재생산 기능을 수행하는 제도적 장치라고 인식하고 있다.

2) 대응이론(상응이론)

① 1976년에 미국의 매사추세츠 공업 지역의 학교교육을 역사적으로 분석한 「미국 자본주의 사회와 학교교육」을 발표하면서, 경제적 재생산론이라는 새로운 관점을 제시하였다.

② 보울스와 긴티스의 경제적 재생산론의 핵심은 대응이론(혹은 상응이론)이다. **대응이론**이란 **자본주의 사회에서 학교교육은 불평등한 사회적 위계관계를 정당화·합법화함으로써 지배계급인 자본가 계급의 사회적 이익을 유지하는 기능을 한다는 것**이다.

③ 학교에서 높은 학업성취로 인해 좋은 학력을 취득한 사람은 그렇지 않은 사람보다 우수하다는 인식이다. **자본가 계급은 노동자 계급보다 학력 수준이 높기 때문에 결국 노동자 계급은 자본가 계급에 순응해야 한다는 것이다.**

④ 학교교육은 객관화된 검사인 지능, 성적, 적성 등에 과학적 믿음을 부여하여 사회적 정당성을 확보하고 있다. 검사 결과는 의심 없이 받아들여야 하는 타당한 과학적 근거가 된다.

⑤ 그러나 볼스와 긴티스는 객관화된 검사는 과학적 이데올로기에 의해 지지된 사회공학적 허구며, 객관화된 검사 자체가 완전한 과학적 근거를 갖추지 못하고 있다고 하였다.

⑥ 또한 학교교육의 객관화된 검사는 지배계급의 학생에게 유리하게 편성되어 있어, 피지배계급 학생은 처음부터 불리할 수밖에 없다.

⑦ 결국 학교교육의 능력주의는 경제적 실패 요인을 개인의 능력 부족으로 여기게 하여, 불평등한 사회구조를 은폐하고 있다. 학교교육의 능력주의는 교육의 위계적 단계에 따른 계급적 분절 의식을 심어 주는 핵심적인 이데올로기적 기능을 수행한다.

⑧ **대응이론은 자본주의적 생산의 위계관계를 학교에서 그대로 반영**하고 있다고 한다.

6. 문화적 재생산론(cultural reproduction theory) : 부르디외(Bourdieu, P.)

1) 개요

① **문화적 재생산론**은 자본주의 사회가 불평등한 구조적 모순에도 불구하고 자연스럽게 유지되는 이유를 문화 영역과 계급구조에 초점을 두어 밝히고 있다.

② 학교교육은 은연중에 자본주의 사회의 지배계급인 상류층의 문화를 강조하고 있으며, 이러한 문화적 기준에 따라 학생의 선발과 배치 기능을 한다.

③ 학교교육은 **상류층의 문화가 보편적 가치 기준이 되어 지배계급 학생에게 유리하게 작용하고 있으며, 궁극적으로 자본주의 사회의 계급적 불평등을 은밀히 재생산**하고 있다.

2) 부르디외의 4가지 자본 : 문화적 자본(고전 음악, 대중음악)

① 경제적 자본(economic capital): 금전, 토지, 임금 등의 화폐 요소를 의미.

② 사회적 자본(social capital): 특정 집단에 소속되어 사회 관계망을 형성하여 영향력을 미치는 자본. 학맥과 정치사회적 연줄 등을 의미.

③ **문화적 자본(cultural capital): 특정 문화에 계급적 가치가 부여되어 자본적 역할을 수행하는 것을 의미.**

④ 상징적 자본(symbolic capital): 경제적 자본 + 사회적 자본 + 문화적 자본의 결합에서 파생되어 얻어진 신뢰, 위신, 명예, 존경, 명성 등을 의미

3) 문화적자본의 3가지 핵심 자본 : 아비투스적 자본

① 몸과 마음속에 오랫동안 지속적인 상태로 남아 있는 성향들의 형태인 **아비투스적 자본**(habitus capital).

② 책, 그림, 사전, 도구, 기계와 같은 형태의 객관화된 자본(objective capital).

③ 학위, 학력, 자격증 같은 제도화된 자본(institutional capital).

4) 상류계급의 문화가 우월하고, 보편적 가치를 띤 것처럼 착각하는 것은 상징적 폭력(symbolic violence)의 작용 때문이다.

① 학교에서는 **'상징적 폭력'**을 행사하여 지배와 종속을 강화하며, 학교교육을 통해 자본가 계급의 '아비투스(habitus)'를 노동자 계급의 아동들에게 주입하여 기존의 질서를 유지시켜 나간다.

② **부르디외는 상징적 폭력의 대표적 기관을 학교**라고 보았다.

7. 알튀세(Althusser), 윌리스(P. Willis)

1) 알튀세(Althusser)의 사회구성체이론

① 알튀세는 프랑스를 대표하는 사회철학자 중의 한 명으로, **학교교육**은 자본주의 사회는 생산 관계의 유지에 필요한 **지식, 기술, 태도, 가치 등을 아동에게 전수**하고 나아가 사회에 복종하는 순치된 노동력을 재생산하는 핵심장치이다.

② 알튀세는 **학교교육과 생산관계의 경제적, 정치적, 이데올로기적 실천 단계를 설명하기 위해 사회구성체(social formations)의 형성 요건에 대해 논의**하였다.

③ 사회구성체는 국가 통치기구로서 두 가지 장치로 구성되어 있다.

④ 억압적 국가기구(repressive state apparatus: RSA)는 강제적 힘을 행사하는 경찰, 군, 행정부, 교도관 등으로 구성되어 있다.

⑤ **이데올로기적 국가기구(ideological state apparatus: ISA)는 교육**, 종교, 가족, 법, 정치, 무역, 미디어 · 문화적 ISA 로 구분되며, 자발적 동의를 창출하는 기능을 수행하고 있다.

8. 윌리스(P. Willis)

1) 저항이론 : 윌리스(P. Willis)

① 재생산론의 인간관은 경제와 문화라는 구조에 인간을 한정시킴으로써 지배계급에 종속되는 구조적 존재로 보고 있다. (인간은 사회구조에 의해서만 영향을 받는 수동적 존재로 이해)

② **저항이론**은 재생산론과 같이 인간을 구조적이며 수동적 존재로 파악하는 관점을 비판하면서. **인간을 새로운 사회개혁을 주도하는 능동적이고 자율적인 존재로 인식**한다.

③ 공장 주변에 위치한 영국의 남녀공학 중등학교를 분석

④ 이 학교의 문제아들은 가부장적 육체문화가 지배하는 부모의 공장문화를 선호한다. (**문제아='사나이'**, 사나이들은 **모범 학생**들을 수동적 존재라는 의미에서 **'귓구멍'**이라고 부른다.)

⑤ **사나이들은** 자신들이 열등한 사회구조적 위치에 있는 것을 **간파(penetration)**하고, **구조적 순응을 거부하는 반문화(counter culture) 행위**를 한다.

9. 무정부적 이상론 : 프레이리, 일리치, 라이머

1) 문제제기식교육(problem-posing education) : 프레이리(P. Freire)

① **지배계급의 도구적 수단으로 전락한 교육 형태는 은행저축식교육**이다.

② 은행저축식교육은 기계적으로 암기하고 반복시킴으로써 사회의 불평등한 실체를 이해하지 못하게 하고, 수동적이며 타율적인 인간으로 길들인다.

③ 이를 극복하기 위해 프레이리는 억압받는 민중들이 그들 자신의 삶을 반성하고 사회 현실을 올바르게 인식할 수 있는 **'의식화 교육'을 강조**하였다.

④ 구체적으로 그는 교사와 학생의 수평적 관계 속에서 사회 현실에 대한 올바른 이해와 성찰적 사고를 통해 **비판적사고를 형성**하게 하는 **문제제기식교육을 제안**하였다.

2) 탈학교 사회(학습망) : 일리치(Illich)

① 교육은 인간의 자주성과 창의성을 마비시키고 인간을 정형화된 규격체로 양성하고 있다고 한다. 제도화된 기관들은 인간의 욕구와 잠재 능력을 억압하고 있으며 사회실체를 왜곡하고 있다고 비판하였다.

② 학습이 학교에 의해서만 이루어지는 것은 아니고, 학교가 반드시 학습의 증진을 가져다 주는 것도 아니다.

③ 그는 교육의 이러한 모순적 기능을 극복하기 위해서 제도화되고, **정형화된 틀을 강요하는 교육에서 벗어나는 '탈학교'를 주장**하였다.

④ 탈학교의 구체적 실현을 위해 기존의 학교제도를 대신해 '학습을 위한 네트워크'를 만들어야 하며 모든 사람이 언제, **어디서든 원하면 교육을 받을 수 있는 '학습망(learning web)'을 제안**하였다.

⑤ 학습에 필요한 정보나 자료를 도서관, 박물관, 극장, 농장, 공장, 공항 등에 비치하여 원하는 사람에게 제공한다.

⑥ '기술보유 인명록'을 제작, 비치하여 기술보유자와의 접촉방법, 기술제공에 필요한 조건 등을 알려줌으로써 기술 교환, 기술공유를 활성화시킨다.

⑦ 다양한 분야의 활동기록을 축적, 보존하여 해당 영역에서 탐구의 동료를 찾고자 하는 이들을 위한 의사소통망을 형성한다.

3) 학교사망론 : 라이머(Reimer)는 일리치(I. Illich)와의 토론과 대화 끝에 1971년 그의 저서 『학교사망론(School is dead)』을 통해 현대사회의 교육제도를 비판하였다.

4) 학급 위기론 : 실버만(C. E. Silberman)은 『학급의 위기 (Crisis in the Classroom)』에서 미국 교육의 위기적 상황을 경고하고 인간교육으로의 방향 전환을 제안

10. 학력상승 이론

1) **학습욕구이론 :** 아리스토텔레스(모든 인간은 천성적으로 알고자 하는 욕구를 지니고 있다)

2) **기술기능이론 : 클락(B. Clark) :** 산업사회에 있어서는 누구나 어떤 종류의 직업을 갖게 마련인데, 과학기술의 부단한 발달 때문에 직업기술의 수준이 계속 향상됨에 따라 사람들의 학력이 높아질 수밖에 없다는 것이다.

3) **지위경쟁이론 :** 학력이 사회적 지위획득의 수단이기 때문에 사람들이 경쟁적으로 높은 학력을 취득하는 탓으로 학력이 계속하여 높아진다고 설명한다.

4) **졸업장병 (diploma disease) :** 도어(Dore)는 지위획득 수단으로 학력이 작용하며 진학률의 상승을 유발하여 졸업생이 증가하고 그렇게 되면 학력의 가치가 떨어지므로 새로운 학력상승의 요인이 된다는 사실을 분명하게 보여주고 있다.

5) **기술기능이론과 지위경쟁이론을 비교 : 콜린스(R. Collins)**는 학교교육 확대현상을 설명하는데 있어서 기능이론과 갈등이론 가운데 어느 쪽이 더 우수한가를 밝히려 하였으며 학교교육이 확대된 주원인은 지위경쟁이라는 것이다. 그리고 기술의 진보는 영향이 없는 것은 아니나 미약하다는 것이다.

6) **마르크스이론(상응이론) :** 상응이론에 의하면 자본주의 경제구조와 학교 교육은 상응관계에 있기 때문에 자본주의 경제의 확대에 따라 학교교육도 확대된다는 것이다. 상응이론에 근거한 학교교육의 팽창에 관한 설명은 보울즈와 진티스가 미국교육을 대상으로 하여 구체적으로 발전시켰다. 즉, 교육제도는 자본주의 사회인 미국의 자본가 계급의 이익을 위하여 자본가 계급에 의하여 발전하였다는 것이다.

7) **국민통합이론(벤딕스) :** 기능이론과 마르크스이론이 **경제적 요인**에 초점을 두어 교육 팽창을 설명하고, 지위경쟁이론이 **사회적 요인**에 초점을 두고 설명한 데 비해 교육팽창을 **정치적 요인**에 의해 설명하는 이론으로 국가의 형성과 이에 따른 국민 통합의 필요성 때문에 교육이 팽창되었다고 설명한다.

11. 신교육사회학 교육 : 해석적 패러다임 (interpretive paradigm)

1) 개념

신교육사회학은 **학교의 내부 과정**에서 이루어지는 **미시적 수준**을 분석하고, **인간의 상호작용** 행위에 대해 객관적이고 일정한 틀보다는 상황에 따른 **해석적 과정을 요구**한다.

구 교육사회학과 신 교육사회학 비교

	구교육사회학(전통적)	신교육사회학(해석적)
관점	거시적, 결정론적	미시적, 이해론적
연구관심	사회구조	일상적 생활세계, 구성원의 행위, 구성원이 행위에 부여하는 의미, 구성원들 사이의 상호작용
인간의 본질	수동성, 사회화의 산물, 자유의지와 주체성 결여	주체성, 능동성, 상징성, 자유의지 강조
연구방법	실증주의적 연구방법, 과학적 조사연구	해석적 이해, 관찰과 행위자와의 대화를 통한 질적 연구

2) 이론적 특징

① 거시적 수준에서 벗어나 미시적 수준의 학교 내부에 숨어 있는 사회적 역학관계를 밝히기 위한 것이다.

② 교과내용의 지식 구성과 교사와 학생의 상호작용 관계에 주목하고 있다.

③ 미시적 수준의 사회적 관계를 이해하기 위해, 연구 방법론을 주로 해석적 패러다임에 의존하였다.

④ 해석적 패러다임은 인간의 상호작용 속에 일어나는 해석과 의미 부여에 관심을 두고 있으며, 연역적 설명보다 귀납적 설명, 즉 일상생활의 세계를 구체적으로 이해할 수 있는 해석적 과정에 초점을 두고 있다.

3) 주요 이론적 관점

① **교육과정과 학교지식**에 관한 것이다.

② **숨은 교육과정**을 들 수 있다.

③ **교사와 학생의 상호작용**을 들 수 있다.

12. 교육과정 사회학 II : 번스타인(B. Bernstein)

1) 번스타인의 언어 유형 : 정교화된 코드와 제한된 코드

① **정교화된 코드**(elaborted code) : 주로 **상위계급**이 선호하는 언어 코드로서, 문법과 문장 규칙이 정확하고 의미 수준이 높은 상징체계를 많이 사용한다. 문장 구성은 **복잡하며 논리적이고 체계적**이다.

② **제한된 코드**(restricted code) : **하위계급**이 소유한 언어 코드로서, 문법과 문장 규칙이 부정확하며 사용하는 상징체계의 수준도 낮다. 문장 구성은 **단순하며 비논리적이고 비체계적**이다.

③ 시사점 : 학교교육은 체계화된 언어 유형인 정교화된 코드를 선호하기 때문에, 상위계급 아동은 하위계급 아동보다 학업성취에서 우월하여, 미래에 차지할 직업적 지위에 대해서도 유리한 위치에 놓이게 된다.

2) 코드 : 집합형 코드(collection code), 통합형 코드(intergrated code)

① **집합형 코드**로 구성된 교육과정은 교과목 간의 전문성이 강조되며 교과내용의 경계선이 뚜렷이 구분된다. 수평적 관계보다 수직적 관계를 추구하여 사회의 위계적 계급구조를 반영한다.

② **통합형 코드**로 구성된 교육과정은 교과목 간의 내용 경계선이 구분되지 않으며, 교과목의 통합으로 인한 수평적 관계와 이데올로기적 합의가 내재해 있다.

3) 분류화(classfication)와 구조화(framing)

① **분류화**는 내용 사이의 경계 유지 정도를 의미한다. 즉, 과목 간, 전공분야 간, 학과 간의 구분을 말한다. 한편,

② **구조**는 과목 또는 학과 내의 조직의 문제로 가르칠 내용과 가르치지 않을 내용의 구분이 뚜렷한 정도, 계열성의 엄격성, 시간배정의 엄격성 등을 포함하는 개념이다. 즉, 교육내용의 선정, 조직, 진도에 대하여 교사와 학생이 소유하고 있는 통제력의 정도를 의미한다.

③ 분류가 강할 경우 상급과정으로 갈수록 지식이 세분화되고 전문화되는 반면, 분류가 약할 경우 상급과정으로 갈수록 지식이 추상화되고 통합적으로 되는 경향을 보인다.

④ 구조화가 철저하면 교사나 학생의 욕구를 반영하기 어렵고, 구조화가 느슨하면 욕구를 반영하기가 용이하다(김신일).

13. 교육과정 사회학 III : 애플(M. Apple)

1) 숨은 교육과정

① 애플은 학교의 일상생활에서 나타나는 사회적 불평등을 분석하면서 교육과정의 보이지 않는 이데올로기적 통제 형태에 주목한다.

② 교수-학습과정의 일상생활 규칙 속에서 자본주의 이데올로기가 자연스럽게 강조되고 있으며, 이런 과정을 통해 사회적 불평등을 은폐한다고 본다.

③ 그는 학교의 일상생활을 통해 기존의 불평등한 모수 구조를 학생들이 자연스럽게 내면화하는 과정을 설명하기 위해 숨은 교육과정(hidden curriculum)을 제시하였으며, 이를 설명하기 위해 그람시(A. Gramsci)의 헤게모니(hegemony) 개념을 차용하였다.

2) 문화적 헤게모니

① 헤게모니는 **자본가 계급이 그들의 지배적 가치관, 규범, 문화체계 등의 우월성을 일상생활을 통해 은연중에 사회 구성원들에게 내면화시켜, 자신들의 지배적 위치를 정당화·합법화하는 과정**을 말한다.

② **애플에 의하면 학교는 지배계급의 헤게모니를 창출하는 기관**이라고 한다.

③ 학교현장에 스며 있는 계급적 영향력, 즉 헤게모니의 작용으로 인해 사회적 불평등을 오히려 자연스러운 사회적 결과로 받아들이게 되는 것이다.

④ 학교의 일상생활에 속에 침투된 숨은 교육과정은 계급 간의 모순을 은폐하는 헤게모니가 작용하고 있으며, 학생들은 은연중에 기존의 불평등한 체제를 정당한 것으로 받아들이게 된다.

⑤ 외견상 학교의 일상생활은 학생의 자본주의 이데올로기와 무관하게 보이지만, 교묘한 방법으로 교수-학습과정에 지배적 헤게모니가 침투하여 학생들은 자신들도 모르는 사이에 자본주의 이데올로기에 동화된다.

*** 헤게모니**

일상생활과 사회의식 속에 깊이 스며있는 지배집단의 의미체계와 가치체계. 즉, 한 집단의 지배와 통제를 다른 집단이 '자발적'으로 수용하게 하는 힘을 의미함. M. Apple의 문화적 헤게모니 이론에 영향을 줌. 지배계급이 피지배계급에게 능력주의나 학교교육을 통한 계층 이동의 가능성을 강조함으로써 지배체제를 유지하고자 하는 것이 대표적인 예가 됨.

14. 상징적 상호작용론 I

1) 상징적 상호작용론 : 미드(G. H. Mead,1863~1931), 블루머 (H. Blumer)

① **한 개인의 행동이 다른 개인의 행동과 어떤 의미에서 유대**를 가질 때, 이들 **두 행동은 상호 의존적 관계**를 가진다.

② 인간이 태어나서 자라나는 과정에서 **다른 사람과의 상호작용**을 통하여 일상생활을 조직하게 되는 과정이 바로 상징적 상호작용을 학습하는 과정이다.

2) 맥닐(J. McNeil)의 방어적 수업

① **fragmentation 「단편화」**를 들 수 있다. 이는 어떠한 주제든지 단편들 혹은 서로 연결되지 않는 목록들로 환원시키는 것이다.

② **Mystification 「신비화」** 교사들은 종종 논의의 여지가 있거나 복잡한 주제는 그것에 관한 토론을 막기 위해서 신비한 것처럼 다룬다. 즉 교사들은 그 주제는 매우 중요하지만 알기 힘든 것처럼 보이게 한다. 그는 이를 「신비화」라고 명명하고 있다.

③ **Omission 「생략」**을 제시하고 있는데, 학생들이 몰라도 된다고 생각하는 부분이나 한 단원 전체를 생략하고 넘어가는 것

④ **Defensive Simplification 방어적 단순화**

사회과 교사가 학생들의 능력이나 수업에 대한 관심이 부족하다고 생각할 때 즐겨 사용하는수업 전략이다. 이것의 주요 특징은 교사가 수업시간에 정치적으로 덜 민감하거나 논쟁의 여지가적은 주제를 선택 한다는 점이다. 이 수업전략을 사용할 때, 교사는 학생들에게 '빈칸채우기' 형태의 연습문제를 풀게 하거나 주제의 개요만을 말해주는 방식을 취한다. 이러한 과정을통해 교사가 중요한 주제를 수업시간에 다루었다고 학생들이 느끼게 한다.

3) 하그리브스(D. Hargreaves)는 교사의 역할과 관련하여 교사의 유형

① **사자길들이기형** : 대표적인 **권위주의형**으로, 학생들의 훈육을 중시하고 교사가 전달해 주는 지식을 그대로 학생들이 신속하게 받아들이기를 원한다.

② **연예가형** : 학생들이 원래 학습하기를 원하는 것은 아니지만 **학습자료를 재미있게 하고 학습방법을 잘 적용하면 학생들은 흥미 있게 학습할 수 있다**고 믿는 교사들이다. 따라서 이들은 발견학습과 같이 학생들이 스스로 학습할 수 있는 방법을 교사들이 강구할 것을 강조한다.

③ **낭만주의형** : **학생들은 천성적으로 학습의욕을 가지고** 있지만 교사들의 잘못된 학습방법과 자료 때문에 학습의욕을 잃게 되는 것이라고 주장한다. 따라서 교사들은 학생들의 학습의욕을 존중하고 조장해야 하며, 학생들이 원하는 것을 학습할 수 있도록 해야 한다고 주장하는데 이는 아동중심주의의 견해와 같다.

15. 상징적 상호작용론 II

1) 자기충족예언(self-fulfiling prophecy) : 머튼(Merton)

① 교사의 학생에 대한 기대가 학생의 학습태도나 학습결과에 영향을 미침을 중시한다.

② **한 예언이 형성되면 그 예언이 인간행동에 어떤 구속력을 가하여 바로 예언 자체의 실현을 위한 강력한 수단이 된다는 것**이다. 그는 그 예로 의학계의 위약 효과 등을 들고 있다.

③ 로젠탈(R, Rosenthal)과 제이콥슨(I. Jacobson)은 교실에서 '공부를 잘하는 사람'이라고 표지를 달아 놓은 학생의 지능이 그 교실 내의 다른 학생들보다도 향상된 것을 발견하였다. 그들은 학생의 학업성취에 향상을 보이리라는 교사의 기대가 실제로 향상을 가져오는데, 이 기대효과는 저학년과 하류계층 학생들에게서 더 뚜렷하다고 보고하고 있다.

2) 낙인이론 : 상징적 상호작용 이론에 기초한 이론

① 낙인의 주요 요인에는 성, 인종, 외모, 경제적 배경 등이 있다.

② 낙인은 **추측 - 정교화 - 고정화** 순서로 이루어진다.

㉠ **추측단계** : 특정인이 비행자로 낙인찍히는 과정

㉡ **정교화 단계** : 낙인찍힌 사람이 스스로를 비행자로 자기 규정하는 과정

㉢ **고정화 단계** : 경력 비행자가 되는 과정

3) 피그말리온 효과(Pygmalion effect)

① 타인으로부터 긍정적인 기대를 받을 경우, 그러한 기대에 부응해 긍정적 행태를 보이게 되는 경향성을 말한다.

② 교육심리학에서는 교사의 기대가 학생에게 긍정적인 영향을 미치는 심리적 요인이 된다는 것을 말한다. 그리스 신화에 나오는 조각가 피그말리온의 이름에서 유래한 심리학 용어다.

③ 조각가였던 피그말리온이 아름다운 여인상(갈라테이아, Galateia)을 조각하고, 그 여인상을 진심으로 사랑하게 되자, 여신 아프로디테(비너스)는 그의 사랑에 감동해 여인상에게 생명을 주었다.

④ 이처럼 타인의 기대나 관심으로 인해 능률이 오르거나 결과가 좋아지는 현상을 피그말리온 효과라고 한다. 이 신화는 '**무언가를 간절히 바라면 결국 그 소망이 이루어진다**'는 상징을 담고 있다. 로젠탈 효과(Rosenthal effects), 자성적 예언(self-fulfilling prophecy) 또는 자기충족적 예언이라고도 한다.

16. 교육평등

1) 교육기회의 허용적 평등 : 헌법 31조

① **모든 사람에게 동등한 기회가 주어져야 한다.**

② 신분, 성, 인종, 지역, 종교 등을 이유로 교육기회를 제한하는 일을 금지함으로써 개인이 원하고 능력이 미치는 데까지 교육을 받을 수 있도록 법이나 제도상으로 허용해야 한다.

2) 교육기회의 보장적 평등 : 무상교육

① 제도적 차별의 철폐로는 완전한 교육평등의 실현이 불가능.

② 교육평등을 실현하기 위해서는 취학을 가로막는 **경제적, 지리적, 사회적 제반 장애를 제거해주어야 한다.**

③ 유럽은 보장적 평등정책을 추구하여 중등교육을 보편화하는 한편 **무상교육**을 실시하고 소외계층의 자녀들에게는 의복, 점심, 학용품 등을 지급.

3) 교육과정(조건)의 평등 : 고교평준화

① 보장적 평등이 이루어졌다 해도 **학교의 시설, 교사의 자질, 교육과정 등에 있어서 학교 간의 차이가 없어야 한다**고 주장한다.

② 한국의 **고교평준화 정책**이 개념적 수준에서는 과정의 평등에 해당한다.

4) 교육결과의 평등(보상교육) : 농어촌학생특별전형제, 방과후 보충지도

① **교육결과 즉 학업성취의 평등을 위한 적극적 조치**를 취해야 한다는 입장이다.

② 배워야 하는 것을 배우는 데 목적이 있으므로 교육결과가 같지 않으면 결코 평등이 이루어진 것이 아니라고 본다.

③ 저소득층 아동들의 기초학습 능력을 길러주기 위해 보상교육을 제공한다.

④ "보상적 평등주의": 미국의 Head Start Project, 영국의 교육우선지역(Educational Priority Area) 사업, 한국의 **농어촌학생특별전형제**, 한국의 **교육복지우선지원 사업** 등.

유형	정책	비고
보장적 평등 (기회의 평등)	무상교육, 장학금	
보상적 평등 (결과의 평등)	학습부진아 방과 후 보충지도 학습클리닉	학생 간 격차 해소
	교육복지우선지원 사업	계층 간 격차 해소
	농어촌학생특별전형제	지역 간 격차 해소

17. 콜맨 보고서(Equality of Education Opportunity, 1966) : 사회적 자본

1) 개요

① 콜맨(Coleman)이 교육평등의 학교 격차에 초점을 두고 분석한 콜맨 보고서는 미국의회와 행정부의 의지로 인종과 민족 집단들 간의 교육기회 불평등 정도와 원인을 규명하고 빈곤의 문제를 함께 해결해 보려는 노력에서 수행된 연구이다.

② 콜맨 보고서는 학업성취를 결정하는 제반 교육조건이 학교에 따라 어떻게 다르며, 이러한 조건의 차이가 실제로 학생들의 성적에 어떻게 반영되었는가를 알아보기 위해 인종 간, 민족 집단들 간의 계층의 차이를 대규모로 분석하였다.

③ 콜맨 연구의 목적은 학업성취도가 낮은 근본적인 원인이 학교의 시설, 교수방법, 교사의 질 등 학교 교육조건이 열악하기 때문이라는 점에 착안하여 교육의 조건과 학업성취의 관계를 밝히고자 하는 것이다.

④ 또한 학교가 학생들에게 균등한 교육기회를 제공하는지의 여부를 확인하고자 하였다.

2) 시사점 : 사회적 자본

① 전국에 걸쳐 대규모로 시행된 자료를 분석한 연구결과는 학교의 교육조건들, 즉 학급 크기, 학교 시설, 다양한 교육과정 등의 차이는 학생들의 학업성취에 별다른 영향을 주지 못하며, 오히려 학생들의 **가정배경과 또래집단의 영향이 더 크다는 것이었다.**

② 즉, 가정배경으로 인해 발생한 학업성취 격차를 해결하는 데 학교는 이렇다 할 영향력을 미치지 못하며 나아가 가난이 대물림될 수 있다는 문제점을 야기시켰다.

③ 부모가 이웃에 사는 친구 부모들과 자녀교육, 학습 보조방법, 학습 분위기 조성에 관하여 대화하였다.

④ 부모가 자신의 자녀가 다니는 학교의 학부모회에 참석하고 학생지도에 협력하였다.

3) 교육결과의 평등으로 확대

① 교육조건과 학업성취 사이에 관련이 크지 않다는 연구결과와 함께 교육조건을 같게 하여도 교육결과의 평등이 보장되지 않는 것으로 나타나자 교육결과의 평등에 대해서 관심을 갖기 시작했다. 즉 학업성취의 결과가 같아야 한다는 것이다.

② 조건의 평등이 아니라 결과의 평등을 위해 교육조건이 달라져야 한다는 것이다.

> 교육기본법 제4조 2항 국가와 지방자치단체는 학습자가 평등하게 교육을 받을 수 있도록 지역 간의 교원 수급 등 교육 여건 격차를 최소화하는 시책을 마련하여 시행하여야 한다.

18. 롤스의 정의론(a theory of justice), 다문화 교육 : 뱅크스(J. Banks)

1) 롤스의 정의론(a theory of justice) 정의 원칙

(1) 제1원칙인 '평등의 원칙'

① 인간의 기본적 권리로서 어떤 정치사회적조건에 의해 차등되지 않고 **모든 사람에게 동등한 대우**를 해야 한다는 것이다.

② **개인의 자유는 사회 전체의 목적과 이익을 위해 침해할 수 없는 불가침의 권리**

(2) 제2원칙인 '차등의 원칙'

① 모든 사람의 이익을 증대시키기 위해 불가피하게 나타나는 불평등을 정당한 것으로 간주하고 있다. 그러나 롤스는 특정 개인의 이익을 극대화하기 위한 능력주의는 부정의하고 불평등한 것으로 보고, **'최소 수혜자에게 최대 이익'인 사회적 선을 실현**하는 것이 정의로운 사회라고 역설한다.

② 롤스는 정의를 구현하기 위한 과정으로 '공정한 기회균등의 원리'를 강조한다. 능력주의는 외관상 공정하게 보이지만, 사실 사회의 출발선상에서 보이지 않는 계급적 혜택에 의해 좌우된다. 그는 이런 문제를 보완하기 위해 '**사회적 우연성**', 즉 계급적 배경의 혜택을 배제하고, 누구나 동일한 교육적 출발선상에 놓이게 한 것을 주장한다.

③ 그의 교육관은 '차등의 원칙'을 고려하여, 모든 사람의 최대 이익을 구현하는 사회적·집단적 공동선을 실현하는 자유를 통해서 모두가 행복할 수 있는 사회적 평등의 최대화에 있다.

2) 뱅크스(J. Banks)의 다문화교육(multicultural education)

(1) 정의 : 다문화교육은 교육철학이자 교육개혁 운동으로 교육기관의 구조를 바꾸어 **학생들에게 평등한 교육 기회를 제공**하는 것이 중요한 목표다.

(2) 다문화교육의 목적 : 개인들로 하여금 다른 문화의 관점을 통해 자신의 문화를 바라보게 함으로써 **자기 이해를 증진**시키는 것이다. 다문화 교육은 이해와 지식을 통해 존경이 나올 수 있다고 가정한다.

(3) 다문화교육(multicultural education)의 다섯 가지 차원

① **내용 통합**

② **지식 구성 과정**

③ 편견 감소

④ 평등한 교수법

⑤ 기회를 제공하는 학교 문화와 사회 구조

19. 학업 격차 Ⅰ : 결핍 모형

1) 결핍 모형 개요

① 결핍 모형을 취하는 이론으로 **지능이론**(知能理論: intelligence theory)과 **문화실조론**(文化失調論: cultural deprivation theory)을 들 수 있다.

② **문화실조론**은, **지능이론을 극복하기 위한 이론**으로 알려져 있지만, 학업성취의 실패 이유를 학생이 갖고 있는 속성에서 찾는다는 점에서 지능이론과 기본 논리를 같이한다(오욱환, 1987a),

③ 다만, **문화실조론**은 생득적 능력을 강조하는 지능이론과 달리 학생들이 경험하는 가정의 문화적 환경을 중시한다.

④ **지능이론**은 유전적 요소를 강조하고 학업의 실패가 지적 소양의 부족에 있다고 주장하며, 문화실조론은 학생의 문화적 경험 부족을 학습 실패의 중요한 원인으로 지목한다.

2) 문화적 환경의 격차

① 학업성취 격차는 오랫동안 지능의 우열로 설명되었다.

② 지능우열론은 각 학생들이 타고난 지적 능력의 우열에 따라 학업성적에 격차가 발생한다고 주장한다.

③ 그러나 학업성적은 유전에 의해서만 결정되지 않는다.

④ 탁월한 지능을 타고난 아동이라 할지라도 그 능력을 발휘할 수 있는 여건이 마련되지 않으면 빛을 보기 어렵다.

⑤ 가정환경이 교육적 자극을 얼마나 제공하느냐에 따라 아동의 지적 성취에 큰 차이가 발생한다.

⑥ **문화실 조론**은 가정의 교육적 환경이 자녀들의 지적 성취에 커다란 영향을 미친다는 사실을 밝힘으로써 생후 조건의 중요성을 부각하고 교육을 통한 능력 향상의 가능성을 확대하였다.

3) 문화실조

① 문화실조론자들은 영양실조가 분명히 일어나고 있는 현상이듯이 문화실조 역시 명백히 존재한다고 주장한다.

② 육체가 건강하기 위해서 충분한 영양이 필요한 것처럼 지적 능력이 원활하게 발휘되려면 문화적 영양이 충분히 공급되어야 한다.

③ 문화실조론은 미국에서 상당한 지지를 받았으며 미국은 이러한 지지에 근거하여 이 이론을 정책화한 보상교육을 구상하였다.

④ 그래서 '헤드 스타트(Head Start)'라는 이름의 프로젝트가 광범위하게 실시되었으며 엄청난 규모의 재정이 투입되었다.

XIII. 평생교육

기본				23	22	21	20	19	18	17	16	15	14	13	12	11	10
평생교육	법					●	*		*	*	●*	●					
	개념	형식, 비형식		*	●		●							●			●
		놀스, 데이브										*				●	
	유네스코	렝그랑	평생교육 입문				●		●								
		들로어	4가지 학습								●						
	OECD	순환교육				*		*									
	평생교육 제도	평생교육사				●				●							
		학점은행제			●						*			●	●		
		독학학위제		*	*				●	●	*	●		●			
		학습계좌제			*	●				●	*						
		시간제 등록제											●				
		문하생 학점학력									*			●			
		평생학습도시				*										●	

● : 국가직 * : 지방직

1. 평생교육법

1) 제2조(정의) 이 법에서 사용하는 용어의 정의는 다음과 같다.

① **"평생교육"**이란 **학교의 정규교육과정을 제외한** 학력보완교육, 성인 문해교육, 직업능력 향상교육, **성인 진로개발역량 향상교육**, 인문교양교육, 문화예술교육, 시민참여교육 등을 포함하는 모든 형태의 조직적인 교육활동을 말한다.

② "평생교육기관"이란 다음 각 목의 어느 하나에 해당하는 시설·법인 또는 단체를 말한다.

가. 이 법에 따라 인가 · 등록 · 신고된 시설 · 법인 또는 단체

나. 「학원의 설립·운영 및 과외교습에 관한 법률」에 따른 학원 중 학교교과교습학원을 제외한 평생직업교육을 실시하는 학원

다. 그 밖에 다른 법령에 따라 평생교육을 주된 목적으로 하는 시설·법인 또는 단체

③ **"성인 진로개발역량 향상교육"**(이하 "성인 진로교육"이라 한다)이란 성인이 자신에게 적합한 직업을 찾고 진로를 인식 · 탐색 · 준비 · 결정 및 관리할 수 있도록 진로수업 · 진로심리검사 · 진로상담 · 진로정보 · 진로체험 및 취업지원 등을 제공하는 활동을 말한다.

2) 제4조(평생교육의 이념) : ① 모든 국민은 평생교육의 기회를 균등하게 보장받는다.

② 평생교육은 학습자의 자유로운 참여와 자발적인 학습을 기초로 이루어져야 한다.

③ 평생교육은 정치적 · 개인적 편견의 선전을 위한 방편으로 이용되어서는 아니 된다.

④ 일정한 평생교육과정을 이수한 자에게는 그에 상응하는 자격 및 학력인정 등 사회적 대우를 부여하여야 한다.

3) 제8조(학습휴가 및 학습비 지원) : 국가 · 지방자치단체와 공공기관의 장 또는 각종 사업의 경영자는 소속 직원의 평생학습기회를 확대하기 위하여 **유급 또는 무급의 학습휴가를 실시**하거나 **도서비 · 교육비 · 연구비 등 학습비를 지원**할 수 있다.

4) 제29조(학교의 평생교육) : ① 「초 · 중등교육법」 및 「고등교육법」에 따른 각급 학교의 장은 평생교육을 실시함에 있어서 **평생교육의 이념에 따라 교육과정과 방법을 수요자 관점으로 개발 · 시행**하도록 하며, 학교를 중심으로 공동체 및 지역문화 개발에 노력하여야 한다.

② 각급 학교의 장은 해당 학교의 교육여건을 고려하여 학생·학부모와 지역 주민의 요구에 부합하는 평생교육을 직접 실시하거나 지방자치단체 또는 민간에 위탁하여 실시할 수 있다. **다만, 영리를 목적으로 하는 법인 및 단체는 제외한다.**

③ 제2항에 따른 학교의 평생교육을 실시하기 위하여 각급 학교의 교실·도서관·체육관, 그 밖의 시설을 활용하여야 한다.

④ 제2항 및 제3항에 따라 학교의 장이 학교를 개방할 경우 개방시간 동안의 해당 시설의 관리 · 운영에 필요한 사항은 해당 지방자치단체의 조례로 정한다.

2. 학교교육과 평생교육

1) 학교 교육과 평생교육 비교

구 분	학교 교육	평생 교육
교육대상	일정한 연령과 교육 및 경험	다양한 연령과 교육 및 경험
교육장소	학교 내, 일정한 장소	다양한 장소
참여동기	강제적	자발적
교육내용	전통, 문화유산 전달, 학문 · 지식 전달 표준화된 교육과정	현실지향적, 구체적, 실생활적
교육형식	체계적, 단계적, 형식적	통합적, 유기적, 생성적, 비형식적
교육시기	제한적, 의무교육	때와 상황에 따라
교육주체	교수자	학습자

2) 평생교육의 6대 영역

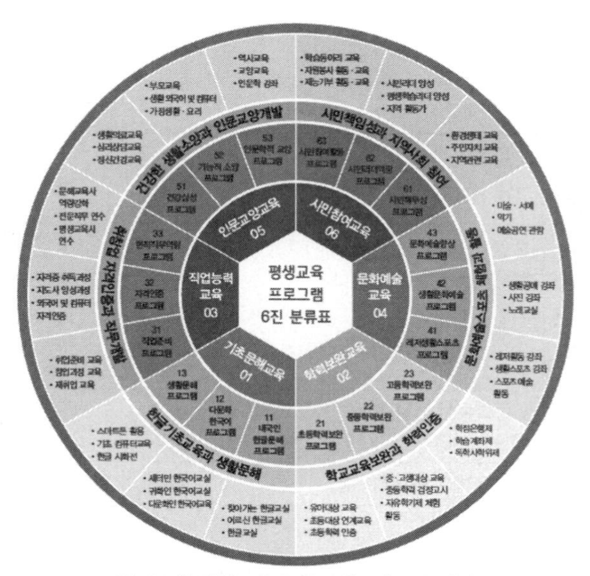

경기도형 평생교육 프로그램 6진 분류 체계

3. 학교교육과 평생교육

1) 교육의 여러 형식

(1) **형식교육**(formal education) : 학교, 특정한 교육기관이 마련되어 있고 일정한 교육목적을 향하여 규율과 순서에 따라 계획적이고, 계속적인 교육작용이 이루어지는 것으로 표준화된 교육과정을 제공하고 초등교육부터 고등교육까지 위계적인 제도를 유지하고 있는 제도권교육을 뜻한다.

(2) **무형식교육**(informal education) : 가정, 인터넷, 학교나 사회처럼 의도적이 아닌, 자연발생적이고 우발적으로 이루어지는 교육

(3) **비형식교육**(nonformal education) : 방송통신 교육, 사회문화원, 형식교육과 무형식교육의 중간 형식을 갖춘 교육이라 할 수 있다.

	형식교육	무형식교육	비형식교육
내용	전통, 문화, 지식, 학문	학습자의 필요에 따라 정보 수집	개인화된 내용 및 학습자가 입학조건 결정
전달방식	체계적, 계획적	자연발생적, 우발적	자원의 절약 및 유연한 체제
시간	일정시간내 이수	평생	단기간 및 시간제 학생
대표기관	학교	가정, 사회, 인터넷	방송통신 교육, 문화원
특징	선발과정, 상급학교 진학 폐쇄적, 경쟁적	개방적, 학습자 중심, 비경쟁적	형식과 무형식 중간형태 학습자 중심

2) 학교 교육과 평생교육 비교

구 분	학교 교육	평생 교육
교육대상	일정한 연령과 교육 및 경험	다양한 연령과 교육 및 경험
교육장소	학교 내, 일정한 장소	다양한 장소
참여동기	강제적	자발적
교육내용	전통, 문화유산 전달, 학문 · 지식 전달 표준화된 교육과정	현실지향적, 구체적, 실생활적
교육형식	체계적, 단계적, 형식적	통합적, 유기적, 생성적, 비형식적
교육시기	제한적, 의무교육	때와 상황에 따라
교육주체	교수자	학습자

4. 페다고지에서 안드라고지로 : 놀스(K. Knowles)

1) 페다고지에서 안드라고지로 : 놀스(K. Knowles)

① 교과중심의 학습보다는 생활문제 중심의 학습을 선호한다.
② 성인의 경험은 계속 축적되며, 그 축적된 경험은 학습자원으로 활용된다.
③ 교육자와 학습자의 협의를 통해 교육계획을 설정하고 학습내용을 평가한다.
④ 학습은 외적 동기보다 내적 동기에 의해 이루어진다.
⑤ 학습자는 자신의 결정과 삶에 대하여 책임지려고 한다.

2) 안드라고지로 : 놀스(K. Knowles), 자기주도학습

① 노울즈는 학습자로서의 성인의 일반적인 특성을 연구하면서 성인학습자의 학습 방식이 종전에 아동 교육에 사용되어오던 페다고지(pedagogy)와 다르다는 것을 주장하였다.
② 성인들은 학습이 참여하기 전에 왜 학습에 참여하는 지의 여부를 알고자 하며, 학습의 필요성을 인지한 이후 전적으로 자신들의 선택에 의하여 학습상황에 참여한다는 것이다.
③ 다양한 생활경험을 가지고 구체적이고 직접적인 목표 하에서 효율적으로 대처하면서 자기 주도적으로 학습하고자 한다는 것이다.
④ 노울즈는 이것을 아동을 교육하는 교사주도의 학습인 페다고지와는 다른 개념으로 성인교육으로서의 안드라고지(andragogy)라는 개념을 도입하였다.

안드라고지와 페다고지의 비교

<table>
<tr><th>가정</th><th>안드라고지</th><th>페다고지</th></tr>
<tr><td>학습자 개념</td><td>자기주도적으로 되어가는 유기체</td><td>의존적인 존재</td></tr>
<tr><td>학습자의 경험 역할</td><td>학습을 위한 풍부한 자원이 됨</td><td>경험 이상의 것을 기대함.</td></tr>
<tr><td>학습 준비성</td><td>삶의 과업과 문제로 부터 발달함</td><td>성숙 수준에 의한 변화</td></tr>
<tr><td>학습 지향</td><td>개인별 과업과 문제 중심</td><td>교과중심</td></tr>
<tr><td>동기화</td><td>내적인 자극과 호기심</td><td>외적인 보상과 체벌</td></tr>
<tr><td>계획</td><td>학습 참여자의 의사결정</td><td rowspan="3">교사가 주도하여 결정함</td></tr>
<tr><td>욕구진단</td><td rowspan="2">상호협의 하에 결정함</td></tr>
<tr><td>목표설정</td></tr>
<tr><td>평가</td><td>자기 평가, 동료 평가</td><td>교사가 주도</td></tr>
</table>

5. 평생교육 지향의 변천 Ⅰ

1) 유네스코(UNESCO)의 영향

① 유네스코의 설립 목적은 인류평화문화 조성, 빈곤 추방, 교육·과학·문화의 소통과 정보제공을 통하여 지속가능한 발전과 다양한 문화 간 소통에 있으므로 교육영역, 특히 평생교육영역에서도 이 같은 기조하에 평생교육의 지향점을 제시하고 사업을 추진해 왔다.

② 유네스코 평생교육의 지향은 유네스코의 성인교육에 관여한 학자들의 주요 보고서를 통해 형성되어 왔다. 유네스코의 평생교육 지향에 영향을 미친 학자들은 렝그랑(Lengrand), 옴멘, 다베(Dave), 겔피, 포레(Faure) 등이다.

2) 렝그랑(P. Lengrand) : 평생교육에 대한 입문 「Introduction to Lifelong Education」(1970)

① 유네스코의 평생교육 지향에서 가장 중요한 인물 중 한 사람은 렝그랑이다.

② 유네스코 성인교육국장을 지냈으며, 1965년 12월 유네스코 '성인교육발전위원회'에 <평생교육> 이라는 보고서를 유네스코 사무총장에게 권고안으로 제출하였다.

③ 렝그랑의 보고서에 나타나 있는 평생교육의 지향은 **인간의 전 생애에 걸친 교육기회 제공, 인간의 발달단계에 적합한 교육기회 제공, 인간의 전 생애에 걸친 학습지원을 위한 제도적 장치 마련, 공교육기관의 평생교육기관으로서의 기능 강화를 통해 개인의 사회 참여 등**이다.

④ 평생학습을 통해 개인이 가진 다양한 소질을 계속적으로 발전시키는 교육

⑤ 급속한 사회변화와 인구증가, 과학기술의 발달, 생활양식과 인간관계 등이 필요성 증가

⑥ **국제교육의 해와 개발연대를 맞아서 전 세계적으로 보급·확산에 기여**

⑦ 평생교육에 대한 입문은 평생교육의 개념 정립보다는 **평생교육의 대두 배경을 제시**

3) 포르(Edgar Faure) : 존재를 위한 학습(Learning to Be, 1972)

① 포레는 1972년 〈존재를 위한 학습〉 보고서를 발간

② 모든 국가는 평생교육을 모든 교육정책의 기본 개념으로 삼아야 한다고 전제하고, 이를 위한 교육개혁 방안을 제시하였다.

③ 이 보고서는 그 당시까지 계속교육에 치우쳤던 평생교육의 개념을 가정, 학교, 지역사회에서의 교육을 통합하는 개념으로 확대했고, 유네스코교육연구소는 평생교육을 학교제도, 학교교육 과정, 교사양성 문제까지 연결하였다.

④ 학교교육제도의 대안으로 학습사회를 건설하는 것이 평생교육의 지향점이 되어야 한다

⑤ 당시의 세계교육 현황을 분석·비판하고, 이를 기반으로 새로운 교육제도인 평생학습사회를 제안함으로써 이후 전개된 평생교육의 이념적 지향에 이정표 역할을 하였다.

6. 평생교육 지향의 변천 II

4) 다베(Dave)

① 평생교육과 학교 교육과정
② **전체성(totality) : 학교교육과 학교 밖 교육(가정, 학원)도 공인함을 강조**
③ 보편성(universality) : 성, 계급, 종교, 연령, 학력에 관계없이 누구나 교육
④ 통합성(integration) : 다양한 교육활동의 수직 · 수평적교육을 평생교육으로 통합
⑤ 융통성(flexibility) : 어떤 환경과 처지에서도 학습이 가능
⑥ 민주성(democratization) : 학습자가 원하는 다양한 교육과정 제공
⑦ **교육 가능성(educability)** : 효율적 **자기주도학습**을 도모, 학습방법, 체험의 기회, 평가방법 등의 개선

5) 들로어(J. Delors) : 「학습 : 그 안에 담긴 **보물**(Learning: The Treasure Within)」(1996)

① 유네스코 1996년에 보물을 담은 학습이라는 보고서를 발간 : 위원장 들로
② **4가지 학습**
㉠ 알기 위한 학습(learning to know),
㉡ 일하기 위한 학습(learning to do),
㉢ 함께 살기 위한 학습(learning to live together),
㉣ 존재하기 위한 학습(learning to be)

6) 순환교육 : OECD 1973년 「순환교육 : 평생학습의전략」

① 교육은 개인의 전 생애 동안 순환적인 방법으로 배분될 수 있다고 가정한다.
② 교육과 일, 자발적 비고용 기간, 은퇴가 서로 교차할 수 있다는 것을 기본 원리로 삼는다.
③ 개인은 **직업현장과 학습현장을 순환하면서 학습**하고 일해야 한다는 것이다.

7) 전환교육 : 메지로우(Mezirow, J.), 전환학습을 통해 전환되는 것

① 개인이 주변 현실을 지각하고, 이해하고, 느끼는 방식에 대한 **극적이고 근본적인 변화에 관한 학습**이다.
② 기존에 겪은 경험의 의미를 재해석하고 새로운 의미를 만들어가는 비판적 성찰을 필수적인 과정으로 본다.
③ 주장에 대한 논쟁과 증거를 검토하는 담론 과정과 학습에서 습득한 결과를 행동으로 옮기는 과정을 중시한다.

7. 평생교육제도 I

제14조의2(평가인정) ① 법 제23조제2항에 따른 학습과정의 평가인정(이하 "평가인정"이라 한다)을 받으려는 평생교육기관은 교육부령으로 정하는 바에 따라 평가인정신청서와 관련 서류를 갖춰 **교육부장관에게 제출**하여야 한다.

1) 평생교육사 : 평생교육사 제도는 교우를 담당하는 전문인력에 관한 제도

① 평생교육 이익 실현을 위해 실무능력과 전문성을 가진 평생교육 담당자를 양성·연수·배치함으로써 양질의 평생교육을 실시하기 위한 제도이다.

② 현행 「평생교육법」 제24조 4항에는 평생교육사는 "평생교육에 대한 기획, 진행, 분석, 평가 및 교수업무를 수행한다."라고 평생교육사의 주요 업무를 규정하고 있다.

2) 학점은행제 : 1995년 5월 대통령 직속 교육개혁위원회에서 제안

① 학교에서뿐만 아니라 학교 밖에서 이루어지는 다양한 형태의 학습경험 및 자격을 학점으로 인정하고, 학점이 누적되어 일정 기준을 충족하면 학위취득을 가능하게 하는 제도이다.

② 학교 안팎에서 이루어지는 다양한 형태의 학습경험과 자격을 학점으로 인정하여, **일정 기준을 충족**하면 대학졸업학력 또는 전문대학졸업학력을 인정하는 제도

③ **학점은행제로 취득한 학점은 일정 조건을 갖추게 되면, 독학학위제의 시험 응시자격에 활용될 수 있다.**

④ **전문학사 80학점, 학사 140학점**, 기술사 45학점, 기능장 39학점 이상

3) 평생학습계좌제 : 2006년 처음 시범사업형태로 추진

① 평생교육을 촉진하고 인적자원의 개발·관리를 위하여 **국민의 개인적 학습경험을 종합적으로 집중 관리하는 제도**

② 개인의 다양한 학습경험을 공식적인 이력부에 종합적으로 누적·관리하고 그 결과를 학력이나 자격 인정과 연계하거나 고용정보로 활용하는 제도이다.

4) 전문인력정보은행제 : 유능한 전문인력자원의 인적정보를 수집하여 심사를 거쳐 DB를 구축하고 필요로 하는 평생교육기관에 검증된 정보를 제공하는 인적자원 관리·양성제도

8. 평생교육제도 II

5) 독학학위제 : 4단계 시험

① 학생들의 자기주도학습과 학습결과에 대한 **시험으로 학습결과를 인정해 주는 제도**이다.

② 교육부장관은 독학학위제의 시험 실시 권한을 평생교육진흥원장에게 위탁하고 있다.

③ **국가기술자격취득자, 국가시험 합격 및 자격·면허 취득자, 일정한 학력을 수료하였거나 학점을 인정받은 사람은 1~3과정별 인정시험 또는 시험과목을 면제받을 수 있다.**

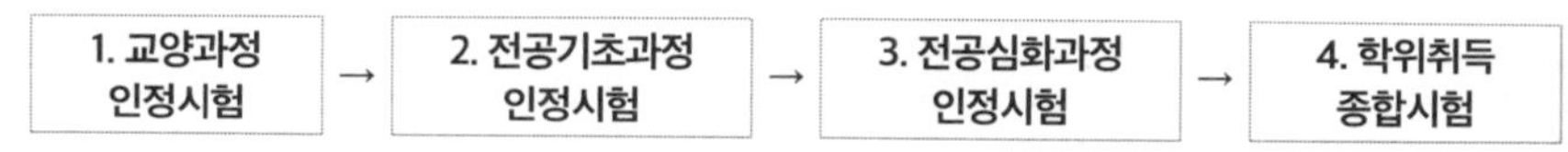

6) 선행학습인정제(Recognition for Prior Lcarning: RIPL) : 성인학습자들이 학교(대학)에 입학함에 있어서 과거에 이수한 교육과, 직장생활에서 취득한 능력, 보유하고 있는 자격 등을 평가·인정하여 향후 참여하게 되는 교육과 관련된 교과목 이수 부분을 인정함으로써 평가가 인정된 교과목의 수강면제, 교과목의 학점을 인정하는 제도

7) 평생학습도시 : 1999년 경기도 광명시 최초, 세계최초 가케가와 시

① 평생학습도시는 1968년 **허친스**(R. M. Hutchins)의 학습사회론을 이후 주목

② 산업 혁신형, 학습 파트너형, 지역사회 재생형, 이웃 공동체 형성형 등으로 구분

8) 산업대학(industrial university, 産業大學) : 일정한 학교교육을 마쳤거나 중단한 근로 청소년·직장인·시민들에게 재교육 및 평생교육의 기회를 주어서 대학과정을 이수하게 하는 학교.

9) 시간제등록제 : 대학에서 학부생들에게 개설하는 학습과목을 우리대학 학칙에 의하여 해당 학습과목의 수강이 필요한 성인학습자에게도 개방하는 제도(자격 : 고등학교 졸업자)

10) 문하생 학점·학력 인정제 : 「무형문화재 보전 및 진흥에 관한 법률」 제17조에 따라 국가무형문화재의 보유자로 인정된 사람과 그 전수교육을 받은 사람으로서 대통령령으로 정하는 사람

MEMO

MEMO

MEMO